「地方」と「努力」の現代史

アイドルホースと戦後日本

石岡 学
Manabu Ishioka

青土社

目次

第Ⅱ部　平成時代
――「努力」の自己目的化

「地方」と「努力」の現代史

アイドルホースと戦後日本

凡例

※人名については、基本的に敬称を略する。また、新聞・雑誌記事に登場する一般人の氏名についてはイニシャルに変更する。

※没年の判明している人物については生没年を記し、存命中または没年不明の人物については省略する。

※引用文中の「ふりがな」は、難読なもの以外は基本的に削除している。

※馬の年齢について、日本では二〇〇〇年まで数え歳、二〇〇一年以降は国際標準に合わせてそれより一歳少ない表記に変更されている。本書では二〇〇〇年以前の出来事に言及することも多いため、基本的に「四歳（現三歳）」といった表現を用いることとする。ただし、引用においては原文のママとしているため、注意されたい。

※引用文中には現代的観点から見て不適切な表現が含まれているが、すべて原文のまま引用していることを了承されたい。

※本書では、競走馬の品種や競走の方法が平地競争と大きく異なる「ばんえい競馬」については、議論の対象外としている。

序　章　「地方出身者の夢を乗せて走った馬」という神話

「アイドルホース」という存在

日常的な競馬ファンの枠を大きくはみ出て、大衆的な人気を博した競走馬がいる。そうした「アイドルホース」の代表格として、ハイセイコー、オグリキャップの名を挙げることに大きな異論は出ないだろう。いずれも、現役時代にその異常なほどの人気ぶりがマスメディアによって喧伝され、そのことがますます注目・人気に拍車をかけるというループが起こり、一大ブームとなった馬である。ハイセイコーであれば『少年マガジン』の表紙に顔写真が載ったこと、オグリキャップであればそのぬいぐるみが爆発的に売れ、いわゆる「オグリギャル」が競馬場へ押し寄せるようになったことなど、ブームの大きさを示す好例には事欠かない。本来は競馬なんぞに興味を持たないと考えられていた「女・子ども」にまでその人気が拡大したことが、「異常」というわけである。

それぞれの馬が特に社会的注目を集めた時期は、ハイセイコーが一九七三―七四年、オグリキャップが一九八九―九〇年。すでにそれから数十年の時が経過しているわけだが、それでも二頭のアイドルホースの人気は、「時代の象徴」として人々の記憶の中に深く刻み込まれている。二〇一二年二月一一日の『朝日新聞』読者アンケートによれば、「心に残る競走馬」として一七三一人中九七五人がオグリキャップ、七七七人がハイセイコーを挙げ、当然のように一位・二位にランクインした（一人あたり最大七頭まで選択できる形式）。より現在に時期が近く、かつ実績上位のディープインパクトは五八〇票で四位。「心に残る」ということが、必ずしも実績の高さに由来するものではないことがうかがえる結果である。だからこそ、「アイドルホース」と呼ばれるのだろう。「アイドル」という表現には、実力以上に魅力・人気が優っているという含意があるからだ。

定説としての立身出世ストーリー

流行やブームといった社会現象に対して、人はとかくその理由を詮索したがるものである。このことは、二頭のアイドルホースについても例外ではない。ハイセイコー、オグリキャップの二頭は、いずれも地方競馬をそのキャリアスタートとしている点に、人気の秘訣を求められることが多い。すなわち、「地方から這い上がってきた雑草がエリートを蹴散らす」という立身出世、あるいは下剋上の物語である。試みに、それぞれの馬の死去に関する全国紙の記事を見てみよう。

地味な地方競馬から華やかな中央競馬に進出し、活躍を続けた「出世物語」が当時の人々の共感を呼んだ。(「さらば、ハイセイコー　ブームを巻き起こした昭和の出世馬、大往生」『朝日新聞』二〇〇〇年五月五日)

熱狂的ファンの中核を占めたのは、地方出身者だったと言われる。敗戦から立ち直り、世界の一流国にまで駆け上がる高度成長時代を支えたのが、地方から都会に出てきた働き手たちだった。ハイセイコーの中央競馬入りが決まると、そのサクセスストーリーが地方出身者の夢とダブり、希望の象徴となった。(「競馬界の功労馬『ハイセイコー』逝く　地方出身者の夢乗せて」『読売新聞』二〇〇〇年五月五日)

経歴、容姿、走りっぷりとも、強烈な個性を見せつけたオグリキャップが三日、死んだ。まさに、「アイドルホース」という言葉がぴたりと当てはまる馬だった。地方競馬出身ながら、中央のエリート馬たちを次々と破っていく立身出世ストーリーが、ファンの心をひきつけた。(「『芦毛の怪物』国民熱狂オグリ死す　地方競馬出身、GⅠ四勝」『読売新聞』二〇一〇年七月四日)

デビューの地、岐阜の笠松競馬では「東海に敵なし」。中央競馬に移っても勝ち続けたが、未登録の日本ダービーなどは走れなかった。不遇への同情と、実力一つで地方を出、中央のエリートたちを

負かす物語がファンを熱くした。(「天声人語　さらばオグリキャップ」『朝日新聞』二〇一〇年七月六日)

読者の中にも、こうしたイメージを想起される向きは決して少なくないだろう。実際、この種の語りは定番として非常に多く量産されてきた。特にハイセイコーについては、その現役時代が田中角栄(一九一八―一九九三)内閣の時期とほぼ重なっていたこともあり、「叩き上げのヒーローが求められる時代だったのだ」というロジックは、非常に納得がしやすい。

だが、しかし。

実は、二頭のアイドルホースの人気を「立身出世」に求めるこのようなロジックは、現役時代には必ずしも主流的ではなかった。**むしろ、それらは回顧的な語りの中で強化・再生産されてきた**ものなのである。特にオグリキャップに関しては、「立身出世」をその人気の理由とする語りは、死去時の報道になって突如あらわれたものに近い。つまり、時間の経過にともなって人気の理由に関する語りが変質していき、最終的に「立身出世物語が共感を呼んだ」という「正史」に収斂していくという事態が起こっているのである。

そもそも、地方競馬から中央競馬に移籍して活躍したケースは、この二頭に限られた稀有なものではない。早い段階の例でいえば、一九五三年に大井競馬でデビューしたゴールデンウエーブが、翌一九五四年に中央へ移籍して日本ダービーを制覇しているし(地方競馬出身馬初の日本ダービー馬)、一九五七年に大井競馬でデビューしたダイゴホマレも、翌一九五八年に中央へ移籍して同じく日本ダービーを制覇している（特別区競馬組合編『大井競馬のあゆみ』二〇〇一年、五〇―五二頁）。また、オグリキャップと同時代に、スーパークリークとともに「三強」の一角を担ったイナリワン（一九八九年の天皇賞（春）・宝塚記念・有馬記念に勝利）も、六歳（現五歳）時に大井競馬から移籍してきた馬である。それ以外にも、ドクタースパート（一九八八年に北海道競馬より移籍、八九年の皐月賞に勝利）、トロットサンダー（一九九四年に浦和競馬より移籍、九五年マイルCSや九六年安田記念に勝利）、トウカイポイント（一九九九年に岩手競馬より移籍、二〇〇二年マイルCSなどに勝利）など、地方競馬から中央競馬へ移籍してGⅠレースを制覇した馬は何頭も存在する。しかし、かなり競馬に詳しい者でなければ、これらの馬の地方競馬出身というバックグラウンドはおろか、名前すら知らない者も、決して少なくはないはずだ。ここから言えることは、**「地方競馬出身」という事実は、それ単独では爆発的な人気をもたらす要素とはなり得ない**、ということである。そして当然ながら、これらの馬が地方競馬出身であることをもって、「立身出世物語」の枠組みで語られた形跡もない。

翻って、ハイセイコーやオグリキャップに付与された「立身出世物語」である。もちろん、残されてきた語りをよくよく繙けば、ハイセイコーやオグリキャップに託された「立身出世物語」の虚構性を批判する言説が全くないわけではない。だから、単にそのことを指摘してみたところで、それ自体は特に目新しい発見でもなんでもない。

私にとって興味深く感じられるのは、**客観的事実かどうかは問われずに、収まりのいい物語が定型化していくというプロセス**そのものである。これは、私が専門とする歴史社会学の分野において「集合的記憶」と呼ばれている現象にほかならない。

「集合的記憶」とは何か

集合的記憶とは、フランスの社会学者モーリス・アルヴァックス（Maurice Halbwachs 一八七七—一九四五）が提唱した概念である。その最も重要な含意は、アルヴァックスの代表的著作である『記憶の社会的枠組み』（*Les Cadres Sociaux de la Mémoire*）を訳出した鈴木智之が、以下のように端的にまとめている（アルヴァックス訳書『記憶の社会的枠組み』青弓社、二〇一八年、三九一頁）。

記憶は個人心理のうちに閉じた現実ではなく、人々は他者との関係のなかで、社会集団の一員として過去を想起するのであり、記憶と想起の可能性は現在の社会生活の文脈に強く依存している。集団の生活のなかで想起される過去は、個人的事実としての記憶を構成するだけでなく、集団のメンバーによって「集合的記憶」として組織化され、共同化されていく。

要するに、「記憶」というものは（通常考えられているように）個々人の内面にユニークなものとして存在しているのではなく、何らかの外部的契機によってその都度「想起」され「再構成」されるものであるということだ。そして、「さまざまな思い出のなかでも、それぞれの時代に、その時点の枠組みのうえに作動する社会が再構成しうるものだけが、その一つひとつだけが、存続していくのである」(同書、三八五頁)というように、ある時代・社会においては特定のパターン化された「想起」「再構成」のあり方が存在している。したがって、個々人の独自の経験に由来すると思われている記憶や思い出も、実はそうした社会的枠組みによって形作られているのだというのが、「集合的」という表現の意味するところである。

いま、記憶の「想起」「再構成」のあり方をパターンづける社会的枠組みと書いたが、それは具体的に何なのか。それは、「近代的な『集合的記憶』は、自己とメディアの間主観的関係によって、情報が物語化されることで生成する」(伏木啓「集合的記憶とメディア」『名古屋学芸大学メディア造形学部研究紀要』第二巻、二〇〇九年、四三―五二頁)というように、端的にはメディアにおける表象=描かれ方のことである。

たとえば、「終戦直後」という言葉を聞いて、並木路子(一九二一―二〇〇一)の「リンゴの唄」をBGMにした闇市の映像を思い起こす人は少なくないだろう。あるいは、「バブル時代」と聞くと、「ボディコンギャルがお立ち台で羽根つきの扇子を振って踊る」というシーンを真っ先に思い浮かべるかもしれない。少なくとも、その時代を象徴するものとして、こうした映像や音楽が用いられることに違和感を持つ者はほとんどいないだろう。

この、「違和感がない」というところがポイントなのである。われわれは知らず知らずのうちに、こうしたメディア表象を通して「時代の記憶」を形作っている。もっと言うならば、メディア表象によって想起されなければ、「記憶」は風化していくことを免れることができない。

この点に関連して、フランスの歴史学者ピエール・ノラ（Pierre Nora）は、「集合的記憶が根付いている重要な『場』」を「記憶の場」と呼んでいる（ノラ「『記憶の場』から『記憶の領域』へ」谷川稔監訳『記憶の場』岩波書店、二〇〇二年、一五—二八頁）。ここでいう「場」とは、何も物質的な場所だけに限らない。ノラは、「記憶の場」の例として、史跡や博物館、モニュメントなどの物質的な場のほか、戦友会や同窓会、歴史書や暦などの機能的な場、葬儀や記念行事、黙祷や巡礼などの象徴的な場を挙げている（ノラ「記憶と歴史のはざまに」谷川稔監訳『記憶の場』岩波書店、二〇〇二年、二九—五六頁）。「場」をこのように広く捉えるならば、写真や映画、テレビなどのメディアも「記憶の場」として機能するものとみることができる。特に、高度にマスメディアが発達した二〇世紀後半以降においては、こうしたメディアにおける表象が集合的記憶を構成するうえで最も大きな機能を果たしてきたと言っても、過言ではないだろう[1]。

ところで、「マスメディアでの描かれ方を分析する」などというと、その恣意性・権力性を糾弾するものと思われる向きもあるかも知れない。そうした視点が無意味というわけではないのだが、マスメディアの表象であっても、それらは情報の送り手と受け手（オーディエンス）との相互作用を経て成り立つものである。こうした見解は、現在のメディア研究においてはほぼ常識化しており、集合的記憶の形成過程においても同様に当てはまる。すなわち、清水一彦（「〝もはや『戦後』ではない〟という社会的記憶の構成過程」『江戸川大学紀要』第二五号、二〇一五年、一九五—二〇六頁）が指摘するように、集合的記憶の枠づけも受け手が受容しない限りは成立しえないのであり、再構成をかさねることで「受け手がよりここちよく受取りやすい物語となる」。そして、「受容されやすいストーリーを書くことがメディア自身の利益にもなる」ため、そうした相互作用を経て集合的記憶のありようは定型化していくのである。[2]

以上をふまえて、本書ではアイドルホースをめぐる集合的記憶の形成過程に注目していきたいのだが、その目的は「現在」の成り立ちについての社会的な深層心理を明らかにするということにある。もう少しわかりやすくいえば、「なぜ、いま、世の中はこのようなものとしてあるのか」という疑問への答えとして、多くの人々に受容されているストーリーがあり、それが集合的記憶を形作っているということ

1　メディア、特にマスメディアと集合的記憶の関係については、テッサ・モーリス＝スズキ訳書『過去は死なない』（岩波書店、二〇〇四年）、伊藤守「抗争するオーディエンス」（同『記憶・暴力・システム』法政大学出版局、二〇〇五年、七五―一〇一頁）、大石裕「集合的記憶とマス・メディア」（同『ジャーナリズムとメディア言説』勁草書房、二〇〇五年、一一七―一二九頁）などを参照されたい。

2　これに関連して、メディア表象において集合的記憶の定型化が進行しやすい理由について、Dan Berkowitz（"Telling the Unknown through the Familiar", 2011）は次のように指摘している（訳出は筆者による）。
「ジャーナリストは異常かつ予想外のニュースを伝える場面にしばしば出くわすのだが、ほとんど情報のない中でも締め切りは厳守しなければならない。そんなときに役立つのが、社会的に定評がある出来事や人々の集合的記憶である。集合的記憶はニュースに慣れ親しんだ感じを与えてくれるので、ジャーナリストが語るストーリーは報道機関にとってもオーディエンスにとっても共鳴しやすいものとなる。つまり、集合的記憶によってその語りは『正しい語り』としての権威を獲得するのである」。

だ。いや、より正確には「どのようにして、いま、自分はここにいるのか」という個々人のストーリーが社会的に構築されているといった方がいい。過去を振り返るとき、常にその視点は現在地からのものである。だから、過去を振り返るという行為は、実際はいま自分がここにいることの理由を探す行為である。過去から現在に至る過程には、偶然的な要因が多分に関係しているのだが、人はそこに何か必然的な理由があるはずだ、あるいはあってほしいという「願望」をかかえている。だからこそ、理解しやすいストーリーが語られ、そして受け容れられ、いつしかそれはあたかも「個人の記憶」であるかの如く感受されるようになっていくのである。

このように、ハイセイコーやオグリキャップに関する語りは、戦後日本社会における支配的な集合意識のあらわれとして読み解くことができる。したがって、本書の目的は、記憶や語りが捻じ曲げられていくことに対する批判ではない。そのように捻じ曲がってきたこと自体は事実なのであり、むしろその事実を通してこそ明らかになる集合意識のありようとその意味を考えていきたいのだ。社会学のパイオニアの一人であるエミール・デュルケム（Émile Durkheim 一八五八—一九一七）の顰に倣うならば、そうした集合意識こそが「社会的事実」なのであり、そこには紛れもなく一つの真実があるのである。

異色(?)のアイドルホース「ハルウララ」

さて、ハイセイコーやオグリキャップとはやや趣が異なるものの、その二頭に加えてもう一頭、ぜひ本書で取り上げてみたいアイドルホースがいる。それは、二〇〇三―〇四年に社会的ブームを巻き起こした、高知競馬のハルウララである。

ハルウララは、いわゆる一般的な意味での「名馬」ではない。それどころか、その競争生活を通じてただの一勝もあげていないのだから、その点だけで評価するならば完全に駄馬といってもいい。それゆえ、先の二頭に比べて後々にまで語り継がれるようなタイプではないが[3]、ブーム時の社会的注目の高さはやはり「異常」なものだった。時期的には、長期にわたる経済不況を背景にリストラという名の首切りが横行し、「痛みを伴う」小泉構造改革が進められ、ライブドアや村上ファンドによる企業買収のニュースが世を席巻した頃である。こうした状況を背景として、この頃には「勝ち組」「負け組」という言葉が流行した。そうした時期に九〇戦、一〇〇戦して一勝もできないまま走り続けるハルウララが、「負け組の星」として注目を集めたのである。

こうした事情からわかるように、ハルウララはハイセイコーやオグリキャップのような「正統派ヒーロー」ではない。どちらかといえば、一九八〇年前後にドラえもんが大ブームとなった際に、「のび太やドラえもんのダメさが共感を集めている」と語られた状況に似ている。だから、ハイセイコーやオグリキャップと同列に論じるのはちょっと違うのではないか、と見る向きもあるだろう。

それでも私がハルウララを取り上げたいのは、やはりそのブームが普段は競馬を趣味としない層に

3　それでも、先にあげた『朝日新聞』の読者アンケートで二七二票を集め一〇位にランクインしている。これは、一九八三年の三冠馬ミスターシービーの倍である。

よって形成されたものだからであり、その点ではハイセイコーやオグリキャップのブームと同じ構造になっているからだ。そして、もう一つ重要なことは、この三頭がいずれも「地方競馬」をバックグラウンドとして登場してきたという共通項をもっていることである。

第五章で具体的にみていくように、ハルウララの人気は高知競馬をその主戦場としていたことが大きく関わっている。すなわち、田舎のはずれの競馬場で、勝てないのに必死に頑張っている健気な女の子——というキャラ設定。それこそ、シンデレラの物語設定とその骨子は同じであり、人々はいつかハルウララがシンデレラと同じくハッピーエンドを迎えることをどこかで期待していたのだろう。二〇〇四年三月二二日に武豊がハルウララに騎乗したレースが社会的注目のピークとなったのは、王子様とシンデレラが結ばれる大団円を予感させたことによるものだと解釈できる。しかし現実は厳しく、ハルウララは一一頭立ての一〇着という結果に終わったのだが（アイドルつながりでいうと、私立恵比寿中学のメジャーデビューシングル「仮契約のシンデレラ」など、ラストに「まだまだだな」と契約を断られるくだりも含め、まさにハルウララの表現としてピッタリである）。

「地方＝田舎」というイメージ

さて、この「地方」というキーワードである。我々は「地方」という言葉を聞くと「田舎」を連想しがちであるが、この「地方＝田舎」というイメージは、やはり戦後日本社会の深層心理を考えていくうえで、非常に重要である。集団就職などの例を持ち出すまでもなく、戦後日本は「地方」から「中央」へ劇的に人が移動した社会であり、「地方＝田舎」というイメージもまた、そうした多くの人々の実体験に結びついてきたものだった。[4] 三頭のアイドルホースに共通する「地方競馬」という舞台は、かの馬たちをめぐる語りが人々の郷愁を誘うものとして機能するのに、おあつらえ向きだったといえる。

しかし、「地方競馬」出身というバックグラウンドをもつ馬を「田舎者」のイメージでとらえるのには、実はある錯誤が含まれている。というのも、**「地方競馬」の「地方」には、「田舎」という意味は含まれていない**からである。「地方競馬」は、ＪＲＡ（日本中央競馬会）が主催する競馬を「中央競馬」と呼ぶのに対して、それ以外の団体が主催する競馬を一くくりにした呼称であり、**単なる法令用語**なのである。したがって、「中央競馬」がすべて都市部で行なわれているとは限らないし、「地方競馬」がすべて田舎で行なわれているわけでもない。実際、ハイセイコーは「地方競馬」の大井競馬場から「中央競馬」の東京競馬場へ移籍したわけだが、大井競馬場の所在地である品川区の方が、東京競馬場のある府中市よ

4　たとえば、一九五五年から一九六五年の主要府県別人口変化率（一九六五年の二〇―二四歳の人口から一九五五年の一〇―一四歳の人口を減じて得た人口増加または減少数を、一九五五年の一〇―一四歳人口で除して算出）をみると、東京都（一三〇・五パーセント）、神奈川県（九三・三パーセント）、大阪府（九五・一パーセント）など大都市部が激増している一方で、秋田県・福島県（ともにマイナス五四・五パーセント）、鹿児島県（マイナス六六・六パーセント）、佐賀県（マイナス五八・八パーセント）など東北・九州地方では軒並み激減している（加瀬　一九九七、三八頁）。これはもちろん人口の自然増・自然減を原因としたものではなく、進学や就職を機に「地方＝田舎」から「中央＝都会」へ移動した者の多さによるものである。

りも明らかに都心に近い。だから、地理的にはむしろ「都会から田舎へ」というべきなのである。しかし、本論でみるように、「地方競馬出身」というハイセイコーの属性は、後年になるほど「地方出身」の人間に擬せられて解釈されるようになった。つまりそこでは、「地方」「中央」という言葉の印象が、本来の意味を離れて「田舎」「都会」という場所のイメージにすり替わっているのである。

しかし、単にこのことを勘違いだと断じることが、本書の目的ではない。注目すべきなのはやはり、それが収まりのいいストーリーとして成立しうるということである。なぜ、「地方＝田舎」というイメージの結びつきが、集合的記憶の形成過程で説得力を増すようになるのだろうか。

ノスタルジアと現在への不満

生まれ育った故郷を離れて幾星霜、人がふとした瞬間にかつての故郷を懐かしむ感情を抱くことがある。これは郷愁と呼ばれる感情であり、要するにノスタルジアの一種である。

このノスタルジアというものは、先に触れた集合的記憶と大いに関連する。たしかに、個人のユニークな体験に根差した、非常に個別的なノスタルジアも存在するだろう。だが、様々なメディアに取り囲まれるようになった二〇世紀後半以降の社会においては、そうした個別具体的なノスタルジアも集合的記憶に絡めとられていく傾向が強い。

このことついて、メディア研究者の日高勝之は、先に挙げたフランスの歴史学者ピエール・ノラとイギリスの社会学者アンソニー・ギデンズ（Anthony Giddens）の論を関連づけて次のように論述している（日高勝之『昭和ノスタルジアとは何か』世界思想社、二〇一四年、五二―五四頁）。

まずノラは、加速度を増す社会変化によって伝統は破壊され、現代社会と過去とのつながりが弱まってきたために、現代人は「わざわざ記録を残し、記念日を維持し、祝祭を組織し、追悼演説をおこない、公正証書を作る必要があるという意識」から「記憶の場」を生み出すのだという。

一方ギデンズは、現代人の日常生活は伝統と本来的に何の関連もないため、「他者によって与えられる外的な準拠点が欠如しているので、人生は個人のプロジェクトや計画と結びついた軌跡」となるという（ギデンズ訳書『モダニティと自己アイデンティティ』ハーベスト社、二〇〇五年）。そして、その「軌跡」をあとづけるために、現代人は「日誌をつけること、そして自伝をきちんと作り上げること」、すなわちナラティブを創造することでアイデンティティを維持するのだと主張する（同書、八四頁）。現代日本では「自分史づくり」の広告を目にすることも少なくないが、それはこうした「軌跡」のあとづけに対する一定の需要があることを示していよう。また、若い世代には日誌・自伝ではピンと来ないかもしれないが、ＳＮＳに表示されるタイムラインなどもこれに類似するものだといえる。

これらをふまえて日高は、現代人にとっての記憶が、それを想起するための「場」なくして存在しえないことを指摘している点において、ノラとギデンズの議論には相同性があると述べている。そして、現代の記憶は、メディアやポピュラーカルチャーなどの大衆消費主義と深く関わっており、ノスタルジアは、大衆消費財の中に埋め込まれたイメージとして（のみ）人々に提供されるようになってきているというイギリスの社会学者ローランド・ロバートソン（Robertson 1992）の主張をふまえ、さまざまなメディア上で発せられるあらゆる言説が「記憶の場」となりうることを指摘している（前掲日高、五四―五五頁）。

つまり、二〇世紀後半以降の世界を生きるわれわれが抱くノスタルジアとは、個人的なレベルの感傷のように思えても、やはりメディアの表象・言説を通して「想起」され「再構成」される過程で形作られる集合的記憶なのである。

では、このようなノスタルジアは、どのような社会的枠組みに基づいて「想起」し「再構成」されるのであろうか。そのパターンは、端的にいえば、「現在もしくは差し迫った状況に対するなんらかの否定的感情を背景にして、生きられた過去を肯定的な響きでもって呼び起こすこと」であるといえる（デイヴィス訳書『ノスタルジアの社会学』世界思想社、一九九〇年、一二七頁）。

> ノスタルジックな感情は、過去の美しさ、楽しさ、喜び、満足、良さ、幸福、愛、等々の思い、要するに、特定の、ないしは存在したいくつかのものを肯定する心情に満たされている。ノスタルジックな感情が、われわれが通常、否定的なものと考える情操――例えば不幸、挫折感、絶望、憎しみ、恥、悪口に満ちていることは決してないといってよい。（中略）
>
> 過去と比較すると、現在の状況や条件は例外なく過去よりも荒涼としている、厳しい、惨めな、醜い、なにかを剥奪されている、満たされない、恐ろしい等々と感じられるばかりか、事実そうだと論

> 証されることも多い。あるいはそれらの形容詞が、ノスタルジアの体験の暗い側面をあまりにも強調した表現ではないかという印象を与えるとすれば、冷やかな、灰色の、前途に望みがない、魅力に乏しい、刺激がないといってもよかろう。（同書、二二一―二四頁）

つまり、現在の状況を否定的に捉える感情があってはじめて、過去を懐かしむという感情は喚起されるのである。デイヴィスはこのことを、「ノスタルジアの主観的な認知・感情のセット」（同書、二四頁、傍点原文）とも表現しているが、要するに**ノスタルジアは単なる懐古ではなく「現状批判」を伴っている**ものだという点が、重要なのである。[5]

実際、三頭のアイドルホースの人気は、同時代的には「現代社会への不満」との絡みで説明されていることが多い。しかし、もともとはそうであったものが、ブームが「過去」の出来事となっていくにしたがい、そのブーム自体がノスタルジアの対象となっていくのだ。本書では、このことを「**過去化**」と呼ぶこととしたい。そのプロセスにおいて、「地方競馬出身」という事実が望郷のノスタルジアと重なりあい、「雑草の立身出世物語」という「正史」に収斂していったと考えることができるのである。

5　このこと自体、二〇世紀後半の日本に「地方から都市部への人口流入」というトレンドがあったことと大いに関係している。というのも、デイヴィスが「ノスタルジアとは、自分たちがたどり着いた場所が気に入らず、次なる目的地についてもなんの好みももたない、さまよえる人々につきものの悩みなのである」（前掲デイヴィス、七四頁）と指摘するように、現状批判をともなうノスタルジアは、故郷から切り離された（少なくともそのように感じる）人々において、より生起しやすいものだからである。

本書の見取り図

以上に述べてきたように、本書は、集合的記憶の一種としてのノスタルジアという概念を分析軸として、国民的人気を集めた三頭のアイドルホースをめぐる語りを読み解こうとするものである。その目指すところは、戦後日本社会を人々がどのようなものとして捉えてきたのかという、集合表象＝社会的事実を明らかにすることにある。

本論に入る前に、本書全体の見取り図を簡単に紹介しておくこととしたい。

第一章では、アイドルホースをめぐる「語り」を読み解くうえで、必要となる背景知識について述べている。具体的には、公営ギャンブルの制度的位置づけや社会的受容のあり方についての話題がメインとなる。内容的には本書の中で最も「お堅い」ところとなるので、「語り」の内容を早く知りたいという向きには、先に第二章以降を読み進めていただき、必要に応じて第一章の内容を参照してもらっても構わない。ただし、第一章をふまえたうえで第二章以降をお読みいただいた方が、格段に興味深く読めるものと筆者は思っている。

第二章・第三章では、ハイセイコーとオグリキャップをめぐる「語り」をそれぞれ紐解いていく。現役当時から引退後、そして死去にいたるまで、二頭をめぐる「語り」はなぜ、どのように変容したのか。「語り」の変容の意味を探ることを通して、その謎を解き明かしていく。

第四章では、一九九〇―二〇〇〇年代にかけて生じた公営ギャンブルをめぐる「逆風」の状況をおさえつつ、公営ギャンブルと「地方」イメージの結びつきに新たな意味付与がなされていったようすを明らかにしていく。「逆風」の影響を特に強く受けた地方競馬に対して、この時期には従来とは異なる社会的視線が生まれ、定着しつつあった。そうした状況においてこそ、高知競馬のハルウララは注目を集めたのである。

第五章では、そのハルウララをめぐる「語り」を読み解いていく。高知競馬に留まり、かつ負け続けたハルウララは、立身出世物語で語られる先の二頭とは大きく異なるように思える。しかし、実は本質的な部分では二頭をめぐる「語り」と同じイメージ・構造が共有されていたことが明らかになるだろう。

終章では、「地方」「努力」「アイドル」という三つの軸からアイドルホースをめぐる「語り」を総括し、なぜ地方競馬出身の競走馬が「アイドル」になったのか、そしてそれは戦後日本社会のいかなる側面を表象していたのかを考えてみたい。

なお、本書では、新聞の全国紙や一般の週刊誌に掲載された記事を、「語り」として主に取り上げている。これは資料的制約という理由もあるが、スポーツ紙や専門の競馬雑誌ではなく、普段は競馬に関する話題をさほど扱わない全国紙や週刊誌における「語り」の方が、本書で注目したい「大衆的人気」のありようを知るうえでより適切であるとの判断に基づくものである(もちろん、その他の資料についても必要に応じて参照していく)。

また、年代の表記について西暦を用いている箇所と、元号を用いている箇所があることについても、あらかじめご了承されたい。学術論文などでは統一されているべきかもしれないが、記述内容によっては「一九七〇年代後半から八〇年代前半」などと煩雑に表記するよりも、「昭和五〇年代」とした方がスッキリする場合も多い。そのため、それぞれの文脈でより理解・把握しやすいと考えられる表記を適宜採用することとした。

ではまず次章にて、公営ギャンブルなる戦後日本的なものがいかにして誕生し展開していったか、その事実を追うことから始めることにしよう。日本社会において、ギャンブルは非常にグレーゾーンな位置づけにあるが、それはどうしてなのか。なぜ、ギャンブルが「公営」でなければならないのか。そもそも、本当に日本はギャンブルに否定的な社会なのか。このあたりのことをおさえていきながら、逆になぜ日本ではこれほど努力や頑張りが美徳とされるのかについても、考えを巡らせてみたいと思う。

第Ⅰ部

昭和時代

――挫折する「夢」のゆくえ

戦災復興を目的として始まった公営ギャンブルは、幾度かのブームと沈滞を繰り返しつつ、大衆的レジャーとして社会に受容され定着していった。ハイセイコーやオグリキャップのブームは、そのカリスマ性によって突然生まれたものではなく、人々がギャンブルに逃避する「世知辛い社会」の象徴だったのである。

過熱ダービー・2分半に舞った89億円

〝空しい社会〟へ反動

娯楽に飢える中堅層

（『朝日新聞』1971年6月14日）

第一章　「地方競馬」とは何なのか
――公営ギャンブルが映し出す戦後社会

ハイセイコー、オグリキャップ、ハルウララ。すでに紹介したように、三頭のアイドルホースたちに共通するのは地方競馬をその出自としていることである。では、その地方競馬とはいったいどういうものなのだろうか。普段競馬にさほど関心のない人はもちろん、競馬ファンであっても中央競馬にしか興味の向かない人も少なからずおり、地方競馬がどういうものかを正確に把握している人は意外にそう多くはないと思われる。

そこで本章ではまず、地方競馬も含む公営ギャンブルについて、その概略をおさえていくことから始めたい。また、単なる制度やシステムの紹介だけでなく、公営ギャンブルが社会的にどう受容されてきたのかという点についても、ここで見ていくこととしたい。次章以降にみるアイドルホースたちをめぐる語りを読み解いていくうえで、そのバックグラウンドを知っておくことは重要だと思われるからである。

こうした制度や社会背景の解説は「面倒くさい」と感じる読者もおられるだろうから、場合によっては本章を読み飛ばして第二章から読んでいただいてもかまわない。ただ、本章の内容を背景知識としてふまえていただいた方が、次章以降の内容がより興味深く感じられるだろうことは請け合いたい。

1　「地方競馬」とは何か

1―1　戦災復興のために始められた公営ギャンブル

まず大前提としておさえておくべきことは、現在の日本社会においてギャンブルは原則として違法だということである。この時点で「え?!」と思う人もいるかもしれないが、事実そうなのである。現行刑法では、第百八十五条から第百八十七条までの三条からなる第二十三章「賭博及び富くじに関する罪」が規定されており、その条文は次の通りである。[1]

第百八十五条　賭博をした者は、五十万円以下の罰金又は科料に処する。ただし、一時の娯楽に供する物を賭けたにとどまるときは、この限りでない。

第百八十六条　常習として賭博をした者は、三年以下の懲役に処する。

賭博場を開張し、又は博徒を結合して利益を図った者は、三月以上五年以下の懲役に処する。

第百八十七条　富くじを発売した者は、二年以下の懲役又は百五十万円以下の罰金に処する。

富くじ発売の取次ぎをした者は、一年以下の懲役又は百万円以下の罰金に処する。

前二項に規定するもののほか、富くじを授受した者は、二十万円以下の罰金又は科料に処する。

では公営ギャンブルは、宝くじは、あるいはパチンコ・パチスロは何なのかという話になるが、いずれも違法ではない。ただし、その理由はそれぞれ異なっている。公営ギャンブルや宝くじは特別法によってその違法性を阻却されている（刑法第三十五条「法令又は正当な業務による行為は、罰しない」に該当）のに対し、パチンコ・パチスロは三店方式と呼ばれる営業形態をとることで、あくまでも「賭博ではなく遊技」という建前となっている。三店方式をめぐってはいろいろと興味深いことも多いのだが、その詳述は本書の関心範囲を超えるので、公営ギャンブルに関する前者の点についてみていきたい。

1　電子政府の総合窓口 e-Gov「刑法」（https://elaws.e-gov.go.jp/search/elawsSearch/elaws_search/lsg0500/detail?lawId=140AC0000000045）二〇二〇年一月二九日閲覧。

現在、公営ギャンブルと呼ばれるものの中には、競馬・競輪・競艇[2]・オートレースの四種類があり、それぞれを規定する法令は「競馬法」(一九四八年制定)、「自転車競技法」(一九四八年制定)、「モーターボート競走法」(一九五一年制定)、「小型自動車競走法」(一九五〇年制定) である。これらの法律を根拠として、都道府県や市町村などの自治体や公共団体[3]はギャンブルの開催権を認められている。

なぜ自治体なのか。それは、これらの法律がいずれも産業振興と地方財政の健全化を目的としているからである。特に各自治体にとって重要なのは後者の点であるが、法律の制定時期にもあらわれているように、そこには戦災復興のための財源確保という目的があった。[4] だから、競馬法、自転車競技法、モーターボート競走法にはいずれも、財政上必要性のある市町村を指定して開催を認めるとする文言がみられる(都道府県に対しては、そうした条件は付けられていない)。競輪は北九州の小倉、オートレースは千葉の船橋、競艇は長崎の大村で開催がスタートしたが、どこも盛況で、財政逼迫にあえぐ自治体はそれらの成功を見て、こぞって開催権の獲得に動いた。特に競輪は、施設開設の容易さや騒音問題がないことなどメリットが多く、瞬く間に普及し、最盛期には全国で六〇以上の競輪場があった。端的にいえば、「公営ギャンブルとは戦後復興の財源を庶民から吸い上げるために生み出された巧妙なシステムだった」といえよう(三好円『バクチと自治体』光文社、二〇〇九年、四八頁)。本章の第3節でみるように、多少の浮き沈みはあるものの、実際に公営ギャンブルは開催権をもつ自治体の財政に大きく寄与してきた。その状況が大きく転換し、公営ギャンブルが「お荷物」扱いになるのは、一九九〇年代以降のことである。

なお、次節でみるように、一九五〇―六〇年代には、現在よりも公営ギャンブルへの風当たりが強く、廃止を求める声が世論の多数派であった。そうした状況を受けて、一九六〇年には内閣総理大臣の諮問機関として公営競技調査会が設置されている。同会が一九六一年七月二五日に提出した通称「長沼答申」は、おそらくはさまざまな政治的力学の作用した結果として、公営ギャンブルの存続を認めた。ただし、「存続は認めるが、現状以上には奨励しない」という結論であり、この答申以降、公営ギャンブル場を新設することは事実上不可能となっている。[5]

1―2 「中央競馬」と「地方競馬」という二元体制

さて、競輪・競艇・オートレースに関しては、戦後になって新しく始められたものだといって差し支

2 二〇一〇年以降はブランド名として「BOAT RACE」が使用されているが、本書ではそれ以前の時期に言及することが多いため、統一して「競艇」という名称を用いることとする。
3 公営ギャンブルには、自治体が単独で主催するもののほかに、複数の自治体等がサービスを共同で行うことを目的として設置する一部事務組合(特別区競馬組合、兵庫県競馬組合など)が主催するものがある。
4 ただし、こうした目的のために公共団体がギャンブルの胴元となるという発想自体は、戦後になってはじめて登場したものではない。戦前には水道事業や公営交通機関で得た余剰の収益を財源とする「日本型収益事業」のあり方が形成されており、ギャンブル収益を税収代わりの財源とする発想は、その延長線上にある。この点については、萩野寛雄『「日本型収益事業」の形成過程』(早稲田大学大学院博士論文、二〇〇四年)に詳しい。

えない。しかし、競馬については、そのような表現は正確性を欠く。たしかに、現在の中央競馬・地方競馬は一九四八年に制定された現行の競馬法に基づいて行われているが、日本における競馬そのものの歴史はもっと前にさかのぼることができるからである（以下、本セクションの記述にあたっては、前掲三好『バクチと自治体』を大いに参考にしている）。

実際、JRAは二〇一二年に「近代競馬一五〇年」と銘打ったプロモーション活動を展開した。これは、一八六二年に横浜居留地において在留外国人のレクリエーションとして始められた競馬を起点とした数字である。[6] 以後の戦前日本における競馬の展開はなかなかにややこしいものであり、煩雑さを避けるために詳述は控えたい。[7] ただ一つ言えるのは、戦前における競馬には、軍馬の改良という目的が一貫してあったという点である。[8] 貴族文化からスタートした英国の競馬とは異なり、特に中央競馬にはそうした国家による「正当な目的」が付与されてきたことには、注意しておいてもよいだろう（だから、中央競馬は英語で national racing と翻訳される）。

一九〇六—〇八年の「馬券黙許時代」[9]、その後一五年間にわたる馬券禁止時代を経て、一九二三年には馬券発売をともなった「公認競馬」が、同年に制定された（旧）競馬法にもとづいてスタートした。この競馬法によって競馬の施行と馬券発売が認められたのは、札幌・函館・福島・新潟・中山・東京・日本レース（横浜）・京都・阪神・小倉・宮崎の一一の競馬倶楽部である。これらは、現在のJRAの競馬場とほぼ一致しており、中央競馬の直接の起源はこのときに完成したといっていいだろう。[10] この体制のもとで、一九三二年には第一回東京優駿大競争（日本ダービー）が、当時は目黒にあった東京競馬

5　ただし、公営競技問題懇談会（総理府総務長官の諮問機関。一九七七年一一月一日発足）が一九七九年六月二一日に発表した意見書「公営競技の適正な運営について」では、「抑制基調は維持しつつも、多少弾力的に検討することとしてよいものと考えられる」として「競技場について新設の要望のある場合には、地域社会との調整、各競技間の均衡、地域的分布状況、収益状況、施行権の均てん化等の要因を総合的に考慮して検討すること」が指摘されている（『地方競馬史』第四巻、四〇―四三頁）。だがこれ以後、公営競技場の新設は一九七六年に開場した伊勢崎オートレース場（群馬県）と一九九七年に開場した門別競馬場（北海道）のみである。ただし前者は一九七三年に廃止された大井オートレース場（東京都）の「移転」であり（伊勢崎オートレース場の所有者は東京都競馬株式会社であり、これを主催者の伊勢崎市に賃貸している）、後者はもともと道営競馬のトレーニングセンターであった施設を改修し競馬場としたもので、主催者もすでに開催権を持っていた北海道である。したがって、いずれも純然たる「新設」とはやや趣が異なる。

6　ＪＲＡのＨＰ（http://www.jra.go.jp/150th/history/）より。残念ながら、この「近代競馬一五〇周年サイト」は二〇二〇年一月八日現在では削除されてしまっている。

7　幕末から鹿鳴館時代にかけての競馬については、立川健治『文明開化に馬券は舞う――日本競馬の誕生』（世織書房、二〇〇八年）が最も詳しい。また、日本競馬史編纂委員会編『日本競馬史』第一―七巻（一九六七―一九七五年）や、地方競馬全国協会編『地方競馬史』第一―五巻（一九七二―二〇一二年）なども参考になる。

8　戦前の日本における馬と戦争との関連については、武市銀治郎『富国強馬』（講談社、一九九九年）、森田敏彦『戦争に征った馬たち』（清風堂書店、二〇一一年）、土井全二郎『軍馬の戦争』（光人社、二〇一二年）、大瀧真俊『軍馬と農民』（京都大学学術出版会、二〇一三年）などが詳しい。

9　政府が許可した法人以外の馬券発売を禁止するという形により、逆に一部の法人による馬券発売を「黙許」していた時期のことを指す。このような事態が発生したことの背景には、馬匹改良という競馬の軍事的意味・必要性と、同時期に刑法で犯罪化された賭博をどう折り合わせるかという難しい課題があった。なお、この周辺の時期の詳細については、大江志乃夫『明治馬券始末』（紀伊國屋書店、二〇〇五年）が詳しい。

第１回日本ダービー優勝ワカタカ号（『日本ダービー 70 年史』21 頁）

場にて行われている。その後、一九三六年にはこれらの一一競馬倶楽部と帝国競馬協会が合体し翌年に日本競馬会が発足することとなる。しかし、戦局の悪化にともなって、一九四三年には翌年以降当分の間競馬開催を停止することが閣議決定された。

一方、地方競馬の前身は、村祭りなどに際して行われた草競馬である。こちらも戦前を通じて徐々に形が整えられ、一九二七年に農林・内務省令として発せられた「地方競馬規則」が、全国統一基準のはじまりとなった。「地方競馬」という呼称は、ここに端を発するものである。この時の競馬の施行者は、畜産組合や馬の改良増殖を目的とする団体であった。戦前の地方競馬は公認競馬をしのぐ人気で、一九三五年における地方競馬場の数は全国で一一六にものぼったという。[11]しかしその賑わいも、一九三九年に制定された軍馬資源保護法[12]によって多くの競馬場が整理・統合されたことによって、一旦はその勢いを削がれることとなった。

終戦を迎え、軍馬資源保護法は、一九四五年一一月二〇日の勅令によって廃止される。地方競馬を施行しうる根拠法が消滅したわけであるが、そんな状況でも各地で「ヤミ競馬」が繰り広げられた[13]。そうした事態をいつまでも放置しておくわけにはいかず、翌一九四六年一一月二〇日には「地方競馬法」が公布される。主催者は、馬匹組合連合会・中央馬事会と規定された。

これにて戦後日本の競馬体制は整ったかにみえたが、思わぬ横槍がＧＨＱから入れられる。日本の競馬は公認競馬・地方競馬ともに独占的に行われており、これは独占禁止法に抵触するというのである。実は、公認競馬を主催する各地の「倶楽部」や、地方競馬を主催する馬匹組合連合会などは、すべて民

10　横浜競馬場と宮崎競馬場は、戦時中の開催休止以降長らく「休止中」であった。正式に廃止されたのは、一九九一年の競馬法改正による（現在、宮崎競馬場はＪＲＡ宮崎育成牧場として利用されている）。

11　ほぼすべての植民地（朝鮮、台湾、関東州、満洲国、樺太）にも競馬場が設置され、競馬の開催・馬券の発売が行われていた。特に満洲では馬産振興・馬匹改良という国策推進の一環として、競馬場で遊ぶことが積極的に奨励されていたという（山崎有恒「植民地空間満洲における日本人と他民族――競馬場の存在を素材として」『立命館言語文化研究』第二一巻四号、二〇一〇年、一三五―一四七頁）。

12　戦時体制を決定づけた国家総動員法を受けて制定されたもので、その名の通り「国防上特に必要とする馬の資質の向上を図り軍馬資源の充実を期することを目的とす」るものであった（同法第一条）。これにより「地方競馬」は軍用保護馬鍛錬競走として行われるようになり、一〇〇以上あった地方競馬場は三七場に整理されている（『地方競馬史』第一巻、八四頁）。

13　ヤミ競馬を含む終戦後数年の地方競馬の実態については、立川健治『地方競馬の戦後史――始まりは闇・富山を中心に』（世織書房、二〇一二年）が詳しい。

間の組織であった。そこで、政府は競馬を国営化・公営化することによって、GHQの主張をかわそうとしたのである。

こうして成立したのが、一九四八年制定の競馬法であった。その第一章第一条第二項では、「政府が行う競馬は、国営競馬といい、都道府県又は指定市が行う競馬は、地方競馬という」と定められた。ただ、農林省が主催するこの国営競馬は、控除率の高さゆえにファンから支持されなかったことなどもあり、ほどなくして民間団体への運営移管の声が浮上する。これを受けて一九五四年九月一六日、日本中央競馬会法（同年七月一日公布）に基づき日本中央競馬会が発足することとなる（日本政府が資本金の全額を出資する特殊法人）。こうして、中央競馬と地方競馬の二本立てという、いまに続く戦後日本の競馬体制が整ったのである。

2　公営ギャンブルの社会的受容

2―1　公営ギャンブルに対する社会的イメージ

さて、このようにして戦後日本に独特のものとして展開されてきた公営ギャンブルであるが、その社会的イメージとはどのようなものだったのか。公営ギャンブルに対するイメージを調査したものはあま

昭和30年代の浦和競馬スタンド（『浦和競馬場開場70周年記念誌』17頁）

り多くはないが、総じていえばあまり良いイメージを持たれてきたとは言い難い。とはいえ、調査結果を見ていくと、昭和三〇年代までは悪いイメージが先行していたものの、昭和四〇年代以降はギャンブル人口が増加していくこととも相まって、次第にイメージが改善されていく様子を見て取ることができる。

まず、青木玲『競走馬の文化史』（筑摩書房、一九九五年）に紹介されている、一九六一年に財団法人都政調査会が行った「四つの公営競技に関する東京都民の世論調査」の結果を見てみよう。それによれば、「競馬は今後も続けるべきか廃止すべきか」とたずねた質問に対し「廃止する」が四四・六パーセント、「続ける」が二一・一パーセント、「どちらでもかまわない」が二二・六パーセントだったという（同書、二四頁）。この結果からは、はっきりと競馬に対する風当たりの強さをうかがい知ることができる。また、「競馬は『暴力事件や家庭悲劇をひきおこし、国民生活に悪い影響がある』という意見に賛成か」という質問に対しても、「非常に賛成」三〇・二パーセント、「大体賛成」四一・一パーセントで、「どちらかといえば反対」「反対」の合計九・五パーセントを大幅に上回り、競馬に対する否定的イメージが強かったことがわかる。

しかし、こうした状況は、一九七〇年代に入るころから少しずつ変化していく。同じく東京都が都内に居住する成人男女一五〇〇名を対象として一九六九年に行った調査では、「競馬は大衆娯楽である」に対し賛成（非常に賛成＋やや賛成）三七パーセント、反対（非常に反対＋やや反対）三九パーセント、どちらともいえないが二四パーセントで、ほぼ賛否が拮抗する結果となっている[14]。また、これらの公営ギャンブルは「国民生活に悪影響がある」とする意見への賛成は五八パーセント、反対は一七パーセントで、六一年の調査結果と比べて否定的な意見が減少していることがわかる。後述するように、昭和四〇年代はギャンブルが大衆レジャーの一つとしてその人気を増していく時期にあたり、この結果にはそうした状況が反映されているといってよいだろう。

しかしそのことは、ギャンブルを否定的にとらえる人々の感情を逆なでし、反動を生むことにもなった。有名なところでは、革新知事として知られた当時の美濃部亮吉都知事（一九〇四―一九八四）が、一九六九年一月に都営ギャンブル廃止の声明を発表したことが挙げられる。このギャンブル廃止方針は再選を目指した一九七一年の選挙活動において公約の一つとして掲げられ、再選後はいよいよ本格的な動きとなっていく。そして、一九七二年度末にはその実現をみることとなった[15]。廃止方針は都議会においても、また世論的にもさまざまに議論を巻き起こしたが、特に美濃部の主張に賛成するものの多い女性票を集めるのに寄与したともいわれている。[16]

別の例としては、一九七四年に廃止された大阪府岸和田市の春木競馬が挙げられる。これは、後述する「ギャンブル公害」に対し不満を抱えていた主婦層を中心に、市民運動によって公営競技場が廃止された数少ない事例である(岸和田市女性センターきしわだの女性史編纂委員会編『きしわだの女たち——市民がつづった女性史』ドメス出版、一九九九年)。

こうしたなか、一九七七年に総理府に「公営競技問題懇談会」が設置された。社会党を中心とした野党が主導した公営ギャンブル見直しの動きを受けたものだったが[17]、同会が行った「公営競技に関する世論調査」(一九七八年)は、むしろ公営ギャンブルがすでに一般的なレジャーとして受け入れられ、定着

14 『東京都競走事業廃止対策報告書』一二頁。ただし、競馬以外の三競技については、いずれも反対が一〇ポイントほど多くなる。

15 一連の経緯についての詳細は、東京都財務局が発行した大部の報告書(『東京都競走事業廃止対策報告書——ギャンブル廃止の歩み』一九七四年)を参照されたい。なお、実際には「都による公営競技の主催」が廃止されただけであり、公営ギャンブル場自体は二〇二〇年現在でも東京都内にいくつもある。

16 美濃部のギャンブル廃止公約は「選挙公約にかかげたときから、エリート学者が女性票をねらって無茶なことを言うと批判された」らしい(前掲青木『競走馬の文化史』二六頁)。また、一九七〇年七月に発売されたソルティー・シュガーの「走れコウタロー」でも、なかあいのセリフで美濃部のギャンブル廃止方針が茶化されている。

17 同年一〇月には、日本社会党政策審議会・公営競技対策特別委員会が設置した公営競技問題研究会が、「公営競技の現状と問題点を明らかにし、是正すべき諸点を明らかにする目的で『公営競技の現状と問題』をまとめて発表している。

しつつあることを示すものとなった。すなわち、公営競技の現状について「現状程度でよい」四〇・八パーセント、「縮小すべきだ」一七・三パーセント、「廃止すべきだ」一二・〇パーセント、「わからない」二八・四パーセント、「もっと盛んにすべきだ」一・六パーセントという結果であり、同会は最終的に長沼答申を基本的に継承する現状維持の方針を採ったのである。

こののちも、公営ギャンブルの現状維持を望む声が世論の大勢を占める状況は拡大していく。一九八八年に財団法人東京都市科学振興会の『都市科学』に発表された「東京都民のギャンブル意識に関する調査」では、廃止したほうがよい公営競技について「廃止したほうがよいと思うものはない」が五七・二パーセントで過半数だったという（前掲青木『競走馬の文化史』三五頁）。さらに、読売新聞が一九九五年に行った世論調査では、公営ギャンブルを今後どうすべきかという質問に対し、「いまの程度でよい」が七〇パーセント、「もっと減らすべきだ」一三パーセント、「もっと増やすべきだ」「廃止すべきだ」は各六パーセントと、「現状維持」の意見が大半となっていた（「ギャンブル　薄れる『賭け事』イメージ」『読売新聞』一九九五年四月一七日）。

以上にみたように、一九六〇年代前半まで否定的イメージが先行していた公営ギャンブルは、一九七〇年代以降次第に「普通のこと」として社会的に受容されていった。積極的に増やすことを求める声は決して多くはないが、すでにある程度定着したレジャーの選択肢の一つとして、社会的に許容されるようになってきたのである。ただし、バブル崩壊後は「公営ギャンブルの危機」が叫ばれるようになり、公営ギャンブルに対する社会的視線はそれまでと異なる展開を見せることとなるが、これについては第四章で詳述することとしたい。

2―2　公営ギャンブルファンの社会的属性

公営ギャンブル場といえば鉄火場のイメージ、すなわち「赤鉛筆を耳に挟んだ小汚いオッサンばかり」という印象を想起しがちである。このイメージはなかなかに根強く、比較的最近の記事でも次のように書かれている（川﨑泰彦（神奈川県川崎競馬組合副管理者）「市民生活における公営競技の機能と役割について」『公営企業』第四四巻一〇号、二〇一三年、三四―四二頁）。

公営競技と聞いて何をイメージするであろうか。賭けごと、ギャンブル、道楽といった、健全な日常生活とは対極にある言葉として受け止めている方が多いのではないかと思う。また、多少でも競馬や競輪などに親しんだ人であれば、鉄火場、斜陽産業、閉鎖的といった暗い響きも連想するだろう。

はたして、このようなイメージはどこまで正確に実態を反映しているのか。公営ギャンブルファンの社会的属性面での特徴について、ここで見ていくことにしよう。

比較的早い時期の調査結果が、日本建築学会論文報告集（第四一号）に残されている。当時工学院大学教授であった大庭常良と同大学院生の相沢恒雄による「交通問題からみた競馬場施設のあり方について」と題されたこの報告は、一九六五年一〇月と翌年五月に東京および中山競馬場周辺の交通動態調査を調査したものである。それによれば、競馬ファンの男女比は九五：五で圧倒的に男性が多く、年齢別では三〇代二六・四パーセント、二〇代二三・一パーセント、四〇代二二・三パーセント、五〇代一九・五パーセントの順であった。職業別では、男性全体で会社員五一・六パーセント、商業一三・七パーセント、公務員八・三パーセント、工業七・四パーセントの順であり（女性の場合、無職三〇・三パーセント、会社員二五・八パーセントの順）、ホワイトカラーが過半数を占める結果となっている。

この調査結果を意外に思われる向きもあるかもしれないが、ファンの年齢層に関しては一九七〇年代に入ってさらに若返りを見せている。日本中央競馬会が一九七三年に行った来場者調査では、二〇代が四六・三パーセント、三〇代が二四・七パーセント、四〇代が一四・七パーセント、五〇代が七・六パーセント、六〇歳以上が六・四パーセントと、二〇代が最多で年齢層が上がるに連れてその比率が減少していっているのである（『日本中央競馬会二十年史』一九七六年、二〇四頁）。こうした状況について、同書では「競馬ブームは昭和四〇年ころから起こったものであり（中略）ブーム以後、三〇代以下特に二〇代のファンの増加がめざましい。つまり、所得水準の向上、なかでも若年労働力の不足から若年層の所得水準の上昇が著しく、四〇年代以降、若年層の競馬ファンが急増したのは、こうした社会的背景に基づくものと思われる」と分析されていた。やはりこの時期に発生したギャンブルブームの影響が、こうしたファン層の変化に反映されていたものといえよう。

もう少し後年のデータとも比較してみたい。一九九四年秋にＪＲＡが行った調査では、二〇代が二七・

二パーセント、三〇代が一六・四パーセント、四〇代・五〇代がともに一九・六パーセント、六〇代以上が一六・八パーセントとなっており（『日本中央競馬会40年史』一九九五年、七七頁）、若年層のボリュームは七〇年代よりもかなり小さくなっている。また、公営ギャンブル全体の状況についてみると、財団法人余暇開発センターが一九八二年一月・二月に行った調査によれば、ファンの年齢構成は二〇代一一・一パーセント、三〇代二九・〇パーセント、四〇代二七・九パーセント、五〇代二〇・八パーセント、六〇代以上一〇・三パーセントであった[18]（余暇開発センター『公営競技に関する調査研究』一九八二年、三頁）。こうしてみると、一九七〇年代におけるファン層の若返りは、やや特異な現象であったといえる。

一方、ファンの職業面の属性については、多少慎重な検討を必要とする。というのも、競馬は他の公営競技と比較してハイカルチャー的であると見なされていた面があるからだ。たとえば、農林省畜産局の宮下義勝は、一九六〇年の時点で次のように述べている（宮下義勝「伝統ある〝戦前派〟の競馬――競馬法施行のあらまし」『時の法令』三四〇号、一九六〇年、一九―二六頁）。

競技の勝負予想に対する判定要素についてみると、競輪等では、機械の能力に大きな差異はなく、人間たる選手の能力および意思に大きく左右されるが、競馬の場合は、生きものたる馬の能力および

18　最も若年層が多いのがオートレース（二〇代二一・三パーセント、三〇代三六・七パーセント）、最も若年層が少ないのが競輪（二〇代四・一パーセント、三〇代二一・六パーセント）であった。ただしこの調査は首都圏にある公営競技場のみを対象としたものであり、全国的な傾向も同様であったかどうかまでは不明である。

調教状況、騎手の能力、レース当日における天候や馬場の状況等が判定要素となるため、ほかの類似競技にくらべより複雑である。その結果、競馬の勝敗を予想するにはより高い知識を必要とするので、集まる観衆も知識階層が主体をなしておりかもし出される空気も比較的平穏である。

このように、インテリ層・ホワイトカラー層のファンが多いことから、競馬は他のギャンブルよりも格の高いものと認識されていた側面もあった。社会学者の大橋薫は、「競馬は、ホワイトカラーが多く、競輪では労務職などが比較的に多い」ことから、「ギャンブルの種類によって職業差があるのは、公営ギャンブルにも『格』というものがあり、これに職業階層が対応しているためであろうか。格ないし上品さの点では、競馬、………、競輪の順になると考えられる」と指摘している（大橋薫「現代のギャンブラーたち――その欲求と行動」加太こうじほか『公営ギャンブル』全国自治研修協会、一九六九年、七一―一〇六頁）。

実際のところはどうだったのだろうか。先にみた一九八二年の余暇開発センターの調査によれば、公営ギャンブル全体のファン層はホワイトカラー三二・〇パーセント、ブルーカラー二九・九パーセント、自営業二七・四パーセント、その他九・八パーセントとなっており（前掲『公営競技に関する調査研究』五頁）、ホワイトカラー層は決して少ないボリュームではない。ただし、中央競馬のファン層のみホワイトカラーが四四・〇パーセントとなっており（自営業が一六・二パーセントと少ない）、競馬の「格の高さ」というイメージを裏付ける結果となっていた。特に中央競馬に関していえば、西洋文化の移入という側面が強調され、皇室とのつながりの強さという権威のお墨付きがあることも（いまでも「天皇賞」

は格式あるレースとして位置づけられている)、こうした相対的にハイカルチャーなイメージを形成するうえで一定の意味をもったといえるだろう。

このように競馬が「格調高いギャンブル」とみなされていたのは、何もこの時期に特別のことではない。さかのぼれば、明治末期の「馬券黙許時代」にその源流をたどることができる。すでに刑法で賭博を禁じ、「賭博＝悪」のイメージ確立に成功して(しまって)いた明治政府にとって、たとえ「黙許」という形であっても、馬券の発売を認めるにあたっては、それ相応の正当化が必要であった。そこで持ち出されたのが、「競馬は知的なもの」というロジックである。すなわち、競馬予想は「経験や知識をもって馬の能力を鑑定すること」であり、単なる偶然を当て込んだバクチではない、という理念。「勝馬投票券」という名称や、「下見所」(パドック)の設置が義務づけられているのも、実はこの理念の延長線上にある(立川健治「日本の競馬観(一)馬券黙許時代・明治三九〜四一年」『富山大学教養部紀要(人文・社会科学篇)』第二四巻一号、一九九一年、三九—七一頁)。

こうした競馬が包含する知的な要素は、たしかにインテリ層の一部を競馬に惹きつけた。その代表格は、菊池寛(一八八八—一九四八)であろう。菊池は一九三六年に、その名もずばり『日本競馬読本』なる著作を発表し、競馬予想は「合理性の追究」であり偶然の支配する賭博とは決定的に異なるものであることを主張している(吉田司雄「競馬で大儲けする方法——菊池寛『日本競馬読本』とその周辺」『日本文学』第四八巻一一号、一九九九年、五四—六八頁)。

ここまで競馬の「格」の高さについて検討してきたが、そうは言ってもこれはあくまで相対的なものである。一九七〇年代以降の公営ギャンブルを考えるうえで重要なことは、そのファン層がそれ以前の時期と比較して大衆化したということである。ハイセイコーが登場する以前から、すでにギャンブルは特定の社会階層にのみ結びついたものではなくなってきており、競馬場は「赤鉛筆オヤジ」ばかりが跋扈するような空間ではなかったのだ。

だが、それにもかかわらず、「ギャンブル場=鉄火場」というイメージはこれ以降も強固に残存し続けることになる。そしてそのことは、なぜ間欠泉的に競馬への社会的注目が集中するのかという問題を考えるうえで、重要なポイントとなってくる。

3 公営ギャンブル批判の三パターン

ここまで見たように、公営ギャンブルは主として戦災復興を目的に始められ、当初は一般の許容度合いも低かったが、一九六〇年代後半以降は徐々に「現状程度はあってもいい」ものとして、戦後日本社会に定着していった。とはいえ、公営ギャンブルが常に一定の批判を受け続けてきたこともまた事実である。その批判の内容は、

①ギャンブルそのものへの嫌悪感
②観客のマナーなどに対する不快感

③ギャンブルで得た収益を自治体の財源とすることへの批判
の三種類に大別される。
①②と③はやや性質の異なるものであるが、以下ではこれらの批判の内容について少し詳しくみていくことにしたい。

3―1 「賭博＝悪」という観念？

まず、ギャンブルそのものへの嫌悪感による、公営ギャンブル批判である。この種の批判は現在にいたるまで常に一定数みられるものであり、たとえば次のような読者投稿が典型例であるといえる。この投書の背景には、二〇一〇年当時社会問題となった力士の野球賭博問題があった（「野球賭博、背景に公営ギャンブル」『朝日新聞』二〇一〇年七月二二日西部本社版）。

賭博は刑法一八五条、一八六条の賭博罪で規制されている。しかし、個人的に行えば犯罪となることが、公営の名のもとに白昼堂々と実施されている。射幸心をあおり、庶民から搾取することこそ大きな犯罪ではないか。さらに三〇兆円産業といわれるパチンコも賭博の一種だ。この国には、こういう公営・民営のギャンブルが津々浦々まであふれている。ギャンブルのために不幸になる人も多い。力士に同情するわけではないが、こんな不健全な現実に国民が不感症になってしまった状況が、今回の事件の温床になっていると思う。

こうした「賭博＝悪」という観念の存在を指摘したところで、こんなことは当然すぎることのように思えるかもしれない。しかし、よくよく考えてみると、本当に日本ではそれほどギャンブルが嫌悪されていると言えるのだろうか。宝くじ売り場は駅やスーパーなど日常風景に溶け込んで至るところに点在しているし、[19]日頃競馬に興味のない人でもダービーや有馬記念などの大レースでは遊びで一〇〇〇円くらい賭けるということも少なくないだろう。また、法的には「遊技」であるが事実上はギャンブルと言っていいパチンコ・パチスロも、一大産業として多くの客層を取り込んでいることは改めて指摘するまでもない。

そもそもこのような状況がある時点で、「賭博＝悪」という観念が日本社会にどれだけ強固に存在しているのか疑わしいが、それをさしおいても、「賭博＝悪」という観念が必ずしも超歴史的なものではないことについては指摘しておく必要がある。江戸末期には様々な賭博が庶民の間に流行していたこともあり、明治初期には賭博に対する刑罰規程はかなり揺れ動いていたが、一八八〇年代に自由民権運動鎮圧のため博徒弾圧が強硬に行なわれたことなどを背景として、賭博自体を罪悪視する風潮が強まっていったとされる。[20]その一方で、社交上の意味などにおいて上流階級と結びついていた賭博も、同時期に欧化主義への反感とともに非難されるようになったという（前掲萩野『「日本型収益事業」の形成過程』）。近代日本における「賭博＝悪」の図式はこのようにして形成され、刑法による賭博罪の規定によって固められたものと考えてよい[21]。

とはいえ冒頭にみたように、刑法による賭博罪の規定は、「法令又は正当な業務による行為」（刑法第三五条）であればその違法性が阻却されるという特性をもつ。公営ギャンブルが合法であるのは、それが正当な業務であることを規定する特別法が存在するからである。同様に合法化されるものの中には、宝くじ（当せん金付証票法）や懸賞・景品（不当景品類及び不当表示防止法）、先物取引（商品先物取引法）、

19　宝くじはなぜか公営ギャンブルとは異なりクリーンなイメージを持たれている。そうでなければ、駅やスーパーの片隅に宝くじ売り場がある状況に対し「善良な市民」が黙っていないはずだ。だが、このことは私にとって大きな謎の一つである。おそらく、英国人の感覚からすれば、自らの推理・推論を差し挟む余地のない単なる偶然に身を任せる宝くじは、ギャンブルの中でも低級な部類とみなされるはずである。しかし日本では逆で、「夢を買うだけの宝くじを競馬やパチンコなどと同列に論じるのは疑問」などと、宝くじを持ち上げ競馬を蔑むような声が新聞に寄せられたりする（「ギャンブルしてますか？」『朝日新聞』二〇一〇年九月二五日）。私からすれば、「運任せでしかない宝くじを知識や分析能力を必要とする競馬と同列に論じるのは疑問」と言いたいのだが。もっと言えば、胴元が賭け金からぶんどる「控除率」は、公営ギャンブルがおよそ二―三割なのに対し、宝くじは五割以上であり、世界的に見ても例を見ないほどの悪辣ぶりである（ちなみにラスベガスのカジノなどは二―三パーセントに過ぎない）。「夢を買うだけ」どころか、はっきり言って「自ら進んで余分な税金を払っているだけ」としか私には思えない（ただ、そういう意味ではより社会に貢献していると言えなくもない）。

20　増川宏一『賭博Ⅲ』（法政大学出版局、一九八三年）、同『賭博の日本史』（平凡社、一九八九年）などを参照。また、長谷川昇『博徒と自由民権』（中央公論社、一九七七年／平凡社、一九九五年）も、自由民権運動期における博徒と日本社会の関係を知るうえで貴重な成果である。

21　「賭博及び富くじに関する罪」を規定した刑法の公布は、一九〇七（明治四〇）年のことである。

保険（保険法）などがある。「保険が賭博なのか」と訝しく思う向きもあるかもしれないが、不確実な未来の結果に対し金銭を支払う（しかも多くの場合、その金銭は返ってこない）という点では、本質的に同じである。[22]

これらのことからわかるのは、ある行為が「ギャンブルか否か」を判断する基準は、実はそれほど明確なものではないということだ。

そもそも、経済学者の猪木武徳が、「違法賭博は論外だ。しかし投資が経済を豊かにしてきたように、何かに『賭ける』という精神は人間生活に必要なことがある」（猪木武徳「社会に不可欠な賭け」『朝日新聞』二〇一〇年七月三一日大阪版夕刊）と指摘するように、賭けという行為自体は、場合によっては勇敢で賞賛されるべきものとして捉えられることがある。「このプロジェクトに社運を賭ける」など、まさにその典型例だろう。この点に関しては、ギャンブル好きな国民性で知られるイギリス社会の、speculationという単語について見てみると分かりやすい。この単語を英和辞典でひくと「思索」「熟考」「投機」と出てくるが、日本語としては関連性に乏しい感のあるこれらの意味が一つの単語とされていることに、彼我の「賭け観」の差が如実にあらわれている。[23]

実際、朝日新聞記者の鈴木繁が「ギャンブルの黄金郷、十八世紀の英国では、風紀が乱れ犯罪も横行した。その限りでは国を挙げて『ギャンブル＝悪』を証明していたともいえる。しかし、同じ社会が自分の決断で未来を決定していくことの面白さを民衆に広め、資本主義とデモクラシー発展の下地をつくったことも、また否定できないのだ」（「なぜ日本では『悪』に（ギャンブル！を問う：上）」『朝日新聞』

一九九八年一〇月一三日夕刊）と指摘するように、近代社会の原理は本質的にギャンブルと地続きである。[24]日本におけるギャンブル社会学の第一人者である谷岡一郎は、同じ記事において「ギャンブルは資本主義の本質と強く結びついている。保険は誕生当初からギャンブルそのものだったし、株も先物も不動産投資もギャンブルと変わるところがない。ギャンブルを否定したら国際的競争力の獲得はありえない。ギャンブルの怖さを知らなかったからこそ、多くのエリートがバブルで失敗した」と述べている。

もっとさかのぼるならば、同様の考えは、戦前の旧競馬法制定時の議論でもみられたものである。青木玲によれば、競馬が射幸心をあおるという反対論者の批判に対し、「米穀取引所もしくは兜町の取引所も射幸的」「取締りを厳重にし諸種の制限を設ければ、その弊害たる必ずしも憂うるに足らざるなり」というように、資本主義そのものがギャンブルだから競馬だけを悪者にするのはおかしい、その弊害も取締りしだいで防げるという論法がみられたという（前掲青木『競走馬の文化史』一〇〇―一〇一頁）。また、

22 世界的な保険市場として知られるロイズ（Lloyd's of London）は、もともとロンドンのコーヒーハウスで船舶の損失危険を負担しあうグループであり、「一発狙い」を成功させた者も多かったという（谷岡一郎「ギャンブルの心理」『ギャンブルの社会学』世界思想社、一九九七年、二一―二二頁）。

23 英国社会とギャンブルとの関係については、小林章夫『賭けとイギリス人』（筑摩書房、一九九五年）が詳しい。また、多数のミステリー作家を輩出してきた英国は推理好きな国民性でもあり、そのこともギャンブル好きの一因として挙げられる。なお、ミステリーというジャンルが成立する要件として、市民的自由・基本的人権を尊重するデモクラシーとの関連性が指摘されていることも付記しておきたい（高橋哲雄『ミステリーの社会学』中央公論社、一九八九年）。

ギャンブル廃止を公約とした美濃部亮吉に対し、同時期にこちらも革新知事として有名であった京都府の蜷川虎三は、「現在の社会機構である資本主義社会そのものがギャンブル的要素をもっており、公営ギャンブルだけを罪悪ときめつけられない。私は府営競輪をやめる考えはない」として、美濃部とは異なる姿勢を見せていた（財政学ゼミナール「公営ギャンブルについて――その財政的意味とギャンブル是非論について」『法経論集（静岡大学）』第八巻、一九七一年、五〇―五九頁）。

こうしてみると、戦後日本において「賭博＝悪」という観念が一定程度共有されていることは確かであるが、「時と場合をわきまえ、ある程度の範囲内であれば可」として、これまたある程度は社会的に許容されているというのが実情ではないだろうか。[25]「賭博＝悪」という観念あるいは感情は、むしろ次にみる「ギャンブル公害」と結びついたときに先鋭化するものではないかと思われる。

3―2　「ギャンブル公害」

批判の第二のパターンは、当時「ギャンブル公害」と呼ばれた一連の事象に関連するものである。「ギャンブル公害」とは、一九七〇年代に入って観客が増加するのにともない、ギャンブル場周辺で交通渋滞、違法駐車、ゴミのポイ捨て等々の迷惑行為が多発するようになったことを指す。たとえば、昭和四〇年代の春木競馬場（大阪府岸和田市）開催日のようすは、次のようであった（前掲『きしわだの女たち――市民がつづった女性史』二〇九頁）。

24　近代社会を特徴づける原理の一つとして、社会的地位決定における属性主義から能力主義・業績主義への転換がある。分かりやすく言えば、身分や家柄などから個人が解放され、本人の努力と実力次第で成り上がることができるように（少なくとも建前上は）なったということである。この原理が成立するためには機会の平等が前提とされる必要があるが、このときに普通は競争条件を公平にすることで「平等」を図ろうとする。たとえば、試験の際にカンニングが「悪」とされるのは、この条件の公平という原則に抵触するからである。しかし、試験に至るまでの過程やポテンシャルの差異を完全に平等化することは不可能であり、競争条件の公平化が機会の平等を担保し得ているのかは、本当は疑わしい（だからこそ学歴社会批判も起こる）。そこで逆転の発想で、「すべての人間を無能力化する」ことによって平等を実現する、つまり運にすべてを委ねるという方策が考えられる。このことを、仏文学者の多田道太郎（一九二四―二〇〇七）は、「競争は能力を発揮する条件を平等化し、運は運命に身をまかせる人間の無力さの平等を実現する」（多田道太郎「訳者解説」R・カイヨワ『遊びと人間』多田道太郎・塚崎幹夫訳、三六〇頁）と端的に整理している。これに関連して、フランスの作家ロジェ・カイヨワ（Roger Caillois 一九一三―一九七八）が、運と競争が支配する社会を「計算の社会」と呼んでいることに注目したい（同『遊びと人間』一四六―一四七頁）。カイヨワは、計算の社会とは「官僚機構、職歴、法規と計算法、管理された階級的特権を特徴とする秩序社会」であり、文明化した社会は基本的に計算の社会であるという。その例としてインカ・アッシリア・中国・ローマなどが挙げられているが、当然ながら近代社会もここに含まれる。近代社会において確率・統計・予測の方法が発展してきたのは、それが不確実性を軽減し自由や平等といった理念を実現するにあたって重要な営為だからである。このように考えれば、本文で「近代社会の原理は本質的にギャンブルと地続きである」と書いたことの意味も首肯されよう。なお、確率・統計・予測の思想における近代性については、オレル訳書『明日をどこまで計算できるか?』（早川書房、二〇一〇年）、ハッキング訳書『確率の出現』（慶應義塾大学出版会、二〇一三年）などを参照されたい。

25　二〇一七年から、JRAは「馬券は二〇歳になってから、ほどよく楽しむ大人の遊び」というキャッチフレーズを使い始めている。これこそ、時と場合と程度をわきまえたギャンブルは可とする意識の最たる例ではなかろうか。

ファンが乗降する南海春木駅と国鉄久米田駅から競馬場までの道路は、無許可で競馬場までの客を呼び込む白タクや、駅から競馬場までの送迎バスが我が物顔で走り、周辺の住宅地には不法駐車の車がぎっしり並ぶ。厩舎の近くの民家の窓は夏ともなれば悪臭とハエでピッタリ閉じたまま。周辺の市道で馬の散歩をするため、馬糞が路上にコロコロ、ハエが群がり悪臭が漂う。路上トバクやあき巣、居直り、有り金全部すったからと電車賃の寸借をねだられることも多かった。

こうした状況に対し、開催市町村は周辺の市町村に「迷惑料」を払って対処するなどしていたが、周辺住民の一部はそれらが「公害」への対策に適切に使われていないことを不服としていた。一九七六年一〇月には、こうした悩みを持つ「川口オートレース公害対策協議会」、「西武園の競輪問題を考える市民の集い」等の団体が、「ギャンブル公害をなくす全国連絡会議」を発足させるまでにいたっている（岩城成幸「低成長経済下における地方財政と公営ギャンブル」『レファレンス』第二七巻一二号、一九七七年、六五―一〇四頁）。

たしかに、周辺住民にとってこうした事態は公営ギャンブルへの悪印象をもたらすのに十分過ぎるものだったといえる。筆者が競馬場へ出向くようになった時代にはさすがにここまでの「公害」はなかったが、それでもかつて京都競馬場や阪神競馬場へ最寄り駅からの道すがら、「もう少し専用道路などを作って整備してはどうか」という思いを抱いていたことは事実である（現在はどちらも最寄り駅からの直通ルートが整備されている）。特に京都競馬場については、住宅街の細い道しかルートがなく、ＧＩの開催日ともなれば大混雑になった。おまけに、京都市内方面に戻るホームへ行くには踏み切りを越えねばならず、改札口も数レーンしかないという環境の悪さであった。競馬場から直通の道でつながれ改札口も格段に大きくなった現在の淀駅のようすからは、隔世の感がある。[26]

話を戻すと、こうした「ギャンブル公害」についても、やはり必ずしもギャンブルというものの性質のみに帰せられるものではないだろう。というのも、こうした事態は人が多く集まるイベントではありがちなことだからである。[27] 今ほど環境問題についてうるさく言われていなかった時代でもあり、人気の観光地・行楽地ではどこも似たような状況だったと考えるのが自然である。[28] おそらくは、「賭博＝悪」

26　余談だが、京都競馬場から淀駅へ向かう途中に「ダービーハウス」を「DERDI HOUSE」とスペルミスをしたまま何十年も営業し続けている、清々しい店がある。しかも、日本ダービーが行われるのは京都ではなく東京競馬場である。

27　この点について、寺山修司（一九三五―一九八三）も「競馬廃止を叫ぶ声の大半は『人が集まることによって出てくる群衆公害』論であって、賭博論でもなければ、競馬の本質を検証するものでもないのである。群衆公害は、目的が何であっても人が集まれば函数的に出てくるものであり、そのことは『馬とは関係ない』ことなのだ」と指摘している（寺山修司「ニッポン呪術紀行・六　馬染かつら」『旅』第四七巻六号、一九七三年六月）。

28　たとえば、一九六〇年代の海・山のレジャーにおいては次のような光景が見られたという（石川義弘編『余暇の戦後史』東京書籍、一九七九年、一四八頁）。「海ではボートをこわしてたき木にする、道路で酒もり、夜っぴいて踊りあかす、車を盗む、睡眠薬遊びでフラフラする、けんかをする、女の子にいたずらする、山では溶岩ドロ、ゴミや残飯のちらかし放題、楽器ならして踊り狂い、立看板をもやす、畑のものを盗むなど、もうメチャクチャ。ふだんはまじめな学生やサラリーマンなのに、まさにレジャーギャングである」。

レース不成立 1万人騒ぐ

園田競馬場（兵庫）

払い戻し所に放火

売上金 百万円以上盗む

八人逮捕

推定配当は 二万二千円

国外持ち出し禁

マヤの土器

名古屋の画廊 驚、

園田事件の報道（『朝日新聞』1974年1月31日）

というバックグラウンドや「博徒」のイメージが、こうした状況をギャンブル場に特有のものと意識させたのではないかと推測される。

もっとも、ギャンブル場へ来る観客への悪印象が全くの誤解であったとは言い難い側面がある。戦後になって新しく始められた公営ギャンブルにおいては、開催上の不手際や観客の目が肥えていなかったことなどもあり、レース結果に納得しない一部の観客が扇動して騒擾を起こすことが少なくなかったからである。特に、兵庫県の鳴尾競輪場で一九五〇年九月九日に起きた「鳴尾事件」は悪名高い（前掲三好『バクチと自治体』八六―八九頁）。事の発端は、第一一レースの二周目で本命選手の自転車が故障し競走中止したことにある。結果、配当は大波乱となったが、スタート後一五メートルを過ぎると競技成立という規則があるため、主催者はそのままレースを確定させた。これに対し、一部の観客が「八百長だ」と騒ぎ出し、その他の観客も含め一気に暴徒化。騒ぎをおさめようとした警察官の威嚇射撃が運悪く観客に命中して死亡するなど最悪の事態となり、この事件で逮捕されたものは約二五〇人にのぼった。この事件直後の競輪反対を唱える世論はすさまじく、このあと二カ月間各地の競輪は自粛に追い込まれたほどである。

これほどの規模ではないにせよ、小さな騒ぎは各地で発生していたというし、鳴尾事件以後も、一九五九年六月の松戸事件（松戸競輪）、一九七四年一月の園田事件（園田競馬）などの大きな騒擾事件が発生している。[29] これらのことは、ギャンブル客のイメージを悪化させるのには十分だったろう。とはいえ、外国ではサッカーの試合などで観客が暴徒化する例がしばしば見られるし、こうした事態の発生にしても、やはり必ずしもギャンブル要因に帰せられるものとはいえない（もちろん、中には試合の勝敗を賭けている者もいるだろうが）。しかし、漠然と存在している「賭博＝悪」という観念ゆえに、こうした騒動が「ギャンブルファン＝やくざ者」というイメージの形成を促したことは、否定できないだろう。[30]

29　それに比べると、近年の競馬ファンはきわめて穏健である。二〇一五年六月二八日の宝塚記念における大本命馬ゴールドシップの伝説的な大出遅れなど、昭和のころだったら暴動に発展していてもおかしくないが、ネット掲示板の笑いの種程度で済んでいる（もっとも、もともと性格的にムラのある馬だったため「仕方ない」と思われていたところもある）。

30　当時は現在よりもはるかに多くのノミ屋・コーチ屋がギャンブル場を闊歩しており、そうした者たちの大半が反社会的勢力の一員であったことも、「ギャンブル場＝やくざ者の行くところ」というイメージの形成に加担していたと考えられる。

3―3 「打ち出の小槌」としての公営ギャンブル

公営ギャンブルに対する批判の第三パターンは、これまでにみた批判のありようとは異なっている。端的にいえば、ギャンブルの収益を社会事業の財源とすることへの批判である。

この種の批判は、「この声明（美濃部亮吉のギャンブル廃止声明：引用者注）を契機にしておこなわれた議論には『競輪は家庭をめちゃめちゃにしてしまう』などという倫理的なものや感情的なものが多く、財政的な面からの議論は一部の学者に任されっぱなしになっていた」（前掲財政学ゼミナール「公営ギャンブルについて」）というように、どちらかというと税制の専門家や研究者によってなされることが多く、あまり一般的な話題であったとは言い難い。しかし、同論文で「ギャンブルはいろいろな形でほかにも行なわれているのだし、ギャンブルを好むのは人間として当然であろう。だからこの論議の核心はギャンブルが公営で行なわれており、それが地方自治体の有力な財源になっている点であろう」と指摘されているように、この論点は公営ギャンブルというものの特質を考えるうえでは避けて通れない。

では、ギャンブル収益を自治体の財源とすることへの批判とはどのようなものであったのか。一つには、それは「賭博＝悪」の観念をベースとしている。「泥棒を捕えると必ずといってよいほど『競輪にこつて、ついその』いうのが犯行の原因。いわば犯罪の温床が社会事業の財源とは皮肉な話」（藤原知徳「競馬・競輪という名の福祉事業」『公務員』第一〇巻五号、一九五四年）というように、公共団体が「悪の原因となるギャンブル」を主催することを良しとせぬロジックである。同様のロジックによる公営ギャンブル批判は、九〇年代に至るまで散発的に発見することができる。

総理府が、わが国では初めてという公営ギャンブル世論調査を行い、その結果が出た。それによると、回答者の四割以上が、競輪、競馬など、もう拡大の要なし、現状のままでいいと答えたそうである。たしかにもう、これ以上のギャンブル施設はいらないと思う。ギャンブル犯罪、ギャンブル公害、ノミ屋、暴力団、とばく収益に頼る行政のあり方、関係団体に発生するボスなどと、数えていけば、ギャンブル悪は尽きない。とすれば、悪のタネを、これ以上ふやす手はない。ふやすことより、いまの施設に発生している諸悪追放にもっと頭を使った方がいい。(「公営ギャンブル(天声人語)」『朝日新聞』一九七八年六月一九日)

肩を落としてギャンブル場を後にする。

こんな後ろめたさが消えてしまった。

この「明るく楽しく」路線の結果が、世界最大のギャンブル大国。

しかし、ちょっと考えてみよう。

売り上げ増の仕掛けに踊らされて、国や地方自治体の財源が潤う。

この仕掛けはどこかおかしい。(一色清「気がつけばギャンブル大国　ギャンブルが国を滅ぼす」『AERA』一九九四年七月二五日号)

いま挙げた引用からも見て取れるが、この種の批判の背後には、「賭博＝悪」の観念とともに、公営ギャンブルが合法とされる理由の正当性に対する疑問がある。すなわち、戦災復興の名目で始められた当初こそ「必要悪」としてやむを得ない側面があったが、高度成長を経て豊かになった日本社会において、もはや自治体や公共団体がギャンブルの胴元となることの必然性はない、というわけである（「『ギャンブル財政』の反省を（社説）」『朝日新聞』一九八二年五月一〇日）。

美濃部都知事のギャンブル廃止論には、実はこうした側面も含まれていた。ギャンブル収益は「汚いカネ」という認識があったればこそ、それなしで成立するような財政状況を作り出すべしという考え方も浮上してくるわけである。実際、一九七〇年前後は、各地で公営ギャンブル廃止の気運が高まった時期でもあった。たとえば、横浜市では公営競輪問題調査会なる組織が立ち上がり、一九七一年一〇月には公営競輪を将来的に廃止すべきとする答申を出している（早瀬利雄「大都市の公営ギャンブル廃止の動向――横浜市競輪問題調査会の答申をめぐって」『経済と貿易』（横浜市立大学経済研究所）一〇五号、一九七二年、三一―五二頁）。同記事では、競輪発祥の地である北九州市を除く旧六大都市が公営ギャンブル全廃の方向に勢ぞろいしたことを述べ、「これは地方財政の補強をギャンブリングにゆだねる、国の誤れる政治方針に対する一大挑戦ののろしである」とまで宣言している。[31]

しかし、こうした方針を打ち出すことができたのは、財政的に余裕のある大都市に限られていた。平塚市長になるまで競輪廃止論者であったという戸川貞雄（一八九四―一九七四）は、実際に市長となって市の財政状況をみると、戦災で街の八〇パーセントを焼かれた平塚市にとって財政の二五パーセントを稼ぐ競輪がいかに重要であるかを実感したという。そのうえで、財政のうちギャンブル収益が占める割合など一パーセント程度に過ぎない東京都や、ほとんど戦災被害のなかった京都市などが「ギャンブル廃止」を掲げても、「お互いに家庭の事情が違う」のであり、「世論に迎合して廃止に踏み切り、その英断を誇示している道義的な都市の大多数は、その実情概ねかくの如しなのである」とまで述べている（戸川貞雄「競輪悪妻論」同『市長の椅子――作家市長奮戦記』講談社、一九六六年、一六〇――一七四頁、傍点原文）。[32]

また、自治体の財源としてのギャンブル収益の重要性については、高度成長期以降になって新たな側面も登場してきた。一つは、都市郊外の人口流入地域における教育費の問題である。高度成長期は、その時期を通して高校進学率が激増した時期でもある（一九五五年：五一・五パーセント→一九六〇年：五七・七パーセント→一九六五年：七〇・七パーセント→一九七〇年：八二・一パーセント→一九七五年：九一・九パーセント。数値は総務省統計局『日本の統計２０１８』より）。特に団塊の世代が中学卒業を迎える一九六〇年代前半には、大量の「中学浪人」が発生するのではないかとの危惧が強まり、全国的な規模で「高校全員入学運動」が繰り広げられた。こうした状況を背景として、都市郊外などの人口急増地域では、学

31　ただし「旧六大都市が公営ギャンブル全廃の方向に勢ぞろい」という表現が何を意味していたのか、筆者にはよくわからない。この時点で京都市・神戸市はすでに競輪を廃止していたし（それぞれ一九五八年、一九六一年に廃止）、横浜市にあった花月園競輪場は二〇一〇年まで存在していた。東京二三区・大阪市・名古屋市については、二〇二〇年時点でも公営競技場が存在している。

校建築費をはじめとする教育費の捻出のために、ギャンブル収益が財政上の要となっていたのである。
たとえば、一九六九年当時激しい人口増加が進んでいた東京の三多摩一四市においては、次のような状況であった（渡辺精一「公営ギャンブル廃止問題と地方財政」『ジュリスト』四二〇号、一九六九年、一〇六―一〇九頁）。

一般会計繰入金の四二年度決算における使途別構成比で、都道府県を除く全国施行市町村の場合、土木費が最も大きく三九・九パーセントを示して次位の教育費二六・一パーセントを大きく離しているのに対し、三多摩施行一四市の場合は、土木費二四・七パーセントに対して逆に教育費が大きく三六・〇パーセントを示すほどとなっているのは、人口急増団体の苦しい財政事情と、ギャンブル収益がそれを補っている事実を示す一つの例だといえる。

このような事例は、同様の事情をかかえていた全国の自治体においてみられる。一九七五年度の状況でいえば、京都府は公営競技による収益の四分の三を府立高校整備費六三億円など教育・文化施設に回し、群馬・笠懸村や徳島・鳴門市では全小中学校を鉄筋で改築し全国最高水準の視聴覚教育機器をそろえ、笠懸村の中学校では給食の食堂も完備したという（「公営ギャンブルさまさま　自治体、収益が頼り　賛否論議かげひそめる」『朝日新聞』一九七六年六月二一日）。「競輪を一回開くと学校が一校建つなんて時代もありました」という後年の回顧は、当時の状況を端的に言い表したものだといえよう（「地方公営ギャ

ンブル崩壊へ　中津競馬場が皮切り」『ＡＥＲＡ』二〇〇一年六月一八日。所沢市役所経済部商工課長（取材当時）の談）。このように公営ギャンブルの収益金を教育費に充当するという状況は、一九八〇年代に入っても続いていた。[33]

32　この「競輪悪妻論」は有名で、戸川によれば「戦災を蒙った地方自治体と競輪事業との因縁を、俗耳に入りやすい譬えばなしにした」ものである。戸川は平塚市長への立候補時には、競輪場の廃止を公約の一つに掲げていた。しかし、市長に再選された直後（一九五九年）に大蔵省の戦災復興事業費の打ち切りが決定したため、競輪まで廃止すれば市の財政に決定的な悪影響を与えかねないとの判断から、方針を転換して競輪場の存続を図った。このため公約違反として各方面から非難されることになったが、これに対し戸川は、競輪を「悪妻」、国を「仲人」に例え、仲人が「氏も育ちも好もしい女とはいえないけれど、甲斐性のある女だから、夫婦仲好くして世帯の建て直しに精を出すがよかろう」と結び合わせたのだ、確かに悪妻ではあるが大変な稼ぎものだ、しかしこの頃になって「世間さまの評判がこう悪くなってはお互いに迷惑、離縁したほうがよかアないかねと、小さな声で耳元にささやく」のは「薄情な、いや、仲人として無責任なこと」ではないか、と主張した（前掲戸川「競輪悪妻論」）。この「競輪悪妻論」は、戸川の狙い通り大いに世間から注目されたという。
なお、平塚競輪場は現在でも人気が高く、本場一日平均入場者（二六九四人）は静岡競輪場に次ぐ二位、本場一日平均売り上げ（約三六五三万円）は全国一位である（公益社団法人全国競輪施行者協議会『競輪場別チャネル別　売上・入場者の傾向』二〇一八年。同資料には数値の算出年度が明記されていないが、おそらくは二〇一六年度または二〇一七年度のものと推測される）。

33　「公営競技（二）」（『自治実務セミナー』第二四巻一一号、一九八五年）によれば、一九八三年度の公営競技収益金の使途状況は、都道府県・市町村あわせた全体で土木費がトップの三一・七パーセント、教育費もほぼ同率の三一・二パーセントとなっており、いかにギャンブル収益金が重要な位置を占めていたのかがわかる。

しかし、自治体財政にとってギャンブル収益がこれだけ重要であるということは、また別の問題を生み出すこととなる。これが高度成長期以降になって登場した第二の新たな側面であるが、それは、公営ギャンブルの開催権をもっている自治体ともっていない自治体の間に生じた軋轢である。

全国市長会の指摘するこうした厳しい地方財政下で、高度成長時に叫ばれたギャンブル廃止の声は影をひそめると共に、「社会的に問題のある公営ギャンブルを開催してもうける自治体がある一方、清貧に甘んじ赤字再建団体に転落する自治体があるのは不公平だ」という声が大きくなり、低成長下での行・財政サービスの不均衡拡大を是正する上からも、ギャンブル収益金の均てん化が今日、大きな問題となり、既にいくつかの地方自治体内において均てん化に新たな動きが見られる。（前掲岩城「低成長経済下における地方財政と公営ギャンブル」）

そのため、一九六〇年代後半ころからは、ギャンブル収益の均てん化という問題が公営ギャンブルと地方財政をめぐる重要な論点として浮上した。その結果として一九七〇年度に創設されたのが、公営競技納付金という制度である。これは、地方公共団体が行う公営競技の収益の均てん化を図ることを目的とし、その収益の一部を公営競技施行団体より受け入れ、これを地方公共団体健全化基金に積み立てて、その運用益等を貸付利率の引き下げの財源として活用するものである（運営主体は地方公共団体金融機構）。この制度は、売上基礎控除額や納付率・納付限度額等の点でその後数度の見直しを経て、二〇二〇年現在まで継続されている。

しかし、この問題ももとをただせば、ギャンブルを主催する名目として「やむを得ぬ事情」(=戦災復興)を必要とし、その流れに乗り遅れた自治体を締めだしたことに由来するものである。また、そうであるがゆえに収益が減少、あるいは赤字となると途端に廃止論が頭をもたげてくることにもなってくる。[34]ギャンブルが「公営」しか認められないということの問題点は、売り上げの好不調にかかわらずこうした形で伏在してきたといえよう。そのことは、公営ギャンブルに関する社会的関心の多くが「売り上げ」という点に集中してきたことにも、如実にあらわれている。

4 「公営」であるがゆえの困難

「売り上げ」に対する関心の集中とは、要するに、ギャンブル収益の増減がとかく話題にのぼりやすいということである。売り上げが多ければ多いで注目され、減少あるいは赤字になればなったで注目される。そこから見えてくるのは、収益が多すぎても少なすぎても、そのことが「問題」となってしまう

34　儲かっていた時期には収益金をさんざんあてにしておきながら内部留保はせず、赤字になるとすぐ「市民の税金を赤字補てんに使うわけにいかないので廃止」というロジックが出てくることの問題点については、民俗学者の大月隆寛が特に中津競馬の廃止に関連して著書の中で手厳しく批判している(大月隆寛『うまやもん――変わりゆくニッポン競馬の現場』現代書館、二〇〇四年)。

構造である。そこに、やはり「公営」であるという事情が横たわっているのは、言うまでもないだろう。つまり、営利を目的とすることは好ましくないが、さりとて開催することを自己目的としそこに税金を投入することもまた好ましくないと考えられているということである。

では、公営ギャンブルに関する話題は、時期によってどのような違いを見せてきたのか。昭和四〇年代以降の状況について、具体的にみていくことにしよう。

4―1　昭和四〇年代のギャンブルブーム

まず、昭和四〇年代は公営ギャンブルがレジャーの選択肢の一つとして大衆化した時代であった[35]。その様子は「立てばパチンコ、座ればマージャン、歩く姿は競馬場」と言われるほどであったという（前掲石川編『余暇の戦後史』一九〇頁）。当時の文献をみると、あまりにもギャンブルの話題が日常的になったため、さほど興味がなくても仕方なくはじめたという者が（特に男性だろう）、少なからず存在していたことも指摘されている（前掲大橋「現代のギャンブラーたち」九五頁）。いわば、総選挙の視聴率が二〇パーセントを超えていたころのＡＫＢ４８人気のようなものだろうか。

こうしたギャンブルブームの背後に、「世相の厳しさ」を読み込むものが、当時の文献には散見される。たとえば、評論家の加太こうじ（一九一八―一九九八）は、「七十年安保改定と物価の急騰は世相を一段ときびしいものにしている。それは、その反面、そういい《ママ》うきびしさから、一時でも逃避しようという人を多く生み出すことにもなる。（中略）きびしい世相のなかでは、さまざまな不安な気持や苦悩からのがれるためにギャンブル場がよいをする人をふやしている」（加太こうじ「公営ギャンブルの周辺」加太こうじほか『公営ギャンブル』全国自治研修協会、一九六九年、六五―六七頁）と指摘している。あるいは、社会学者の高橋勇悦は、ギャンブルは都市化が進行しかつ立身出世の道が険しくなった段階で流行すると指摘し（高橋勇悦『ギャンブル社会』日本経済新聞社、一九七二年、九〇―九五頁）、「仮説であり一般論である」と断りつつも、次のように分析している。

ギャンブルのフィクショナルな世界はひとびとに「自由」と「平等」をあたえ「主体性」を期待し、生々しい感情の起伏や交錯をよび、飛躍の可能性を約束する。現実の世界とギャンブルの世界はあたかも陽画と陰画の関係にある。現実の世界では思うようには得られない楽しみや金銭は、ギャンブルの世界では手軽にもとめられる可能性がつねにある。都市化社会に生きるひとびとがギャンブルにひ

35　昭和四〇年代前半における中央競馬の売得金の上昇率は、対前年比で昭和四〇年一三二・五パーセント、同四一年一四〇・六パーセント、同四二年一二五・四パーセント、同四三年一五九・〇パーセント、同四四年一三二・九パーセント、同四五年一二六・〇パーセントで、毎年平均して約四〇パーセントという驚異的なものであった。他の経済指標と比較すれば、昭和三〇年を一〇〇とした場合の個人消費支出総額の指数は、昭和四〇年で三三〇、昭和四五年で六六五・九である一方、同じく昭和三〇年を一〇〇とした場合の中央競馬売得金の指数は、昭和四〇年で七八〇・七、昭和四五年で三六六七・四である。単なる景気上昇の影響以上に、ギャンブル人気が高まっていたといってよい（日本中央競馬会編『競馬百科』三七一頁）。

	地方競馬		競輪		競艇		オートレース	
	参加人口（万人）	年間平均参加回数（回）	参加人口（万人）	年間平均参加回数（回）	参加人口（万人）	年間平均参加回数（回）	参加人口（万人）	年間平均参加回数（回）
1971年	133	15.3	271	15.9	221	15.5	46	14.1
1972年	147	14.7	258	16.5	245	15.0	54	14.4
1973年	174	13.8	262	16.7	282	14.6	52	14.3
1974年	192	13.3	291	15.8	311	14.3	54	14.9
1975年	182	13.5	294	14.7	329	13.7	50	15.8
1976年	186	12.8	299	13.5	345	12.8	45	16.0
1977年	185	12.3	302	13.0	376	11.9	52	14.7
1978年	183	11.6	306	12.3	392	11.3	57	13.4
1979年	183	11.5	305	12.0	412	10.7	63	12.0

公営競技の参加人口と年間平均参加回数の推移
（次頁山田「公営ギャンブルを襲う不況の構図」より筆者作成。数値は余暇開発センター調べ。なお、中央競馬は場外売り場の来場者数不明のため推計されていない。）

きつけられる基本的な理由の一つはおそらくここらにあるであろう。失われた自己をもとめて、あるいは新しい飛躍をもとめて、ひとびとはギャンブルの世界に入っていくのである。（高橋勇悦『都市化の社会心理』川島書店、一九七四年、二〇一頁）。

さらに、この時期のギャンブルブームの背景に、大衆社会の成熟にともなう「大衆の孤独」があるとし、「高度成長の結果としての大衆社会の成立は、物質面の豊かさの裏側に、精神面の貧困をもたらし、一瞬の勝負に生きがいを求めざるを得なくした。ギャンブルの隆盛が、大衆社会の成熟とその足並みをそろえているのは偶然ではない」と指摘するものもある（前掲石川編『余暇の戦後史』一九一頁）。こうした記述内容からは、七〇年代初頭における「政治の季節」の終焉と「シラケの時代」という認識の反映を読み取ることもできよう。いずれにせよ、ギャンブルブームの背後にこうした「世相の厳しさ」を読み込む視線は、次章でみるハイセイコーブームをめぐる語りにおいても重要となってくるので、記憶にとどめられたい。

4—2　昭和五〇年代におけるギャンブルブームの沈静化

しかし、昭和四〇年代のギャンブルブームは、オイルショックを境に高度成長期が終焉を迎えて以降、徐々に沈静化していくこととなる。一九八〇年代に入るころには、公営ギャンブルの「底冷え」がしばしば指摘されるようになり、倫理面等の問題ではなく、売り上げ減少という観点からの公営ギャンブル廃止論も登場するようになった（「地方競馬いっそ廃止を　ナイターで人気戻らぬ　代わりに『中央』改善望む」『読売新聞』一九八四年九月二〇日など）。

その背景に経済の低成長という側面もあったことは否定できないが、この時代になって説明要因として頻出するようになったのは、レジャーの多様化という点である。[36] 一例として、山田紘祥[37]（余暇開発セ

36　公営ギャンブル低迷の原因を「レジャーの多様化」に求める言説は、必ずしも実証的に導き出されたものではないのだが、その後定型化していき現在でもその状況は続いている。たとえば、先に挙げた余暇開発センターの調査報告（一九八二年）によれば、以前に比べて参加回数が減少したと答えた人にその理由を聞いたところ、「仕事が忙しくなった」が約三割、「こづかいが減った」が二割強で上位二位を占めており、「他の趣味や遊びが増えた」は最も多い中央競馬でも一〇パーセント強で、決してメインの理由にはなっていない（前掲『公営競技に関する調査研究』一五頁）。

37　著者名の「紘」の字は、記事では「糸へんに右」である。ここでは、国立国会図書館のデータベースに則り「紘」で示した。

ンター主任研究員）による興味深い分析をみてみよう（「公営ギャンブルを襲う不況の構図――レジャーが多様化、若者も敬遠」『エコノミスト』第六〇巻三〇号、一九八二年、七九―八三頁）。同センターの調査結果をもとにしたこの記事によると、ここ数年の延べ入場者数減少は、ファン人口の減少というよりも、一人当たりの年間平均参加回数減少によるものだという。そして、そのことは熱心なファンが減って年に数回程度参加するようなライトなファンが増えたことを意味しており、要するにギャンブルが大衆化・レジャー化した結果だ、というのである。ブームの発生要因であったギャンブルの大衆化が、今度はギャンブル停滞の要因として作用しているというのだから、難儀なものだ。

さらに、同時期の他の記事では、こうしたレジャーの多様化をもたらした原因として、若者気質の変化が指摘されている。たとえば、国立国会図書館財政金融課の岩城成幸は、「現代の若者の志向は一種〝後ろめたさ〟や〝ひけ目〟のあるレジャー（ギャンブル）から、〝後ろめたさ〟のないレジャー（スポーツなど）にかわってきている」として、若者層からギャンブルが敬遠されるようになった状況を説明している（岩城成幸「収益事業（公営競技）収入と町財政」『レファレンス』第三二巻一一号、一九八二年、五八―七七頁）。あるいは、政治評論家の田中直毅は、「消費社会に登場しつつある若者たちは、十数年前の若者たちよりも環境への同化にこだわりがないようだ」として、「誰と対話していても、とりあえずあいづちをうちながら、その場その場で協調性を発揮することができる。だが、内心にあっては、カッコ悪いな、違うな、いやだなという感情を抑制しようとはしない」のが現代の若者の特徴であるとする。そのうえで、英国の貴族社会において成立した競馬と異なり「やむを得ない事情」で始められた後ろ暗さのある公営ギャンブルを、最近の若者は「カッコ悪い」と感じるようになった、と指摘していた（田中直毅「公営競技が突き当たった逆選別の壁」『エコノミスト』第六三巻三一号、一九八五年、四二―四七頁）。

一九八〇年前後の時代は、若者が「消費者」として注目されはじめた時代である（堀井憲一郎『若者殺しの時代』講談社、二〇〇六年）。それ以前の世代とは異なる価値観・行動様式を有するものとして、「新人類」なる呼称でカテゴリー化されたのが、この時代の若者層であった。また、「豊かな社会」のもとで機能よりも記号的差異が重視されるようになる「消費社会」（ボードリヤール訳書『消費社会の神話と構造』紀伊國屋書店、一九七九年）の申し子として、彼・彼女らの感覚を説明することも流行した。上に挙げた言説には、こうした時代背景の影響を見て取ることもできよう。

とはいえ、こうした分析がどれほど正鵠《せいこく》を射たものであったのかについては、正直なところ疑問なしとしない。なぜなら、八〇年代後半のバブル期になると、再び公営ギャンブルブームが到来することとなるからである。

4―3　バブル期のギャンブルブームと九〇年代以降の急降下

バブル期になると、一転して、公営ギャンブルの売り上げが毎年のように増大していくさまが報道されるようになる。一例として、一九九〇年七月の『朝日新聞』記事をみてみよう。

競馬人気がいま全国各地を疾走している。園田競馬（尼崎市）、高知競馬など地方自治体が運営する地方競馬はどこも大入り。ひところ業績不振にあえいでいたのがウソのように、全国三〇競馬場の馬券売り上げ合計額は昨年度過去最高を記録。収益の一部が自治体の予算に入るとあって主催する県や市は笑いがとまらない。（鵜飼真「地方競馬も元気印　中央の人気反映、馬券売り上げ最高」『朝日新聞』一九九〇年七月一〇日大阪版夕刊）

オグリキャップのブームはまさにこうした状況を背景として成立するわけである。こうした公営ギャンブル好調の状況は、バブル崩壊後も一九九一年までは続いていた（「バブルはじけても好調　競輪・競馬・競艇など公営ギャンブル」『朝日新聞』一九九一年一一月二七日大阪版）。しかし、一九九二年になると、公営ギャンブルの落ち込みを報じる記事が一気に噴出するようになる（「小遣い減り一攫千金狙えず　公営ギャンブルの売り上げ伸び悩む」『読売新聞』一九九二年八月三日、「公営ギャンブルにも不景気の波　落ち込む競馬、ボート」『朝日新聞』一九九二年一〇月一五日群馬版など）。その後、日本経済全体の長期低迷に連動して、公営ギャンブルをめぐる話題は衰退、危機、廃止といったものがほとんどという状況に突入していった。

特にこの時代によくみられたのが、「不況に強いというギャンブル神話が崩れた」といった類の記述である。実はこのことも、さきに見た公営ギャンブルのレジャー化という点に関連している。すなわち、余裕のあるときにレジャーの一つとして楽しむというライトな層がファンの主流となったことによって、景気の影響を受けやすくなったということである。実際、入場人数が微減程度であるのに比して売り上げがそれ以上に落ち込んでいるようすが、この時期の記事からうかがい知ることができる（「競艇、競馬…売り上げダウン　揺らぐギャンブル神話」『朝日新聞』一九九四年五月一五日群馬版）。同記事では、高崎競馬を主催する群馬県競馬組合が「少し前までは、客はギャンブルマニアだけで、費やすお金は不況でも変わらなかった。しかし最近はそのほかの人も多い。マニア以外の人は収入が減れば買う馬券の数も少なくなる」との認識を示しており、「ギャンブル神話」は現場関係者の間ではすでに信仰されなくなっていたこともわかる。[38]

二〇〇〇年代に突入すると、さらに事態は深刻さを増していく。地方競馬に関していえば、二〇〇一年六月の中津競馬（大分県）の廃止を皮切りに、同年には三条競馬（新潟）、二〇〇二年に益田競馬（島根）、二〇〇三年に上山競馬（山形）と足利競馬（栃木）、二〇〇四年には高崎競馬（群馬）、二〇〇六年には宇都宮競馬（栃木）と、堰を切ったように地方競馬の廃止が相次いだのがこの時期である（その後しばらくあって、二〇一一年に熊本の荒尾競馬が、二〇一三年には広島の福山競馬が廃止されている）。

連鎖的廃止のきっかけとなった中津競馬の廃止は、関係者にとっては寝耳に水であった。公営ギャンブル場の廃止にあたっては、調教師や騎手をはじめとする関係者らへの補償問題など、クリアすべき障

38　大井競馬の競馬事業所長が同様の認識を語っていた記事も確認できる（「ナイター競馬、不況にかすむ　景気逆風受け入場者・売り上げ減」『朝日新聞』一九九二年一〇月三一日）。

壁が多く待ち構えている。そういった諸点への配慮をすっ飛ばして強引に廃止の方向で持って行ったのは、当時の鈴木一郎市長（一九三四―二〇一三）であった。このあたりの中津競馬廃止をめぐる一連の顛末については『中津競馬物語』（不知火出版、二〇〇二年）という貴重な記録が残されているが、ここでこれ以上の詳述は避けたい。注目すべきなのは、たしかに市長の進め方には強引なところがあったにせよ、その後各地の競馬場で廃止が相次いだという事実からは、「タイミングさえ合えば廃止の方向にもっていきたい」という空気が確実に潜在していたということである。そこには、前節でみたような公営ギャンブルへの批判的視線を背中に受けつつ、公共団体がギャンブルの胴元であり続けることへの後ろめたさを、この際払拭したいという願望もあったと考えられないだろうか。

ただ、興味深いのは、現実に公営ギャンブル場が次々に廃止されていくのにともなって、二〇世紀の間にはほとんど見られなかった公営ギャンブルへの新たな社会的視線が登場してくることである。それは端的には、公営ギャンブルを一つの文化として認め、擁護・尊重しようという意見であり、古き良き時代のシンボルとして描き出す表象のあり方だ。このあたりの詳細は第四章にゆずることとしたいが、二〇〇三―〇四年に起きたハルウララブームは、地方競馬をめぐるこうした状況を背景としてこそ成立したものだったのである。

5　戦後日本と公営ギャンブル

戦災復興を目的として、戦後に制度化された公営ギャンブル。軍事的な大義名分もあって競馬は戦前から皇室や政府の庇護を受けつつ展開されてきたものであったが、戦後の公営ギャンブル制度化の中で「中央競馬」と「地方競馬」という二元体制に整備された。

公営ギャンブルは当初こそ「必要悪」と見なされ、社会的な批判も強かったが、高度成長期に人々の生活水準が上昇していくなかで、次第に大衆的レジャーの一つとして受容されていった。ただ、大衆化したギャンブルの人気は、景気の好況に左右されやすくなる。それゆえ、売り上げが多ければ多いで開催権をもつ自治体とそうでない自治体との格差が問題となり、一方で売り上げが減少すれば廃止論が持ち上がるという、公営ゆえの困難さを抱えることともなった。そしてバブル崩壊以降、地方競馬は強い逆風にさらされていくこととなる。

本書で取り上げるハイセイコー・オグリキャップ・ハルウララの時代は、高度成長期の終焉から低成長期、バブル期、平成不況期、という景気の浮沈の甚だしい時期にあたる。すでに競馬が大衆的なレジャーとして一定の地位を確保したあとの時期ということになるが、だからこそこの期間の競馬人気は上昇と下降を繰り返すこととなった。そうした社会状況と競馬人気の変動の激しさが、一方でかの馬たちのブームをもたらし、一方でノスタルジアを喚起する語りを生み出すバックグラウンドとなっていたことを、我々は次章以降で目にしていくことになるだろう。

　そしてまた、この時代とは、「理想の時代」「夢の時代」を経たあとの「虚構の時代」（見田宗介『現代日本の感覚と思想』講談社、一九九五年）、さらに「不可能性の時代」（大澤真幸『不可能性の時代』岩波書店、二〇〇八年）でもある。すでに立身出世物語自体が「虚構」となり「不可能」となっていった時代のなかで、なぜアイドルホースたちは努力が報われることの希望と結びつけられ、語られ続けることとなったのか。そこには、語りの対象となったのが物言わぬ馬であったこと、そして何より地方競馬という出自を背景としていたことなどが、大いに関連してくる。序章で述べたノスタルジア、「地方」イメージ、「過去化」といった概念を通して、次章からはいよいよこれらの謎に迫っていくこととしよう。

第二章　高度成長の終焉と夢のない時代

――「哀れな馬」ハイセイコー

1　「怪物」の不敗神話

1―1　「雑草」ではなかったハイセイコー

ハイセイコーは、一九七〇年三月六日、北海道は新冠町の武田牧場で生まれた。父はチャイナロック、母はハイユウ。

この血統がどういうものかといえば、結論からいうと決して「雑草」と呼ばれるようなものではない。父のチャイナロックは、当初こそ「良血」とはみなされていなかったものの[1]、ハイセイコーの誕生までに天皇賞馬タケシバオーや菊花賞馬アカネテンリュウといった活躍馬を輩出。すでに名種牡馬としての地位を確立しつつあり、ハイセイコーの現役時代には、中央競馬のリーディングサイアー（一年間に産駒が最多勝利となった種牡馬）にも輝いている。一方、母のハイユウは、現役時代に地方競馬（南関東）で一六勝を挙げた馬である。今でもそうだが、繁殖牝馬は一年に一頭しか仔馬を産めないため、種牡馬よりも多くの頭数が求められる。そのため、未勝利馬なども少なくない。そうした状況をふまえれば、ハイユウはどちらかといえば名牝の部類に入る。したがって、ハイセイコーは「雑草」どころか、かなりの良血馬であったといってよい。

このようにハイセイコーが血統的に「エリート」であったことについては、同時代にもそのことを指摘するものがみられる。たとえば、競馬好きで知られた作家の山野浩一（一九三九―二〇一七）は、ハイセイコー引退から約三年後の時期に、次のように記している。

　ハイセイコーが地方競馬出身で、いわば雑草育ちでありながら中央競馬のエリート相手に勝ちまくるという出世物語風の受けとり方などはあまりにも安易な虚構である。事実ハイセイコーは生まれながらのエリートであり、地方から中央へはい上がったのではなく、望まれて中央へやってきたにすぎない。（山野浩一「名馬・名勝負物語　タケホープとハイセイコー」『優駿』一九七八年一一月号）

この山野の指摘にもあるように、ハイセイコーが大井競馬所属となったのは、馬主（母ハイユウの馬主でもあった）に中央競馬の馬主登録がなかったという単純な理由からである（阿部珠樹「ハイセイコーは三たび微笑む」『Number』一九九〇年六月五日号、高見沢秀「東京都ハイセイコー様。伝説は大井から生まれた。」『東京人』一九九五年一〇月号）。実は、牧場側は三歳（現二歳）で優秀な成績を収めたら中央へ移籍してくれ、という条件をつけて大井の厩舎に預けたともいわれている（宇佐美恒雄「皐月賞馬ハイセイコーのふるさと　武田牧場」『優駿』一九七三年六月号）。ゆくゆくは中央へ移籍することは、半ば織り込み済みであったのだ。

それに加えて、一九七〇年代の地方競馬は、少なくとも賞金面においては、中央競馬に比べてさほど遜色のあるものではなかった。いまみた山野の文でも、「賞金額の面でも採算がとれるようになっているし、名声の面でも地方競馬の名馬なら中央の一流馬と同等の評価を受けるようになった」と書かれているし、同じように宇佐美も「いまは大井競馬も賞金が高い。ゴールデンウエーブやダイゴホマレの時代と違って、最近、日本ダービーを目指し公営から上がって来る馬がないのは、南関東公営の賞金が中

1　種牡馬チャイナロックが勇名を馳せるようになったのは、タケシバオーの活躍以後であるという（「The Legend of Heroes II 昭和四三年三強 vs タニノハローモア」『優駿』一九九五年二月号）。見栄えも悪く血統の裏付けもないため、タケシバオーは当初ほとんど期待されていなかったが、実際に競走させてみるとすこぶる優秀な成績を収めた（国内では二七戦一六勝、二着一〇回、三着一回と、ほぼパーフェクトの成績）。そのため、「『良血』の他馬を蹴散らして、直線ひたむきに逃げまくるこの馬に、いつしか『野武士』のニックネームが与えられていた」という。同じ父を持つハイセイコーが「野武士」と呼ばれた所以は、ここにあったと考えられる。

央と大差ないからである」と述べていた。[2]
ただ、宇佐美がこれに続けて「実質的にはそうかもしれないが、名においてはまだまだ中央、地方の差はかなり大きい」と指摘していることについても、触れておかなくてはならない。これについては、中央競馬でハイセイコーを管理した調教師・鈴木勝太郎（一九一三―一九九九）の息子で、当時同厩舎で調教助手をしていた鈴木康弘（のちに調教師）が、後年の回顧として次のように語っている。

そのとき痛切に感じたのは、中央の関係者の、対ハイセイコーの意識が、想像以上に強いということでしたね。やはりみんなに中央のほうが上という意識が強く、誰もが地方出の馬に負けちゃならない、自分の馬でハイセイコーを負かしてやろうと思っていたんですよ。これはファンの期待とはまた違った意味で、プレッシャーでした。（渡辺敬一郎『最強の名馬たち』講談社、一九九九年、八〇頁）

また、上下関係の意識は必ずしも一方的なものではなく、地方競馬側は地方競馬側で、中央競馬への対抗意識が強くあったとも言われている。これについても、「競馬の神様」と呼ばれ親しまれた競馬評論家の大川慶次郎（一九二九―一九九九）が、回想録で次のように語っていた。

現在は中央と地方公営馬の交流レースが多数行われるシステムが採用されて、相互の理解度も非常に高くなってきましたが、当時は大きな壁にさえぎられて「中央は中央、地方は地方」の思想が支配的でした。おたがいが垣根をかたくなに高くして、どちらかといえば依怙地になっていたフシがあったのです。たとえば昭和四十八年、ハイセイコーは四歳のはじめに大井から東京（府中）へ移籍したのですが、その時の地方競馬ファンや関係者が抱いた等しい感情は「俺たちのスターを中央競馬が持っていってしまいやがった」ではなかったでしょうか。（『大川慶次郎回想録（文庫版）』角川書店、二〇〇〇年、一九七―一九八頁）

いずれも回顧的な資料であるため、このあたりの意識について、実証的に論述していくことはなかなか難しい。しかし第一章でみたように、中央競馬と地方競馬はその来歴も含めてそれぞれ独自のバックグラウンドの中から展開してきたものであり、両者の間に何らかの心理的障壁のようなものがあったと

2　試みに昭和四〇年代後半のデータを見てみる。日本ダービー（中央競馬）の一着賞金は、一三〇〇万円（一九七〇年）→二八〇〇万円（一九七一年）→三三〇〇万円（一九七二年）→三六〇〇円（一九七三年）→四〇〇〇万円（一九七四年）→四六〇〇万円（一九七五年）（『Gallop 臨時増刊　日本ダービー七〇年史』産業経済新聞社、二〇〇四年、六一―六八頁）。同時期の東京ダービー（大井競馬）の一着賞金は、一三〇〇万円→一五〇〇万円→一七〇〇万円→二〇〇〇万円→二五〇〇万円→三〇〇〇万円である（特別区競馬組合編『大井競馬のあゆみ』編者刊、二〇〇一年、三四五頁）。これより前の一九六〇年時点で比較すると、日本ダービーの一着賞金が五〇〇万円に対し東京ダービーは二〇〇万円で、二・五倍の格差があった。それに比べると、昭和四〇年代後半は確かに格差が縮まった時期だったと言える。ちなみに、二〇一九年時点で比較すると、日本ダービーの一着賞金二億円に対し、東京ダービーの一着賞金は四二〇〇万円で、実に五倍近くも格差がある。

しても、おかしくはない。中央競馬には常に「国」という権威の影がちらつくのに対し、草競馬から発展した地方競馬には「民衆」あるいは「庶民」寄りの色が濃く見える。「俺たちのスターを中央競馬が持っていってしまいやがった」という表現には、そのことが反映されているように思われる。

とはいえ、そのことは、「中央＝都会」対「地方＝田舎」というイメージ対立とは少し趣を異にする。序章でみたように、「地方競馬」はいわば「中央競馬以外の競馬」を総称する法令用語であり、そこに「田舎」という意味合いは含まれていないからである。ハイセイコーが所属していた「地方競馬」の大井競馬場は品川区、移籍した「中央競馬」の東京競馬場は府中市[3]。地理的にみれば、これは明らかに「都会から地方へ」である。その意味でも、ハイセイコーに付与された「地方出身の野武士」というイメージは、「地方」という言葉の印象に引きずられた、いわば勘違いによるものだったといえる。

1―2　デビューから無傷の一〇連勝で日本ダービー挑戦へ

さて、三歳（現二歳）となったハイセイコーは、一九七二年七月一二日に大井競馬場でデビュー戦を迎える。このレースをレコードで快勝すると、同年一一月二七日の三歳（現二歳）限定重賞・東雲賞（ダート一六〇〇m）まで、六戦連続で二着に七馬身以上の差をつける圧勝劇を演じた。

しかし、大井時代のハイセイコーは、勝てば勝つほど人気が落ちるという、主催者にとって有り難くない馬であった。このことについて、競馬評論家の井崎脩五郎は、次のようにいう（「勝負にならず観客

滅　無敵のハイセイコー」『週刊読売』一九九〇年七月八日）。

こんなに強いんじゃあ、公営の三歳馬では、何が出てきても歯が立たないんじゃないか。この日、ハイセイコーの評判を聞きつけて、大井競馬にやってきた四万二百四人のファンは、誰もがそう思ったに違いない。あまりの強さにシラけてしまった、と言ってもいい。その証拠に、ハイセイコーの出走した日の入場者数は、徐々に減り続けるのである。二戦目三万八百四十四人。三戦目二万六千百八十七人。四戦目二万四千百人。五戦目はとうとう一万六千八十五人。ハイセイコー中央入りのニュースが伝わり、公営最終戦になった六戦目（青雲賞）でさえ、二万九千四百二十五止まり。見て確かめるまでもないくらい強い馬。それが公営当時のハイセイコーだったのだ。

こうしてみると、「より早く走る」ことを運命づけられて生まれた競走馬が、その目的に忠実に即したとしても、そのことが人気に直結するわけではないという、単純な事実に気づかされる。歌やダンスが上手いアイドルが必ずしも人気トップになるわけではないということと、同じ構図だろう。

3　一九七三年当時、ＪＲＡの美浦トレーニングセンターは建設中の段階であった（一九七八年に開場）。ただ、美浦トレセンの所在地は二〇二〇年現在でも「茨城県稲敷郡美浦村」であり、東京競馬場に輪をかけて「田舎」である。もしもハイセイコーの現役時代に美浦トレセンが開場していたら、「地方から中央へ」のイメージはますます実態と乖離することになっていただろう。

だからこそ、翌年に四歳（現三歳）となったハイセイコーの人気は、たぶんにマスコミによって煽り立てられた面があったといってよい。しかしマスコミ、特にスポーツ新聞業界が、意図的にハイセイコーをスターに担ぎ上げようとしたのには、それなりの理由があった。ハイセイコーの現役当時、フジテレビの競馬解説者を務めていた赤木駿介は、このあたりの事情を次のように記している（赤木駿介『実録ハイセイコー物語』勁文社、一九七五年、五七―五八頁）。

この（ハイセイコーの中央移籍：引用者注）少し前あたりから、ハイセイコーに対する競馬ジャーナリズムの取材攻勢が始まっていた。地方競馬担当の記者から、怪物のような馬、といわれ、はじめは中央競馬担当の誇りのような感情で反撥を抱いていた記者たちも、記録を調べ、取材しているうちに、みずからハイセイコー教の母体を作っていくようになっていったのである。そのころの中央競馬には、四十八年のダービーで本命になるであろうと思われる決定的な強さを持っている馬はいなかった。（中略）この馬こそダービー馬になる、といった決定的な評価をくだせる馬はいなかった。そういった沈滞ムードの中に、地方競馬の無敗馬、ハイセイコーが出現したのである。ONの将来が、巨人軍の人気の将来に、きっとひびく、次なる売りは何か、が全スポーツ紙の課題になってから久しい。ボクシングもだめだ。大相撲も盛り返してきたが、一面を飾れるのは一年ではたして何日あるか。ボウリングも、釣りもプロレスも、もはや一面の支えにはならない。各社が、着々と人員を増加させていたのが競馬班である。それも、中央競馬である。毎週必ずといってよいほど、大レースが組まれている。

競馬人口も、馬券の売り上げも、過去十年間、カーブは決して下ったことがない。

こうして、ハイセイコーはマスメディアによってブームの主役に仕立てられていった。では、ここで「地方出身者の立身出世物語」が持ち出されたのかというと、そういうわけではない。ここでのハイセイコーの持ち上げられ方は、もっと一般的なブームと同質のものであった。再び、赤木による記述をみてみよう（前掲赤木『実録 ハイセイコー物語』五九頁、傍点原文）。

> ハイセイコーが大衆にアピールする最も魅力的な部分は、一度も負けていないということであった。大衆週刊誌が提灯の準備をしはじめ、ラジオ、テレビが花火の用意をしだした。女性誌も少年マンガ誌も加わった。子どもも老人も、競馬をまったく知らない主婦たちも、ハイセイコーの名を知る。こうして、大衆の頭の中に怪物という表現による〝全能の馬〟が信じられるようになったのである。

ここで赤木は、無敗で連勝中であるという事実が、ハイセイコーが最も大衆にアピールする点であるといっている。これは、明らかに地方競馬出身云々とは直接関係のないことである。最近の例でいえば、将棋の藤井聡太七段が二九連勝したときのフィーバーを思い返してもらえればいい。あるいは、競馬でいうならば、ディープインパクトが無敗で三冠を達成したとき。いずれも、一般のメディアで取り上げられるほど社会的な注目を集め、将棋ファン・競馬ファンでない人たちにもその存在が知られるようになった。ハイセイコーと同時代の出来事であれば、読売ジャイアンツのV9時代（一九六五—七三年）を思い起こすこともできる。

要するに、このときのハイセイコーの人気とは、圧倒的な強さを分かりやすく示す「無敗」「連勝」といった事実によって作り出される一般的な人気と同質なものであり、決して「雑草」「立身出世」のような意味づけを伴ったものではなかったのである。

とはいえ、ハイセイコーへの注目はたしかに「異常」なレベルへと膨らんでいった。中央競馬でのデビューは、一九七三年三月四日に中山競馬場で行われた弥生賞（当時は芝一八〇〇m）である。このレースは、クラシック[4]第一弾の皐月賞（中山競馬場、芝二〇〇〇m）に向けたステップレースであり、現在でも重要な位置づけにある。そこへ「怪物」の襲来とくれば、競馬場へ押し寄せる人の数は否が応でも増える。実際、弥生賞のレース前、ラチ沿いに押しかけてくる観衆の圧に耐え切れず、前方にいた観客が柵を乗り越えて馬場に入ってしまうという事態も発生するほどであった。ハイセイコーの主戦騎手となった増沢末夫は、「返し馬の段階からお祭り騒ぎのような声援」が飛んだことに驚き、「それまで私は、プレッシャーなどというものを感じた経験はなかった。ハイセイコーに乗って、初めてプレッシャーを感じた」と、レース当日の気持ちを残している（増沢末夫『鉄人ジョッキーと呼ばれて』学習研究社、一九九二年、一〇七頁）。「ハイセイコーブーム」の実在が、誰の目にも明らかになったのは、このレースのときであったと言ってよいだろう。

この弥生賞を皮切りに、同じく皐月賞のステップレースであるスプリングステークス（中山競馬場、芝一八〇〇m）を制したハイセイコーは、勢いそのままに皐月賞で一冠を獲得。続くダービートライアルのNHK杯（東京競馬場、芝二〇〇〇m）も勝利と、連勝街道を驀進していった。こうして迎えたのが、日本ダービー（東京競馬場、芝二四〇〇m。正式名称は「東京優駿」）である。ハイセイコーが断然の支持を集めて一番人気となったのは、当然すぎるほど当然の流れであった。

ところで、皐月賞を勝った馬が日本ダービーに直行せず間に一戦はさむというのは、現在ではまず考えられない。これは、当時ですら過密なローテーションであった。陣営としては、左回りの東京競馬場を経験させたかったというのが出走の理由であったが、それでもレースへの出否についてはずいぶんと頭を悩ませたようだ（前掲赤木『実録 ハイセイコー物語』六二―六四頁）。

あとから戦績を振り返れば、ハイセイコーは左回りコースの苦手な馬だったことがわかる。実際、NHK杯では直線なかなか抜け出してくることができず、実況のアナウンサーが思わず「あと二〇〇mしかないヨ！」と叫んでしまったほどである。私も映像でレースを見たが、もう負けるのではないかというところから猛然と追い込んでゴール前できっちりと一着になるあたり、「この馬は絶対負けないのではないか」という気にさせるようなところが確かにある。このレースぶりなどには、やはりハイセイコー

4　皐月賞、東京優駿（日本ダービー）、菊花賞、および牝馬限定の桜花賞、優駿牝馬（オークス）の五つのGIレースを指す。これらは、英国の伝統的な三歳限定レース（二〇〇〇ギニー、ダービー、セントレジャー、牝馬限定の一〇〇〇ギニー、オークス）に範をとったものである。ちなみに英国の第一回ダービーの開催は一七八〇年で、日本では老中・田沼意次（一七一九―一七八八）が幕政の実権を握っていたころにあたる。

の妙なスター性を感じざるを得ない。実際、多くのファンには「後ろから行って差すこともできる自在性のある馬」と映ったようである（特別区競馬組合編『大井競馬のあゆみ』編者刊、二〇〇一年、一二五頁）。

ただし、名勝負とは、しばしば危うさをともなうものである。馬の力が人気ほど抜けていなかったり、騎乗ミスがあったりといった理由で、ギリギリの勝負となっていることも少なくないからだ（たとえば二〇〇〇年有馬記念のテイエムオペラオー）。一見、キッチリと勝ち切る強さと見えたNHK杯でのハイセイコーの走りも、過密ローテによる疲労や左回りの不得手の表れなどとみることも、不可能ではなかった。実際、大橋巨泉（一九三四―二〇一六）は、連戦による目に見えない疲れがあるのではないかと、繰り返し指摘していたという（『週刊100名馬EX臨時増刊　さらばハイセイコー』産業経済新聞社、二〇〇〇年、三〇頁）。

そして、ハイセイコーをめぐるこうした不安材料は、日本ダービーという大舞台での「まさか」の結末として人々の前に立ち現れることとなるのである。

ハイセイコー・日本ダービーでの敗戦（『日本ダービー 70 年史』66 頁。真ん中がハイセイコー、右からの 2 頭目が勝ったタケホープ。）

2　日本ダービーでの「まさか」の敗戦

2—1　大波乱となった日本ダービー

一九七三年五月二七日。ハイセイコーが出走した、第四〇回東京優駿（日本ダービー）の日である。現地の東京競馬場に詰めかけた十数万人の観客はもちろん、テレビ・ラジオを通してレースを観戦した者の数はどれほどだったか。日本ダービーにおけるハイセイコーの単勝支持率六六・六パーセントは（それでも三分の一は違う馬券を買っていた、ということだが）、二〇〇五年の日本ダービーでディープインパクトが七三・四パーセントの支持率を叩き出すまで、三〇年以上も史上一位の記録を保持し続けた。[5] 人々の関心は、「ハイセイコーがいかに勝つか」という一点にほぼ絞られていたといってよい。

現在はフルゲート一八頭となっている日本ダービーである

が、当時は二〇頭以上の出走が当たり前であった。ハイセイコーが出走した日本ダービーの出走頭数は二七頭（二八頭立てだったが、一頭が取り消し）。こうした頭数の多さもあって、当時は、最初のコーナーに入るまでに一〇番手よりも前にいなければ勝てないと言われていた。これが、「ダービーポジション」と呼ばれていたものである。

実際に、レースでハイセイコーは一〇番手あたりの内目のコース取りで一コーナーに入った。バックストレッチで外目に出たハイセイコーは、三コーナーあたりから少しずつ位置を押し上げ、二番手で直線に入る。多少早仕掛けの感がなくもないが、ここまでは全くもってセオリー通りの走りであり、ほとんどの人はハイセイコーの勝利を半ば確信したのではないだろうか。

だが、そこからハイセイコーは伸びを欠く。直線の入り口でハイセイコーの直後まで迫っていたイチフジイサミ、そしてさらにその後ろから来たタケホープに交わされ、ゴールインしたときには三着となっていた。勝ったタケホープは九番人気で単勝五一・一倍、二着のイチフジイサミはさらに人気薄の一二番人気で、枠連は九五・六倍という大波乱の幕切れとなった。もちろん、大半の人が馬券をはずしたことになる。翌日の『読売新聞』（「ヒーロー泣き笑い　怪物も馬だった」『読売新聞』一九七八年五月二八日）には、「勝ったタケホープの島田功《ママ》騎手が馬の背で小躍りして、盛んに帽子を振るが、拍手もまばらだった」と報じられていた。中には、「敗セイコー」などと茶化すものもあったようである（佐々木勉（サンケイスポーツ）「ハイセイコー　菊花賞勝てば海外遠征へ」『月刊オール競馬』第二号、一九七三年八月）。

2―2　日本ダービーでの敗戦に対する意味づけ

日本ダービーでのハイセイコーの敗戦は、事実としては単なる一レースの結果に過ぎない。しかし、レース翌日の『朝日新聞』『読売新聞』を見ると、この事実に対して奇妙なほど同じような意味が付与されていたことがわかり、興味深い。

波乱の幕切れだったが、別に騒ぎは起らなかった。戦いすんで、興奮さめて――。ハイセイコーを軸に一万円を投資したという東京・練馬の会社員（31）は、敗戦の弁をこう話した。「常に相手とせり合い、相手を追抜き、ハナを切ってゴールインしようとする。エコノミック・アニマルもこのサラブレッドに似てますな。相手に包まれたハイセイコーは、いまの日本とそっくりで」（「〝怪物〟の伝説、馬脚　ダービー　九七億円のため息」『朝日新聞』一九七三年五月二八日）

〝怪物〟として絶対視されたハイセイコーが敗れた原因は、マークされ包まれる不利を避けて早めに仕掛けたことで、仕掛けが早かったのは、七十億円の札束と人気の重さが、かかっていたからである。血統も母系が短距離系の不利があった、などと敗因はいくらでも見つかるが、いわゆる人気負け

5　ＪＲＡのＨＰより（http://jra.jp/datafile/seiseki/g1/derby/result/derby2005.html）。二〇二〇年一月二九日最終確認。

で、ダービーでは珍しくない◆いつも競り合い、トップに立とうとして相手に包まれる競走馬の運命は、何やら今日の日本に似て身につまされる。(「よみうり寸評」『読売新聞』一九七三年五月二八日夕刊)

ここでは、敗れたハイセイコーが「いまの日本」「今日の日本」になぞらえられて語られている。「エコノミック・アニマル」という表現が登場していることからもわかるように、ここでいう「いまの日本」「今日の日本」の状況とは、高度成長を続ける日本が「経済的豊かさだけを求める利己的な社会」として、国際的に批判されていたことを意味している。いや、正確には「国際的に批判されている」と自己認識していた、といった方がいい。もともと「エコノミック・アニマル」という言葉は侮蔑的な意味で使われた言葉ではなく、日本人記者が意味を取り違えて報道し、それが社会に浸透していく中で、次第に蔑称の如く用いられるようになったものだからである[6]。

回顧的には「みんなの夢が叶えられたバラ色の時代」であるかのように想起されがちな高度成長期であるが、実際は同時代的にそのような認識が大勢を占めていたわけではない。高度成長期は、公害、農村の疲弊、受験戦争、交通戦争、通勤地獄、人間蒸発などなど、社会の劇的な変化にともなって、新しい社会問題がいくつも表面化した時代である。また、一九七三年一〇月のオイルショック以後の物資不足・物価上昇は「狂乱物価」とも呼ばれ、一九七四年=昭和四九年は「始終苦年」とも呼ばれていた(「さよなら〝始終苦年〟 数字が語るやるせなさ 宝くじ・競馬・ムード切符へ逃避」『読売新聞』一九七四年一二月三一日)。こうした社会問題は、当然ながら同時代的にも大いに問題視されていたわけだが、しばしばそれらは社会の急激な変化に伴う負の副作用として語られていた。「エコノミック・アニマル」が蔑称として定着していくのも、言うなれば当時の日本社会の自画像が決して美しいものではなく、むしろ歪みを抱えたネガティブなものとして映じていたからであるといってよい。ハイセイコーの敗戦と日本社会の状況を重ね合わせる言説は、こうした背景的事情を反映したものだったのである。

これに対し、この日本ダービーでの敗戦に別の観点から重い意味づけを与えたのは、寺山修司（一九三五―一九八三）である。寺山は、『優駿』一九七三年七月号に寄稿したダービー観戦記「人生は夢ではない」で、次のように書いた。

出来ることなら、ハイセイコーに勝たせたかった。ハイセイコーに十五連勝を、二十連勝を、三十連勝をさせたかった。だが、ハイセイコーはクリフジの十一連勝の記録を破ることさえできずに、三着に敗れ去ったのである。スタンドには、外れ馬券が雪のように舞った。思えば高い夢の代償だった。たった二分二十七秒八で、この数カ月のあいだ育ててきた虚構がくつがえり、私たちの時代には馬の英雄さえも存在しなかったことがあきらかにされたのだから。

また、同年一〇月に刊行された『競馬無宿』（新書館）には、もう一つのダービー観戦記「英雄の存

6　多賀敏行『「エコノミック・アニマル」は褒め言葉だった――誤解と誤訳の近現代史』（新潮新書、二〇〇四年）を参照されたい。

在しない時代」が掲載されている。そこで、寺山は次のように書いている。

　ハイセイコーの敗北は、ただの一頭の馬の敗北ではなかった。そのことの意味は、おそらく一夜あけたあとでこそファンの心に深くよみがえることだろう。それは、私たちの時代には、もはや英雄などは存在しない、そんなものは必要ではない――というメタファーだったのだ。それが、政治化されず、たかが数頭の馬のレースだったとしてもだ。私はハイセイコーの王座をくつがえした、嶋田とタケホープに拍手を惜しまないが、それよりもすばらしかったと思うのは、競馬そのものが抱えている時代の比喩だった。第四十回ダービーは私たちに教えてくれたのだった。「偶然のない人生などというものは、存在しないのだ」と。（同書、二〇七頁）

寺山は、昭和時代において、最も影響力のあった競馬の語り部といってよい。詩人である彼にとって、競馬というものはその文学的想像力を掻き立てるのに格好の材料であった。数多くの競馬エッセイを残した寺山が競馬を通して語りたがったことは、基本的に「名もなき庶民」の人生である[7]。だから、上記のハイセイコー論はたしかに日本ダービーでの敗戦に重い意味づけを付与しているものの、ここから寺山のハイセイコーに対する特別の思い入れを読みとるのは、やや妥当性を欠く。彼は「人生は競馬の比喩」という名言も残しているが、要するに競馬と人生にある種の共通する「悲哀」を重ねて語りを紡いでいくのは、寺山の競馬論において繰り返し登場するモチーフだからである。

ただ、注意したいのは、寺山のハイセイコー論においても、「地方競馬出身」というハイセイコーの属性はさほど重視されていないという点である。寺山が青森県出身であることを踏まえれば、いかにも飛びつきそうなネタであるにもかかわらず、だ。

こうしてみると、ハイセイコーが「地方出身者たちに支持された」という説が、相当疑わしいものとなってくる。事実、ブーム期にあって、ハイセイコーファンがメディアに取り沙汰される場合、そのほとんどが「女・子ども」に関するものであった。特にそれは、日本ダービーでの敗戦後勝ちきれない馬となったハイセイコーをめぐって、より表面化していくこととなる。

3　ハイセイコーと「大衆」

3―1　善戦マンとなったハイセイコー

日本ダービーでの敗戦後、それまで常勝将軍だったハイセイコーは、突如として「好走すれども勝利

7　寺山の競馬論に関する学術的研究としては、児玉喜恵子「寺山修司『さらばハイセイコー』論――群衆と賭博と詩」(『二松:大学院紀要』第一八集、二〇〇四年、一四〇―一六四頁)や、吉田司雄「ハイセイコーが負けた日から――競馬と文学の交差」(『別冊国文学』六一号、二〇〇六年、一七二―一七八頁)などがある。

せず」というもどかしい馬に変貌を遂げる。

夏を越しての秋初戦、クラシック第三弾菊花賞（京都競馬場、芝三〇〇〇m）のステップレースである京都新聞杯（京都競馬場、芝二〇〇〇m）は二着（一九七三年一〇月二一日）。本番の菊花賞では、またしてもタケホープにハナ差負けの二着（同年一一月一一日）。そして年末の有馬記念（中山競馬場、芝二五〇〇m）では三着（同年一二月一六日）。もちろん、すべて一番人気での出走である。

年明けのアメリカジョッキークラブカップ（当時は東京競馬場の芝二四〇〇m）も一番人気で迎えたものの、このレースでハイセイコーは九着という、生涯初の大敗を喫する（一九七四年一月二〇日）。だが、その次の中山記念（中山競馬場、芝一八〇〇m）では大差の圧勝（同年三月一〇日）。満を持して臨んだ天皇賞・春（京都競馬場、芝三二〇〇m）では、三たびタケホープの勝利の前に六着と敗れる（同年五月五日）。とうとう次走の宝塚記念（この年は京都競馬場、芝二二〇〇m）は自身初の二番人気での出走となったが、このレースを当時のレコードタイムで快勝（同年六月二日）。皐月賞に続く、ＧⅠ級競走の二勝目を挙げた。

その後の戦績は、高松宮杯一着（同年六月二三日、当時は中京競馬場の芝二〇〇〇m）、京都大賞典四着（同年一〇月一三日、京都競馬場の芝二四〇〇m）、オープン競走二着（同年一一月九日）、有馬記念二着（同年一二月一五日）で、この有馬記念をもって現役を引退した。この有馬記念に合わせて作られ、主戦騎手の増沢末夫が歌った「さらばハイセイコー」のレコードは、数十万枚を売り上げるヒットとなった（いい歌である。筆者はカラオケに行く機会があれば、だいたいはこの歌をうたう）。

ハイセイコーは、結果から振り返れば「左回りが苦手な中距離馬」であり、長距離レースが重視されていた時代にあっては、適鞍も現在ほど多くはなかった。その意味では、当時にあってはまず妥当な戦績であったといえる。競走成績の面で単純に比較すれば、ハイセイコーよりもタケホープの方が上位であるが、人気の面ではハイセイコーが圧倒的だった。[8] 一九七三年度の年度代表馬に輝いたのはタケホープであったが、ハイセイコーには「大衆賞」という特別賞が授与されている。さらに、一九八四年には「中央競馬の発展に特に貢献があった馬」の功績を讃える顕彰馬の制度が設けられ、そのうちの一頭としてハイセイコーが殿堂入りしている。他の顕彰馬との比較でいうと、ハイセイコーの殿堂入りは明らかにその「人気」を理由としたものである。[9]

8　とはいえ、タケホープが不人気だったわけではない。引退から約半年後に出された『別冊週刊読売』に二頭が同時に特集された記事があるが、タケホープにも多くの千羽鶴やファンレターが送られてきており、一目見ようと訪れるファンも後を絶たないことが写真入りで紹介されている（「その後のハイセイコーとタケホープ」『別冊週刊読売　特集・日本のサラブレッド』一九七五年五月）。

9　ＪＲＡのＨＰにおける顕彰馬紹介のページには、ハイセイコーに「国民のアイドル」というニックネームが付けられている（http://www.jra.go.jp/gallery/dendo/horse11.html）（二〇二〇年一月二九日最終確認）。ＳＭＡＰや嵐のようなものだと考えればよいだろう。

3—2 「女・子ども」に支えられたハイセイコー人気

さて、その「大衆的人気」の中身である。ハイセイコーファンの特徴として、ブーム期に盛んにメディアの注目を集めたのは、「女・子ども」のファンが多いということであった。これは、ハイセイコーの中央競馬デビュー直後から少しずつ語られはじめている。

> 競馬に縁のない女性までが聞きかじりで、この四歳の怪物クンに関心を示しているそうな。(「これが史上最強馬　怪物ハイセイコーのすべてだ」『週刊現代』一九七三年三月八日号)

> ケイバには興味のない女こどもでも、名前ぐらいは知っている。だから昨今、人呼んで「江川、ハイセイコー、卵焼き」。(「ダービー大特集・決定版二　無敗――ハイセイコーが『敗れる』条件を徹底検討」『週刊サンケイ』一九七三年四月二七日号)

また、先述の「さらばハイセイコー」のレコード化も、きっかけとなったのは女性ファンの多さにあったことが、後年になって回顧されている。

中央の舞台で、常に全力を出しきって戦う〝野武士〟の格好よさがハイセイコーにはある。そして、悲運への同情がこれにかぶさって競馬ファン以外の人もひき込み、人気は上昇していく。そこに目をつけたのがレコード会社だった。

「女性にファンが多かった。バーで飲んでいると、若い娘らがワイワイ、ハイセイコーのうわさ話をやっている。こりゃ、ただごとではないぞ」と思ったのが、当時ポリドールレコードのディレクターだった松村孝司氏。(「げいのう舞台再訪　府中『さらばハイセイコー』ブーム呼んだ悲劇性」『朝日新聞』一九八三年五月二一日夕刊)

本章の第1節でみたように、ハイセイコーは当初、「無敗」「連勝中」であったからこそ大衆の人気を博したといわれていた。だとすれば、日本ダービーでの敗戦後、善戦マンとなったハイセイコーの人気は下降していってもよさそうなものだ。しかし、事態はむしろ逆の方向に展開していった。日本ダービー後のハイセイコーは、なかなか勝てないというもどかしさがかえって人気を呼ぶという、新しいキャラクターを社会的に付与されることとなるのである。そして、「女・子ども」層のファンの多さは、むしろ新しいキャラクターとなってからのハイセイコーに、より親和的なものとして表象されていくこととなる。

まず、日本ダービーの後に登場してくるのは、「女・子ども」からの激励に関するものである。

ダービーで敗れはしたものの、日本列島を沸かした〝怪物〟クンの人気はじつに根深いものだ。厩舎には、いまだに励ましの手紙や電話がひっきりなしにくる。〝菊に咲けハイセイコー〟という内容のものが一番多いが、わざわざ菊の花を送り届けてくる女の子もいるそうだ。ファン層はお老寄《ママ》りから小学生とじつに幅広いが、手紙は圧倒的に小学生から中学生で、電話はやはり大人がほとんど。（佐々木勉（サンケイスポーツ）「ハイセイコー　菊花賞勝てば海外遠征へ」『月刊オール競馬』第二号、一九七三年八月）

塩とニンニクは多めにたべさせたそうだが、筋肉をひえさせる扇風機はついに使わなかった。このへんも〝怪物クン〟にふさわしいが、ダービーに三着とやぶれても人気は絶大。スポーツ紙に〝ハイセイコー夏ばて〟の記事がでると、通用門わきの守衛さんのもとへ、女子高生がわんさと「ニンジンと花束」を届けに来た。（「知らないと損する秋競馬〝情報〟〝菊〟〝天〟を狙うハイセイコー・イシノヒカルほか有力馬の臨戦態勢を探る」『週刊ポスト』一九七三年九月二一日号）

「――ハイセイコーが敗けて、わたしも泣きました。わたしとしても、なにかひとつ犠牲にしてハイセイコーのこんごの勝利を祈りたいと思い、誕生日の祝いをとりやめにしました。……」と切々と訴える老婦人がいるかと思えば、あるOLなどは「――ハイセイコーを知るまでのわたしの人生はつまらないものでした。何度か死のうと思ったか知れません。でもハイセイコーを知ったとき、生きていてよかったと思いました。わたしにとってハイセイコーは生きがいなのです……。こんどはぜひ勝って下さい。……」これが人ならぬ馬に送られてきた手紙だから驚く。(「腐ってもタイ・負けてもハイセイコー」『週刊文春』一九七四年五月二七日号)

週刊誌記事のことだから、どこまで真実なのかと疑う向きもあるかもしれない。しかし、ハイセイコーの所属厩舎で調教助手をしていた鈴木康弘(前出)も、同馬の引退直後に次のように語っていた(前掲赤木『実録 ハイセイコー物語』二〇六頁。引用部分は、鈴木自身の執筆による)。したがって、週刊誌記事の内容はおおむね正確なものだったと考えてよいだろう。

ダービー後、ハイセイコーのトレーニングはグッと落とされ、毎日軽め軽めと調教され、いわゆるハイセイコー自身の夏休みであった。夏休みといっても、まるっきり休んでしまうわけではなく、馬にゆるみが生じないように、毎日軽くトレーニングされるのである。そのころになると学校も夏休みに入り、それを利用してか、お母さんに連れられてハイセイコーの厩舎をニンジンを持って訪れる小学生ファンが毎日殺到した。ハイセイコーファンは小学生だけにとどまらず、お年寄りの人も多く、あらゆる年齢層に人気があるのである。

手紙には、ハイセイコーに食べさせてほしい、とニンジン代が入っていることがほとんどで、小学生の豆ファンの方までがニンジン代を送ってくださる。きっとお母さんに頂いた自分のお小遣いをためて送ってくださるのであろう。また、足の不自由なあるお年寄りは、足が悪くハイセイコーに会いにいけないが、とおっしゃってお守りを贈ってくださった。このお守りもいろいろな方が贈ってくださり、随分たまった。女子中学生からは、菊花賞まで、大安にあたる日に毎日、菊の花束が届き、いつもハイセイコーを励ますカードが添えてあった。千羽鶴を贈ってくださるファンもある。そして、それはあれから一年以上たった現在も続いているのである。

3―3 競馬の大衆化への抵抗

注目したいのは、こうした「女・子ども」からのハイセイコーに対する人気を、単に「異常」「驚き」というだけでなく、「不可解」あるいは「けしからん」こととして批判的に受け止める見方があったということである。たとえば、ハイセイコーが五歳（現四歳）を迎えて間もなくの、『週刊新潮』一九七四年一月三一日号の記事では、次のように評されている。

このところ、スポーツ紙、予想紙に氾濫し続けた「ハイセイコー」の六文字の激しかったこと！どんなにすばらしい馬だか知らないが、女学生や主婦が〝彼〟にあててラブレターや年賀状を書く仕儀になったと聞いては、世の中、どうかなってるんじゃないの？　と、文句の一つもいいたくなってくる。そりゃ、こんな乱世だもの。「英雄待望論」もわからないではないが、ミスター・ハイセイコーに対する評論家、スポーツ記者、予想屋諸公の煽り方、いささか度を越し過ぎていたのではないか。（「情

報の餌食となった『怪物ハイセイコー』の退場」『週刊新潮』一九七四年一月三一日号）

こうした「女・子ども」の人気も含め、競馬の大衆化という現象自体にきわめて否定的な姿勢を見せていたのは、ジャーナリストの本田靖春（一九三三―二〇〇四）である。本田は、一九七四年七月特別号の『文藝春秋』にて、「カタギが競馬をやる時代」と題して競馬ブームへの批判を展開した。彼はまず、読売新聞の記者であった一九五六年当時、「賭け事に免疫の新聞記者のあいだでさえ、競馬は白眼視されていた」とし、当時の競馬ファンはいわば「隠れキリシタンのような存在であった」と回顧する。そのうえで、「カタギ」が多数派となった現代（一九七四年当時）の競馬場のようすを、以下のように嘆いてみせる。

ジャーナリズムが競馬熱をあおり立てるようになってから、競馬場は〝カタギ〟で連日、超満員である。他人がすることを自分もしてみないことには気の済まないのが大衆といわれるそこいらの人たちで、それこそ見境もなく競馬場になだれこんできて、私から蹄音の響きと、マグサの臭いを奪った。昨今では、パドックの最前列にも、馬場のサクにも近寄らないのである。いったいこの人たちは、競馬を何だと考えているのだろう。女王陛下の持馬が出る、本場の〝キング・オブ・スポーツ〟は知らない。私の了解するところ、日本の競馬は、本質的にバクチであって、競馬場というのは、のどかにスワンを浮べ、四季折り折りの花壇をしつらえようとも、一皮むけば鉄火場なのである。カタギのくるところではない。

そしてこの論説は、「『楽しさは一家そろって中央競馬』だなどというキャッチ・フレーズに誘われて、女子供までもが馬場へくるようになっては、この鉄火場もおしまいである」とし、「数年来、競馬から足を洗おうかと考え続けている」との心中吐露にて締めくくられている。

いま見た引用箇所で自身がいみじくも述べているが、本田の競馬観はきわめて日本的なものである。第一章でみたように、競馬を含むギャンブルをアウトロー的な文化としてみる視線は、通歴史的なものでも本質的なものでもないからだ。ただし、本田はここでアウトロー文化を否定しているわけではなく、むしろカウンターカルチャーとしてアウトロー文化を称賛している。これは、当時学生運動の活動家たちが東映ヤクザ映画に共感していた構図と似ており、ある意味ではエリート意識の裏返しであるといってよい。そして、エリートにせよアウトローにせよ、その世界への参入を許されているのは「大人の男」だけであるという点にも、当時の日本社会におけるマッチョイズムを読みとることができる（明らかに無自覚的にであろうが）。

3―4　「大衆」が支持したのは「競馬」ではなく「ハイセイコー」

いずれにせよ、こうした反発の存在は、いかにハイセイコーが「女・子ども」の人気に支えられていたのかを逆照射してもいる。ただ、このことが「競馬の大衆化」に直結するものと考えるのは、少し早計であろう。『実録 ハイセイコー物語』を著した赤木駿介は、ハイセイコーの引退から一年あまりが過ぎた時期の『週刊文春』で、次のように述べている(「明和牧場に押しかけた見物客三〇万 種馬ハイセイコー二度目の奇跡」『週刊文春』一九七六年四月一日号)。

ハイセイコーファン、その多くは女性であり、幼、少、青年であるが、共通するところは、競馬ファンではない、ということである。いや、男性の社会人にもファンは多いが、ハイセイコーの引退と共に、馬券を買わなくなってしまった人が圧倒的だ。それらのファンは、タケホープよりも、ハイセイコーのほうが強い、と信じている。ダービー、菊花賞、天皇賞というレースが、他の大レース、たとえばハイセイコーが勝った宝塚記念、高松宮杯、中山記念とくらべてどうであるかなど、まったく関係がないのである。

このことは、後年の回顧的記述の中にも、しばしばあらわれる。「ギャンブルには興味がない。馬の走る姿が好きなんです」という母子三人のファンを紹介する記事(「帰ってきた! 怪物ハイセイコー〝落ち目〟大井人気ばん回に」『読売新聞』一九七七年一〇月一四日)や、「東京都府中市 ハイセイコー様」程度の宛書でファンレターが山のように届いたエピソードについて、「それでも、ちゃんと届いた。人が馬に手紙を出す。彼らは馬券を買えない子供であり、競馬場に行ったことのない女性と、つまりは競馬ファンではない。ハイセイコーという馬のファンだった」とするものなどが挙げられる（村山望「昭和・平成　スポーツ界一三の『怪』事件簿　昭和の怪物『ハイセイコー』の一生」『新潮45』二〇〇五年一一月号）。また、赤木が述べたように、こうしたタイプのハイセイコーファンは、「女・子ども」に限られてはいなかった。

生涯ギャンブルとはまったく無縁の、堅物とまでいわれた今は亡き兄が、唯一、馬券を買ってテレビの前で、かじりつきで、声援していた馬が、ハイセイコーでした。皐月賞こそ勝ったものの「ダービー」「菊花賞」は残念ながら勝てませんでした。それでも兄は、あの黒光りのハイセイコーが大好きでした。地方競馬から中央競馬界へ。ロマンというより、何か「哀愁」という言葉がよく似合ったところに、兄はひかれたのではなかったでしょうか。（「（気流）思い出の名馬ハイセイコー　会社員・Y．M．57（滋賀県近江八幡市）」『読売新聞』二〇〇〇年五月一一日大阪版）

このようなハイセイコーファンは、あくまでハイセイコーに興味があったのであり、競馬ファンではなかったのである。たしかに、ハイセイコーをきっかけとして競馬そのものに興味をもち、競馬ファンとなった者も当然いるだろう。しかし、多くの「にわかファン」は、ハイセイコーの引退とともに競馬から距離を置くようになったと考えられる。そしてこのことは、「ハイセイコーという馬の走った時代」が、その後の時代と不連続に切り離されていったことを意味している。つまり、ハイセイコーの「過去化」である。のちにハイセイコーの人気をめぐる神話が形成されていくにあたって、この「過去化」は、非常に重要なポイントとなってくる。

4 「哀れな馬」「かわいそうな馬」とみられていたハイセイコー

ここまで、ハイセイコーのアイドル的人気が、「女・子ども」によって支えられていたことについてみてきた。しかし、ハイセイコーに対する同時代的な語りについては、もう一つ重要な点を見逃すわけにはいかない。それは、先にみた日本の国際社会における地位へのなぞらえにも関連するが、ハイセイコーがしばしば「哀れな馬」「かわいそうな馬」として受けとめられていたという事実である。そして、一頭の馬に世間が熱狂するような事態は、世知辛く暗い、夢のない時代・世相の象徴であるとする見方が、同時代的には大勢を占めていたのである。

たとえば、最も一般的に多くの人の目に触れるメディアである新聞記事でのハイセイコー評は、次のようであった。時期的には、一つ目の記事は菊花賞直前、次の二つの記事は引退レースの有馬記念前後の記事である。

マイホームの夢ははかなく、物価高の重圧にあえぎ、公害には泣かされている大衆が、せめてもの夢を一頭の馬に託しているのだとしたら……。ハイセイコーは、あるいは「菊花過ぎれば、ただの馬」になるかもしれないが、ことは一頭の馬の、たかが勝ち負けとは言えないような気もする。（「ハイセイコー（サイドライト）」『読売新聞』一九七三年一一月一〇日夕刊）

もっと問題なのは、中山競馬場の入場券が前売りで売り切れ、場外馬券売り場は大混雑といった物理的な制限のために、ばく大な金がノミヤという非合法の世界に流れることである。大衆の夢と希望が、ギャンブルというはかないものに集約される世相に至っては、もはや問題外と言えるだろうか。（「有馬記念（サイドライト）」『読売新聞』一九七四年一二月一四日夕刊）

より早く走ること、それがサラブレッドの宿命というのなら、ハイセイコーも例外ではない。だが、この馬の不幸は、「しらけの時代」といわれる夢のない時代に、大衆の夢を一身に背負って走ったことであった。生涯のうち、競走馬として活躍するのはわずか三年間。その全レースに重いハンディがついていた。（「不況の年の瀬　一三六億円のドラマ」『朝日新聞』一九七四年一二月一六日）

これらの記述には、大衆の夢がハイセイコーにかけられているという認識自体は、確かに存在している。しかし、それは決して望ましく素晴らしいことではなく、むしろ「はかなさ」や「しらけ」といったマイナス要因のあらわれとして理解されている。本章で幾度か登場した赤木駿介も、『実録　ハイセイコー物語』の中で次のような認識を示していた（同書、八九頁）。

表面的な物質享楽と、加速度的なインフレーションの谷間に落ちて、大衆の心は何かに飢えていた。マスコミが、時の施政者の次々と送り出す新しい水を報じても、大衆はその水の中にある濁りを知っていた。本当に新鮮な水であったとしても、見過ごすような心になっていたともいえる。しかし、一個の動物でしかすぎ《ママ》ないサラブレッドに、純粋なるものを求めたことは、世相の反映であり、七十年代の一つの象徴ともいえよう。

同じような認識は、ハイセイコーの引退から数年後までは続いていたとみられる。そのことは、競馬評論家としても活躍した作家・石川喬司が、一九七八年に出版した『馬家《ばか》物語』（現代評論社）において、「敗北にもめげず、ただひたむきに大地を蹴って走りつづける悲運のヒーローに、読者は、人間の世界からは失われつつある純粋無垢なものを見出し、そこにシビレた」「ハイセイコーは、ありえたかもしれないもうひとつの人生、もうひとつの歴史を、読者に垣間見せてくれる神話だった」としつつ、「それにしても、ものいわぬ動物にヒーローの夢を託さなければならぬ時代は悲しい」と書いていたことから、うかがうことができる（同書、七〇―七一頁）。

このように、人気を一身に背負わされたハイセイコーに「哀れさ」を読み込む視線は、作家の虫明亜呂無（一九二三―一九九一）の論において、最も先鋭的に表現されていた。

まず、ハイセイコーが五歳（現四歳）を迎えたばかりの一九七四年一月、虫明は『週刊新潮』の取材に対して次のように述べている[10]（「情報の餌食となった『怪物ハイセイコー』の退場」『週刊新潮』一九七四年一月三一日号）。

ハイセイコーという馬にはいつも暗さがつきまとっている。この馬を育てた公営の伊藤正美調教師は、〝流浪の人〟ともいうべき男で、日本中、馬を引っぱって流れ歩いた。ハイセイコーが中央に上る時も、馬主の資格でモメたし、やっと玉島に落ち着いたと思ったら、その玉島が検挙されるということでしょ。そうした暗さがパセティックな人気を呼んだんでしょうね。

ボクはハイセイコーを見ると、いつも「こまどり姉妹」を思い出す。ソーラン渡り鳥、津軽の海を渡って来たという、あのフンイキがよく似ているな。暗さを背負いながら、しかも、舞台の上では〝今日一日をケナゲに、精一杯生きたく思います〟といわなければならない運命……。

この記事では、虫明の説を「社会の浮薄を一身に背負っている、ということらしい」とまとめている。ここからは、先に見たようにハイセイコーが暗い世相を象徴しているという認識が、さほど違和感もなく受け入れられていることがわかるだろう。

さらに虫明は、ハイセイコーの引退をうけて、『サンデー毎日』一九七四年一二月二二日号に、まとまった文章を寄稿している。そのタイトルは、「不幸な時代の〝幻の馬〟ハイセイコーが消える日」。ハイセイコーはこの年一進一退の成績を残したが、虫明の認識は約一年前とほとんど変化のないものだった。
虫明はまず、ハイセイコーは「勝負に生きるものが、持ってはならぬ暗さ」を抱えており、「まぎれもなく、強い馬だったが、幸運な馬ではなかった。天衣無縫の爽かさを身につけていなかった」と評する。虫明自身は、「そのことを非難しているのではない。むしろ、同情しているのである。肩入れをしているのである」というが、「問題は、そのような馬が時代の馬になり、庶民の願望の象徴になったことにある」と述べる。そして、大衆がハイセイコーに見ていたものは、「『勝つ』ことを運命づけられた擬態から永久にのがれられない王者の幻影」であったとし、次のようにいう。

　彼を迎えた大衆は、人気ものに対して希求することがあまりにも貪欲であり——苛酷なまでに貪欲であり——敗れる彼を遇するのにつねにファナチックに冷えきっていた。そして結論すればハイセイコーはその四《ママ》年間にわたる競走生活で、大衆の夢と幻滅の中間を、休むまもなく、右往左往していたことになる。彼はそのために生まれ、成長し、走りつづけた。彼の不運は一九七〇年代という大衆がもっとも酷薄な心情で生きた時代の、大衆の寵児であったことにつきるようである。大衆の夢のために勝つということの虚しさこそ、ハイセイコーが生涯まぬかれなかった栄光のドッペルゲンガーで

10　引用中に「玉島が検挙」とあるのは、ハイセイコーの中央競馬での馬主であったホースマンクラブの代表者玉島忠雄が、一九七三年秋に贈収賄罪で札幌地裁に起訴された事実を指している（「オーナー登場『神鋼商事に命令されてやった』　ハイセイコーの玉島忠雄氏」『月刊オール競馬』六号、一九七三年一二月）。

あった。

このように、虫明のハイセイコー論は、「不幸な時代の象徴」という点に、徹頭徹尾貫かれている。[11]先に挙げた新聞記事の記述と照らし合わせても、こうした虫明の視点がそれほど突飛なものだったとは考えにくい。

ここまで、ハイセイコーに対する同時代の語りをみてきたが、灯台下暗し。実は、ハイセイコーに「悲哀」を重ね合わせる見方は、「さらばハイセイコー」の歌詞にすでにあらわれているのである。改めて同曲の三番の歌詞を見てみれば、それは次の通りである。

幾十万の観衆に　まごころ見せたその強さ
悲しいだろう　辛かろう
闘い終わって馬場を去る
ありがとう友よ　さらばハイセイコー

「悲しいだろう」「辛かろう」。ここには、現代流の「感動をありがとう」のような軽薄さは見られない。むしろ、「もうすっかり疲れ切ってしまって走れません」との遺書を残して自殺した、マラソン選手の円谷幸吉（一九四〇―一九六八）に近い。あるいは、ハイセイコーのダービー直前に真っ白な灰となって燃え尽きた矢吹丈にも擬せられようか（マンガ『あしたのジョー』の主人公。同作品の最終回は、『少年マガジン』一九七三年五月一三日号に掲載された）。

いずれにせよ、ここまで見てきたように、同時代においてハイセイコーは「悲哀」と結びつけられて語られることが、圧倒的に多かったのである。

5 「地方出身者の夢を乗せて走った」という神話

5―1 挫折する運命の象徴としての「地方出身者の夢」

ハイセイコー人気に関する同時代の解釈について、「女・子ども」からの人気、「悲哀」の象徴、という二つの点を見てきた。ハイセイコー人気の説明には、これらに加えて、「地方競馬出身」という文脈が関係してくる。しかしこの点は、同時代においてはさほど重要視された要素ではなかった。ハイセイコーの現役当時、赤木駿介はよく人から「人気の秘密」を尋ねられたというが、その点に関する記述は

11 なお、ハイセイコー登場の少し前の時期に、寺山と虫明は競馬にまつわる対談集を発表している（寺山修司・虫明亜呂無『対談 競馬論』番町書房、一九六九年／筑摩書房、一九九三年）。

次のようである（赤木駿介「明和牧場に押しかけた見物客三〇万　種馬ハイセイコー二度目の奇跡」『週刊文春』一九七六年四月一日号）。

ハイセイコーの人気の秘密は？　とよく訊かれるが、これは判らない。あなたはどう思いますか。私は逆に訊く。この会話を、私はいったい何十回くり返したであろうか。ある人は、英雄待望論に重ねる。またある人は、人間不信の反動という。そしてまたある人は、源義経、大石内蔵助、坂本龍馬、新しいところでは大関貴ノ花に、そのイメージの根源をさぐる。

ここから、「地方出身」に関連する要素を取り出すことは難しい。義経や大石内蔵助といった悲劇のヒーローが挙げられている点、「英雄待望」「人間不信」といった点からは、やはり先にみた「悲哀」の要素や否定的な時代認識のあり方と、ハイセイコーが親和的であったことがわかる。そもそも、赤木自身が「これは判らない」と書いている時点で、ハイセイコー人気を説明する定説自体が存在していなかったといえる。

ただ、「地方競馬から中央入りした経歴が庶民の共感を誘うのか、勝っても負けても豪快なレースぶりが大衆に受けるのか」（「不況の年の瀬　一三六億円のドラマ」『朝日新聞』一九七四年一二月一六日）といった記述がみられるように、同時代において「地方競馬出身」という点が、全く関心を持たれなかったわけではない。しかし、その語り口は、後年のそれとはずいぶんと異なっている。たとえば、ハイセイコー引退直後の『週刊読売』の記事は、次のようである（「さらばハイセイコー」（『週刊読売』一九七五年一月二五日号）。

ハイセイコーは決して無敵の馬だったわけではない。十戦十勝でダービーに臨んだハイセイコーは直線で足が伸びず懸命にもがいて三着だった。人間は無敵の英雄よりも悲愴感をどこかで感じさせる悲運の英雄に魅力を感ずるものだ。菊花賞でハナ差に泣いたこと、春の天皇賞での惨敗、秋の天皇賞をハナ血で断念しなければならなかったこと――。そのたびに公営の大井競馬場出身という生いたちを思い出させた。しょせん一流だとは思われなかったのだ。そのハイセイコーが五百三十キロの巨体で懸命に走る。勝っても負けてもファンはその姿に自分なりの読み込みをしてジーンとくるものをかみしめたのだった。

ここでは、「地方競馬出身」という要素が、「二流・三流」という意味に結びつけられていたことがわかる。つまり、一流にはなれない、あるいは一流には勝てないということである。ここに、雑草がエリートを蹴散らしていくという物語を読み取るのは、相当無理があるだろう。むしろここでは、地方出身者の夢は「挫折する運命にあるもの」と捉えられている。これは、先に見た「悲哀」の要素に親近するものといってよい。つまり、「地方」の要素は、同時代的には「悲哀」を構成する一要素として意味づけられていたのである。

5―2　ハイセイコーの「過去化」＝美化

引退後、ハイセイコーは当然ながら種牡馬となり、第二の人生ならぬ馬生を送ることとなった。その産駒からは、父の果たせなかった日本ダービー制覇を実現したカツラノハイセイコが出るなど、種牡馬としても悪くない成績で、比較的長く活躍したといえる。

とはいえ、種牡馬となったハイセイコー自身は北海道の牧場で日常生活をするようになったわけで、競馬場へ来て人々の前に姿を見せることは基本的になくなった。「去る者日々に疎し」というが、ハイセイコーに関する語りも、引退後は徐々に減少していく。

だが、引退から一〇年以上経ったバブル期になると、今度は回顧的な文脈の中でハイセイコーが取りあげられるようになっていく。その背景には、前章でみたように、この時期におけるギャンブルブームの再燃があったと考えられる。また、特にオグリキャップの登場以降は、「地方競馬出身」という共通項をもつゆえに、ハイセイコーが対比的に取り上げられることも多くなった（オグリキャップとの対比については次章で詳述する）。

そうした一九八〇年代後半―九〇年代における回顧的な語りの中で、ハイセイコーの「過去化」＝美化が進行していく。「あの馬は日本の高度経済成長がピークに達した頃のヒーロー。地方から出てきて、ひたすら一所懸命に走るその姿にファンは自分たちの姿を重ね合わせていたんですよ」という作家・岩川隆（一九三三―二〇〇一）の発言に象徴されるように（「競馬をメジャースポーツにした公営の怪物ハイセイコーの『性生活』」『週刊現代』一九九四年四月三〇日号)、時代を象徴するアイコンとして描かれるようになっていくのである。その過程において、「挫折する夢の象徴」だったハイセイコーは、いつしか「夢を見せてくれた馬」へと変貌していった。

この年一〇月には第四次中東戦争が勃発。石油ショックが日本を襲い、物価が高騰した。田中角栄内閣のもと、高度成長政策の破綻が明確になってきたのもこのころ。空しい気持ちのまま、人々はトイレットペーパーを買いに走った。

シラケ時代といわれ、夢をみることとさえ、あきらめていたような世相の中で、ハイセイコーは、しかし、しっかりと夢を見させてくれた。

「公営から中央へという、表面だけを見れば、雑草がエリート集団にナグリこんで活躍したわけで、判官びいきの日本人にはピタリの役を演じてくれた。地方から東京へ出てきて厳しい生活を強いられていた人たちには、ハイセイコーの活躍を自分にあてはめて見ることが楽しかった。なにからなにまで、この時代にあってしまったんですよね[12]」(「バック・トゥ・ザ昭和　第三回　ハイセイコー敗れる」『週刊ポスト』一九九〇年四月一三日号)

12　この発言は、ハイセイコー現役当時『ダービーニュース』編集長であった伊藤友康によるもの。

お父さんたちはハイセイコーに思いを託した。地方出身でも、力さえあれば中央のエリートを打ち負かして主役になれるんだ。そんな夢をハイセイコーに重ね合わせたのだ。子供たちまでもが、ハイセイコー、ハイセイコーと騒ぎだした。「巨人・大鵬・卵焼き」といわれるように、とにかく強いものが好きという純粋な心の持ち主たちを刺激したのだ。（中略）折しも高度経済成長の只中、ひたすら昇り続ける彼は、時代をそのまま映し出すヒーローだった。（市丸博司『サラブレッド怪物伝説』廣済堂、一九九四年、一五―一六頁）

もうハイセイコーは単なる馬を超える存在になっていた。地方からはい上がって中央へ殴り込もうとする姿に、故郷から離れて都会で働く人々が夢を託した。けた違いの強さにあこがれる人がいた。競馬が分からない子供でも、その名を知るほどになった。時代がハイセイコーをアイドルに仕立てていった。（遠藤雅也「あの場面あの記録　競馬（三）日本ダービー　ハイセイコー敗れる」『読売新聞』一九九五年二月七日夕刊）

やや多い引用となったが、全国紙、週刊誌、競馬ファン向けの書籍というように、メディアの性質自体は異なっていても、語りのモチーフはほぼ同じであることが確認できるだろう。

いまみた引用にも登場しているが、「時代のアイコン」となったハイセイコーは、同時代の首相であった田中角栄になぞらえられることが多くなる。

マスコミは、ハイセイコーを擬人化し、名もない地方出身者が、中央のエリートに挑戦するというストーリーに仕立て上げた。時あたかも、さしたる学歴もない新潟出身の田中角栄が、首相にまで登りつめた半年後である。高度成長と列島改造の波に乗って、都会には地方出身者が殺到していた。彼らはこぞってハイセイコーに夢を託したのだ。（遠山彰『日本ダービー物語』丸善、一九九三年、一九〇頁）

オイルショックとドルショックが重なった'73年。暗い世相の中で、国民は沈滞するムードを吹き飛ばす英雄を待望していた。そこへ突如、公営の大井競馬場から彗星のように躍り出て、まるで中央の「権威」に挑むかのように走り続けたのがハイセイコーである。時あたかも、〝今太閤〟ともてはやされた田中角栄元首相の登場と一致していた。（長尾三郎「今語る秘話『戦後五〇年』第五回　ハイセイコー『大衆が夢重ねた〝怪物〟を生んだ「ある約束」』」『ＦＲＩＤＡＹ』一九九五年七月一四日号）

田中角栄は新潟から裸一貫で上京し、ついには頂点を極めた。誤解を恐れずに書けば、東大法学部卒のエリートや〝世襲代議士〟が幅を利かせる政界にあっては、極めて希有な「今太閤」の出世物語だった。

ハイセイコーは、単なるサラブレッドではなく、そんな時代を象徴する存在だったに違いない。前述したように、母系、父系とも血統背景は優秀だが、唯一「地方競馬出身」という点で「野武士」のイメージが定着した。そこには、裸一貫から首相の座にまで上り詰めた田中角栄という男を、誰もが無意識のうちにオーバーラップさせていた。（渡辺孝敏「時代が求めた『象徴』」『週刊100名馬 vol. 8 ハクタイセイ』産業経済新聞社、二〇〇〇年、三六頁）

しかし、こうした語りも、同時代の真実を述べているとは言い難い。実は、ハイセイコーを田中角栄に擬する表現は、後年になって定着したものだからである。「徹底研究　競走馬の〝長島〟一〇年に一頭のハイセイコー」（『週刊サンケイ』一九七三年二月一六日号）という記事タイトルにもあるように、現役当時のハイセイコーは、むしろ長嶋茂雄に擬せられていた。それは、「実績よりも人気が優っている」という、アイドル的要素においての共通性ゆえである。

もちろん、人気のほとんどは、その「強さ」にあったことを、だれも否定はできない。その実績は史上初の「二億円馬」で示される。偶像視されてきた怪物クンの秘密はどこにあったか。

「はじめから終わりまで、死に物狂いで走り抜くところ。悲壮感がある」「強さともろさと、両方持ち合わせている。アンバランスの魅力というのかな?」

プロ野球では、王のホームランより、引退迫った長島の一打に贈られる拍手と声援の方が大きかった。ハイセイコーへの拍手は大きく、激しかった。（「タニノチカラ　実力日本一　有馬記念」（『朝日新聞』一九七四年一二月一六日）

なぜ、後年になってハイセイコーは田中角栄に擬せられるようになったのか。それは、どちらも「過去のもの」になったからではないかと考えられる。長嶋茂雄は、二一世紀になるまでジャイアンツの監督として現役であり、九〇年代に「過去化」されることはなかった。しかし、田中角栄は八〇年代後半以降病気のためほとんど表舞台に出ることはなく、九〇年には政界を引退、九三年に死去している。どちらも「過去のもの」となったハイセイコーと田中角栄は、振り返ったときに「そういえば同じ時代の出来事だった」と気づかれる。そして、「地方出身者の立身出世」という共通項に注目が集まり、ともに時代のアイコンとして整合的に語られるようになった——このように考えられるのである。

ただ、「地方出身」という点で田中角栄とハイセイコーを結びつけるのは、本当は誤謬である。何度も言うように、ハイセイコーは「地方競馬」出身なのであり、「地方」出身ではないからだ。だが、「地方競馬出身」は、いつしか「地方出身」と読み換えられ、「田舎者」という解釈へと横ズレしていった。次に挙げるのは、ハイセイコーの引退レースを観戦したという女性の回顧談である。

一年を締めくくる有馬記念競走。ハイセイコーの引退レースだった。東京・府中の厩舎に二度ほどハイセイコーに会いに行ったことはあるものの、Nさんが競馬場に足を運んだのは生まれて初めてのことだった。夫に先立たれて八年。三人の息子を育て上げ、これと言って不足のない生活だったが、ふとテレビで見たハイセイコーの姿になぜか強烈に引き付けられてしまった。「田舎育ちの馬が、あんなにまで頑張って」（奥野富士郎「（この歌に）さらばハイセイコー（一）発売前に大ヒット確信」『読売

新聞』一九九一年五月五日）

「田舎育ち」という表現を、仮に「北海道の牧場で育った」という意味で捉えれば、この発言は間違っていない。しかし、そのような意味であれば「中央のエリート馬」も大半は北海道育ちである。だから、ここでの「田舎育ち」は、明らかに「地方競馬出身」という属性を指している。ここに、「地方＝田舎」というイメージに引きずられた典型例が示されているといえるだろう。

5―3　「努力が報われた時代の象徴」という語りと「神話」の定着

ハイセイコーは地方出身者＝田舎者であり、高度成長期という時代のアイコンである――このようなイメージが形成された後、さらにこのアイコンには、「努力や頑張りが報われた時代の象徴」という意味が付与された。こうした語りには、「現代では努力が報われなくなった」という現状否定の意味合いも、暗に含まれている。最初にあげるのは、「ハイセイコー自身の発言」というフィクションによって書かれた記事である。

あのハイセイコーフィーバーは、いったい何だったのかね。アイドル並みにブロマイドは売れるわ、増沢騎手が歌った『さらばハイセイコー』は大ヒットするわ、大騒動だったよな。「貧しい家の子が、エリートをやっつける」という夢を、だれもが見たがったのかもしれないな。いまじゃ、ダサいとか、クサイとかいわれるだろうが、一生懸命ガンバルことが正当に評価される最後の時代だったのかもしれん。(日高恒太朗「追跡ドキュメント「昭和」を撮る!③　ハイセイコー『がんばり続ける』庶民のヒーロー」『アサヒ芸能』一九九一年五月三〇日号)

ハイセイコーが庶民の希望を乗せてダービーを走った七三年は、高度経済成長から一転してオイルショックに見舞われた年だった。「あしたのジョー」も死んだ。翌七四年にはプロ野球で長嶋茂雄が引退し、七六年には「たたき上げ」の象徴だった田中角栄元首相が逮捕され、国民の九割が中流意識をもつ時代へと移っていく。ハイセイコーが走ったレースは、成り上がりの物語に人々が焦がれ、それがリアリティーを持った最後の瞬間だったのかもしれない。(編集部・石川雅彦「勝ちより負け、競馬三頭物語　三〇年前のブームならず」『AERA』二〇〇四年六月二一日号)

これらの記述において、ハイセイコーは、努力して夢をかなえる存在として描かれているのがわかる。かつて主流的であった「挫折する運命の象徴」とは、一八〇度異なる解釈が施されているのである。もっとも、挫折の象徴とみる解釈が九〇年代に全くみられないわけではない(長尾三郎「今語る秘話『戦後五〇年』第五回　ハイセイコー『大衆が夢重ねた〝怪物〟を生んだ「ある約束」』」『FRIDAY』一九九五年七月一四日号、前掲渡辺『最強の名馬たち』など)。だが、ハイセイコーの過去化=美化の流れの中にあって、このような解釈は次第に後景に退いていくことを免れえなかった。

こうして形成されていった「神話」は、ハイセイコーの死によって完成をみる。ハイセイコーは二〇〇〇年五月四日に三〇歳で死去したが、それを伝える『読売新聞』『朝日新聞』の報道は、以下のようであった。


地味な地方競馬から華やかな中央競馬に進出し、活躍を続けた「出世物語」が当時の人々の共感を呼んだ。(「さらば、ハイセイコー　ブームを巻き起こした昭和の出世馬、大往生」『朝日新聞』二〇〇〇年五月五日)

熱狂的ファンの中核を占めたのは、地方出身者だったと言われる。敗戦から立ち直り、世界の一流国にまで駆け上がる高度成長時代を支えたのが、地方から都会に出てきた働き手たちだった。

ハイセイコーの中央競馬入りが決まると、そのサクセスストーリーが地方出身者の夢とダブり、希望の象徴となった。優れた血統、馬体の持ち主で、中央競馬への転出が当初から予定されていたという事実も、「中央のエリートたちをなぎ倒す姿を見たい」という人々の願望の前に意味を失っていった。(高岡和弘「競馬界の功労馬『ハイセイコー』逝く　地方出身者の夢乗せて」『読売新聞』二〇〇〇年五月五日)

ここにおいて、「挫折の象徴」だったはずのハイセイコーが、はっきりと「希望の象徴」に転換して

大井競馬場に建てられているハイセイコー号の像（2018 年 2 月 24 日筆者撮影）

いるのがわかる。これは、「野武士が中央のエリート馬をけ散らす。可能性に満ちていた時代の夢は、毎朝、黙々と満員電車に揺られていたサラリーマンの希望そのものだった」（編集委員・中山尭「名馬の死」『朝日新聞』二〇〇〇年五月一六日西部版夕刊）とあるように、高度成長期という時代に対する認識の転換とも連動していた。高度成長期そのものが「可能性に満ちていた」古き良き時代として美化されるのに伴って、過去化され時代のアイコンとなったハイセイコーの評価もまた、同様に美化されるようになったのである。現役時代にハイセイコーファンの特徴として注目された「女・子ども」の存在は忘却され、もはや話題にのぼることがなくなっていた。

こうしたハイセイコーの「過去化」は、より具現化した形でも行われた。二〇〇〇年一二月に大井競馬場[13]、翌年三月に中山競馬場[14]、そして同年五月に生まれ故郷新冠町の道の駅・サラブレッドロード新冠前に[15]、それぞれハイセイコーの銅像が建てられたのである。言うまでもなく、これらは、ハイセイコーをめぐる物質的な「記憶の場」として機能するものである。

さらに、ハイセイコーの大井での最後のレースとなった重賞「東雲賞」は、ハイセイコーの死を受け、二〇〇一年の第三四回から「ハイセイコー記念」に改称された。これにより、大井競馬においては、一年に一度必ずハイセイコーが「想起」されることとなったわけである。「ハイセイコー記念」はまさにその名の通り、ノラのいう象徴的な「記憶の場」として機能するものであると言えよう。

こうした様々な「記憶の場」の設置も相まって、ハイセイコーをめぐる定説は完成したものといえる。「過去化」とともに成立した定説は神話と化し、もはや変形されることなく伝承されていくこととなる。その証拠に、ハイセイコー死去後の記事は、いずれもほぼ定説の焼き直しであると言ってよい。典型的なものをいくつか紹介しながら、ひとまずはハイセイコーの章の締めくくりとしよう。

地方競馬六連勝の実績で、競走馬エリートがひしめく中央競馬に鞍替えしたハイセイコーは競馬を超えた社会現象だった。「実力さえあれば、打って出られる」。怪物と呼ばれた馬の活躍に庶民は夢を重ね合わせた。(宇恵一郎「(ことばのファイル) ダービー　夢と共に時代映す若駒の祭典」『読売新聞』二〇〇三年五月三一日)

公営の大井競馬でデビューするや六連勝で中央に移籍、弥生賞、スプリングS、皐月賞、NHK杯を総ナメにしたハイセイコーは、まさに時代のヒーローだった。

地方競馬からのし上がり、中央のエリート馬を負かす怪物の姿に、庶民たちは自らの夢を託した。（「昭和・平成　宿命づけられたあの名勝負の裏真実！　昭和四八年五月二七日　第四〇回日本ダービー」『週刊実話』二〇〇七年七月二六日号）

「怪物君」、「野武士」などという愛称で親しまれたハイセイコーの、爆発的な人気はその時代あってこそ、というべきだろう。先にあげた集団就職で各地から上京した若者が、ハイセイコーの姿に自分を重ねて熱を上げたのである。（斎藤修監修『地方競馬の黄金時代』戎光祥出版、二〇〇九年、二〇頁）

ハイセイコーが活躍したとき、首相の田中角栄は、小学校卒ということもあり「今太閤」と呼ばれた。高度経済成長と列島改造の波にのって、都市部には高層ビルが、郊外では田畑がつぶされアパートが建つ。賃金も増えた。上昇志向が世を染めた。血統に恵まれぬうえ公営出身、距離に不安のあったハイセイコーが連覇していたのは、まさにこんな時代だった。（増田晶文「叫んだ！　泣いた！　競馬激闘譜　一九七三年日本ダービー　ハイセイコー敗れたり」『週刊ポスト』二〇一三年一二月六日号）

13　ハイセイコー号の銅像の銘には「特別区競馬組合 管理者 中央区長 矢田美英 平成一二年一二月筆」とあるので、二〇〇〇年一二月に建立されたことがわかる。
14　「千葉・中山競馬場に名馬ハイセイコーのブロンズ像が完成」『読売新聞』二〇〇一年三月五日。
15　「栄誉を讃えて」という銘に「二〇〇一年五月」とあるのが確認できる。

第三章　バブルの狂騒と翻弄
――「酷使される馬」オグリキャップ

ハイセイコーの引退から数年が経ち、一九八〇年代に入るとギャンブルブームは沈静化。第一章でもみたように、この時期になると公営ギャンブルの「底冷え」がしばしば指摘されるようになり、廃止論まで登場するようになった。

競馬自体の魅力が減退した、といったことではなかろう。この時期、中央競馬では二年連続で三冠馬(三歳牡馬クラシックの皐月賞・日本ダービー・菊花賞を制覇)が誕生している。一九八三年のミスターシービー、そして一九八四年のシンボリルドルフである。前者は後方からの追い込みという派手なレースぶりもあって人気を博したし、後者はその名から「皇帝」と称され、その圧倒的な強さと安定感で一九八〇年代半ばの日本競馬を席捲した。

一方で、一九七〇年代までの「競馬の語り部」の象徴であった寺山修司が、一九八三年五月四日に四七歳の若さで死去している(寺山はミスターシービーのファンでもあった。同馬が日本ダービーを制覇するのは、寺山の死の二五日後である)。こうした事情も相まって、競馬に物語を読み込むような風潮は、一見すると廃れたかにみえた。事実、一九八八年六月の記事には、「地方出身の雑草が中央のエリートを破る。誰もがその夢を見たがった」と、すでに「過去化」されたハイセイコーを回顧しつつ、「本物のヒーローをめぐって、人と金が動いた。あれから一五年。時代はヒーロー不在。それどころか、アイドルはともかく、ヒーローを待望すらしていないように思える。もうハイセイコーは出ないのだろうか」(『夢』を駆け抜けた時代のヒーローたち　ハイセイコー　敗れてもヒーロー」『Number』一九八八年六月五日号)と、同時代の競馬における「ヒーロー不在」を嘆くような言説がみられる。

しかし、この記事が世に出たまさにその日、東京競馬場ではオグリキャップがニュージーランドトロフィー四歳ステークス(GⅡ、芝一六〇〇m)で七馬身差の圧勝を遂げていた。オグリキャップは、この勝利で中央入りしてからは無敗の四戦四勝。以後、二年後の有馬記念における「大団円」へ向かって、オグリキャップ・フィーバーは、ハイセイコーに勝るとも劣らないほどにその熱を増していったのである。

1　オグリキャップとはどんな馬だったか

1―1　正真正銘「雑草」としてのオグリキャップ

オグリキャップは一九八五年三月二七日、北海道日高郡ひだか町三石（当時は三石郡三石町）の稲葉牧場にて誕生した[1]。父はダンシングキャップ、母はホワイトナルビー。父の産駒は主にダートのマイラーで、地方競馬で細く長く活躍をするものが多かったといわれる。当初の馬主であった小栗孝一（一九二九―二〇一五）が、自身の持ち馬であった母にダンシングキャップを種付けして誕生したのが、オグリキャップである。当時、小栗は地方競馬の馬主資格だけを所持しており、地元の笠松でそれこそ細く長く活躍できるような馬になることを期待して、このような生産をしたのだという。小栗は「オグリ」を持ち馬の冠名としており、その冠名に父名の一部「キャップ」を合わせたのが、同馬の名の由来である。適当に名付けたと言ったら失礼かもしれないが、さほど大きな期待をかけていたわけでもないことは、想像に難くない。こうした経緯をみると、いずれは中央入りすることが既定路線となっていたハイセイコーとは、かなり事情が異なっていたことがわかる。

一九八七年五月、予定通りに岐阜の笠松競馬場でデビューしたオグリキャップは、初戦から四戦目まで二・一・一・二着の成績のあと、八月から翌年の一月まで二つの重賞を含む破竹の八連勝を遂げる。

笠松競馬場の入場門（2015 年 9 月 22 日筆者撮影）

これに目を付けたのが、オグリキャップの中央での最初の馬主となる佐橋五十雄である。佐橋は、オグリキャップをぜひ譲ってほしいと懇願し、二〇〇〇万円での売却を提案した。「東海ダービーを目標に」と考えていた小栗や調教師の鷲見昌勇は、中央入りなど微塵も考えておらず、当初はこの提案に対し相当に渋ったようである。[2]だが、最終的に売却に応じ、オグリキャップは中央競馬への移籍を果たすこととなる。

栗東トレセンの瀬戸口勉（一九三六―二〇一七）厩舎所属となったオグリキャップは、中央入り初戦となった一九八八年三月六日のペガサスステークス（GⅢ、阪神芝一六〇〇m）を勝利すると、毎日杯（GⅢ、阪神芝二〇〇〇m）・京都四歳特別（GⅢ、京都芝二〇〇〇m）・ニュージーランドトロフィー四歳ステークス・古馬との初対戦となった高松宮杯（GⅡ、中京芝二〇〇〇m）・毎日王冠（GⅡ、東京芝一八〇〇m）と、重賞六連勝の大活躍を見せる。この連勝記録はしかし、実はオグリキャップ陣営にとっては、「やむなく」の選択ゆえに成し遂げられたことでもあった。すなわち、当時四歳（現三歳）のオグリキャップは、通常ならクラシック戦線に進むべきところ、事前登録がなかったためにクラシックレースには一切出走できないという状況にあったからだ。これは、三歳（現二歳）時の馬主であった小栗が中央競馬の馬主資格を持っておらず、中央競馬のクラシックレース登録などするはずもなかったという事情ゆえのことであった。[3]

ここまでのオグリキャップについてまとめてみよう。一言でいうと、オグリキャップはハイセイコーと異なり、正真正銘の「雑草」と呼ぶにふさわしい来歴の持ち主であったことがわかる。特に、競馬に関する話題を普段あまり載せないような雑誌においては、しばしば正確さを欠いた表現を伴ってこのことが紹介されていた。

> エリートの子馬たちが集まる中央競馬会からは見向きもされず、三歳になった'87年5月、デビューしたのは中央に比べるとレベルが低く、賞金も安い岐阜県の笠松競馬場。
> 中央で華やかにデビューする三歳馬を花にたとえるなら、オグリは、生まれも育ちもいわば道端の雑草のようなものだったのだ。（「ドキュメントＥＹＥ　オグリ！　やめないでーッ　アイドル真っ青の大歓声！」『週刊明星』一九九一年二月一四日号）

サラブレッドの仔馬は三千万円くらいで売買されるのが普通であるのに、オグリキャップは五〇〇万円で、岐阜県笠松競馬に買われていった。いわば草競馬である。（和田努「名馬ストーリー　オグリキャップの蹄跡」『アビタン』一九九一年四月号）

たとえば前者の資料、「中央競馬会からは見向きもされず」という記述は、誤解を招きかねない内容だ。ある馬が中央所属となるかどうかは資格を持つ馬主の登録次第であり、正当な手続きさえ踏めばＪＲＡが登録を拒否することはない。すでに述べたように、オグリキャップが笠松競馬所属となったのは、馬主が地方競馬の馬主資格しか持っていなかったからであり、決してＪＲＡが見向きもしなかったというわけではない。

また、後者の資料、「草競馬」という表現は、相当にミスリーディングである。草競馬というのは、アマチュアによる競馬のことを指す言葉だからだ。笠松競馬の関係者はれっきとしたプロであり、このような表現は全く不当であるといってもいい。さらに、「岐阜県笠松競馬に買われていった」という表

1　以降、本節におけるオグリキャップの経歴については、渡瀬夏彦『銀の夢――オグリキャップに賭けた人々』（講談社、一九九二年）を大いに参考にしている。
2　「東海ダービー」は、一九七一年に東海地区限定の四歳（現三歳）限定レースとして創設されたレース。東海地区の世代ナンバーワンを決めるレースといってよい。オグリキャップの現役時はまだ東海地区限定レースであったが、現在は全国交流競走となっている。
3　なお、現在ではレースの一四日前までに追加登録料（二〇〇万円）を支払えば三歳クラシックレースへの登録・出走は可能である（http://jra.jp/company/about/financial/etc/01/）。二〇二〇年一月二九日最終確認。

現も、競走馬の所有権について明らかに誤った認識である（「ドナドナ」のようなイメージでも想定して書かれたのだろうか）。

だが、ここから読みとるべきことは、そうした表現が流通してしまうほどに、オグリキャップの「雑草性」が目を惹いたという点である。その「雑草性」が、オグリキャップの魅力の一つとして説明されていたことも、重要だ。そのことは、「実力がありながら、一生に一度の晴れ舞台に出られない寂しさ。クラシック登録がなかったことが、同情を誘い、オグリキャップの人気の一因になったともいえる」（有吉正徳・栗原純一『二一三三日間のオグリキャップ』ミデアム出版社、一九九一年、一九頁）[4]とあるように、先にみた重賞六連勝という快挙の背景に、こうした「雑草」ゆえの不遇さという要素が見え隠れしていた点にも、確認することができる。

1―2　オグリキャップ・フィーバー

重賞六連勝後のオグリキャップについて、さらに戦績を振り返ってみよう。初のGⅠ挑戦となった天皇賞・秋（東京芝二〇〇〇m）はタマモクロスの二着、続く国際GⅠのジャパンカップ（東京芝二四〇〇m）はアメリカのペイザバトラーとタマモクロスの後塵を拝しての三着。ここまで中央での主戦を務めていた河内洋（現調教師）から、岡部幸雄に乗り替わって臨んだ有馬記念（中山芝二五〇〇m）では、引退レースとなるタマモクロスを退けて見事一着、初GⅠの称号を手にした。ここまでの戦績はもちろん優秀なのだが、それほどのドラマ性は備えていない「並の強い馬」である。

　問題は、五歳（現四歳）を迎えて以降のオグリキャップである。それから二年間のオグリキャップをめぐっては、良くも悪くも波乱の連続であった。まず、一九八九年になって、中央での馬主であった佐橋が脱税容疑をかけられ、馬主資格を失う可能性が浮上。これを受け、当時三億円とも言われた額で、近藤俊典へと売却された。しかもこの契約は、オグリキャップ引退後に所有権を佐橋に戻すという条件つきのものであったため、実質的にはリースないし名義貸しというべきものであった。こうしたオグリキャップをめぐる「カネ」の問題は、バブル景気という社会状況との絡みで、これ以降もしばしば指摘されることとなる。

　こうしたトレード劇が一段落したのも束の間、オグリキャップの脚に故障が発生し、春シーズンは全休ということになる。復帰初戦は、前年の有馬記念から九カ月近く経った一九八九年九月一七日のオールカマー（GⅡ、中山芝二二〇〇ｍ）である。このレースを快勝したオグリキャップだが、その後のローテーションが異常だった。一〇月から一二月までの間に、毎日王冠・天皇賞（秋）・マイルチャンピオンシップ（GⅠ、京都芝一六〇〇ｍ）・ジャパンカップ・有馬記念の五レースを消化したのである。秋のGⅠレースに出走する馬は二・三レース、多くても四レースというのが標準である。ところがオグリキャップは六レースに出走、あまつさえマイルチャンピオンシップとジャパンカップは連闘（二週連続

4　同書の執筆当時、有吉は当時中日スポーツ新聞、栗原はサンケイスポーツ新聞に所属。

でレースに出走すること）である。今となってはこのことも「オグリキャップ伝説」の一幕を飾る名場面となっているが、当時は「酷使」「虐待」とまで言われるほどの非難を集めた。しかも、出走した四レースのGⅠレースのうち、勝利したのはマイルチャンピオンシップのみである。オグリキャップの食欲が旺盛過ぎて調教代わりにレースに出さないと太る、といった事情があったにせよ、客観的な実績という点では少々物足りないシーズンであったといえよう。この、オグリキャップへの「酷使される哀れな馬」というイメージは、翌年の秋になってさらに強化されることとなる。

翌一九九〇年、約半年ぶりの出走となった安田記念（GⅠ、東京芝一六〇〇m）を圧勝したオグリキャップは、一か月後の宝塚記念（GⅠ、阪神芝二二〇〇m）へと駒を進める。だが、圧倒的人気を集めたこのレースで二着に敗れると、四か月後の天皇賞（秋）で六着、さらにその一か月後のジャパンカップで一一着と、大敗を喫してしまう。あとで詳しくみるが、このころの世間では、「オグリキャップを引退させるべき」という声が大勢を占めていた。オグリキャップに付きまとう「カネ」の話題や、前年秋に形成された「酷使される馬」イメージが、この傾向に拍車をかけていた。しかし、もしここで陣営が引退を決断していたら、オグリキャップは恐らく伝説的存在にまではならずに終わっていただろう。

オグリキャップが後世にまで語り継がれる名馬としてのポジションを不動のものとしたのは、さんざんに批判を浴びながら出走した引退レースの有馬記念（一九九〇年一二月二三日）で、まさに劇的ともいえる復活の勝利をあげたことにあると言ってよい。このレースでは安田記念以来二度目となる武豊が手綱をとっていたが、若い気鋭の武豊自身に対する「ギャル」からの人気も相まって、よりこの勝利を華々

引退レースの有馬記念で「劇的勝利」を挙げたオグリキャップ
(『Gallop 臨時増刊　週刊 100 名馬 vol. 1　オグリキャップ』産業経済新聞社、2000年、9頁)

しいものとしていた。レース後の各種メディアでの取り扱いは、レース前とは打って変わって(手のひらを返して、といってもいい)、夢、感動、感謝の嵐である。

「公営の星オグリ、夢ありがとう　雑草の底力、有終のV」(『朝日新聞』一九九〇年一二月二四日)
「オグリ&ユタカで怪物復活　ファンに最後の夢」(『読売新聞』一九九〇年一二月二四日)
「怪物のラストランに一八万人が『感動』『オグリ』ボクたちは君のことを忘れはしない」(『FRIDAY』一九九一年一月一八日号)
「ウマ年の有終の美　オグリキャップ有馬記念Vで引退」(『毎日グラフ』一九

九一年一月二〇日号)

オグリキャップの通算成績は、三二戦二二勝(うち笠松で一二戦一〇勝)、GIは四勝。この実績は優秀ではあるが、GI七勝を挙げたシンボリルドルフやテイエムオペラオー、ディープインパクト、ジェンティルドンナ、キタサンブラックなどと比べて、圧倒的なものであるとは言い難い。しかし、オグリキャップはいわゆる「記録より記憶に残る馬」のタイプであり、そのスター性を評価されてか、引退の翌年にはJRAの顕彰馬として早々に殿堂入りしている。[5]

2 「酷使される馬」としてのオグリキャップ

2―1 オグリキャップにまとわりつく「カネ」「酷使」「過労死」

中央競馬でのオグリキャップの現役期間は、昭和から平成をまたぐ一九八八年から一九九〇年。いわゆるバブル時代のど真ん中である。第一章でみたように、この時期は八〇年代前半の不振から一転して、公営ギャンブルの人気・売り上げが再上昇していた時期でもあった。オグリキャップブームの大前提として、好景気によるギャンブル人気の上昇という単純な事実があったことを、まずは確認しておきたい。

決して、オグリキャップが単独で競馬ブームを作り上げたというわけではないのである。

そのオグリキャップだが、スポーツライターの阿部珠樹（一九五七―二〇一五）が指摘するように（『週刊100名馬 vol. 1　オグリキャップ』産業経済新聞社、二〇〇〇年）、四歳（現三歳）時にはそれほど大きな社会的な注目を集めていたわけではない。全国紙や週刊誌の見出しを調べてみても、どのレースに出走したか、勝ち負けはどうであったかなど、事実に関する報道の一環として登場してくるに過ぎないものがほとんどである。[6]この点も、やはりハイセイコーのケースとは事情が異なっていたことがわかる。前章でみたように、マスメディアによる意図的なブーム化の効果もあり、ハイセイコーは中央入り初戦の段階で、すでに相当な社会的関心を集めていた。オグリキャップの場合は、重賞六連勝や有馬記念制覇といった実績を挙げても、まだブームと呼ばれるほどの段階には達していなかったのである。

五歳（現四歳）歳秋以降、オグリキャップに関する「語り」が徐々に登場するようになってくる。ただ、正確に言えば、それらはオグリキャップ自身に関する語りというよりは、オグリキャップを取り巻く人

5　JRAのHP(http://www.jra.go.jp/gallery/dendo/horse21.html)を参照。オグリキャップに付けられたキャプションは「スーパー・スター」である（二〇二〇年一月二九日最終確認）。

6　一九八八年に限定して「オグリキャップ」で検索をかけると、『朝日新聞』の検索で三件、『読売新聞』の検索で一四件、大宅壮一文庫の検索で三件（『週刊朝日』『アサヒ芸能』『週刊ポスト』に各一件）を数えるくらいである。『読売新聞』は若干多いが、「有馬記念ファン投票馬決まる」「第三三回有馬記念の枠順決まる」といった事実報道の類の記事がほとんどである。

間たちに関する語りというべきである。しかもその内容に、ほとんど好意的なものを見つけることができない。特に、ラストランの有馬記念直前には、オグリキャップの関係者、特に馬主に対する非難の嵐といってもいいような状況が現出していた。

まず、オグリキャップ五歳（現四歳）時の秋、すなわち一九八九年の一一月には、次のような記事が『週刊朝日』に掲載されている（「酷使に耐える最強馬オグリキャップ　馬主転々！　ロマンの陰の賞金勘定」『週刊朝日』一九八九年一一月一七日号、太字強調原文）。これは、先に見たＧⅠレース連闘を含む過酷なローテーションをめぐるものである。

この常識外れのローテーションについて、競馬評論家の大川慶次郎さんは、

「先日、瀬戸口勉調教師に会ったら、困惑してました。ぼくもこんな使い方には絶対に反対」

と、強い調子で話す。競馬関係者の間では、高額のトレードマネーを回収するための酷使ではないか、との見方も出ている。

オグリキャップは昨年暮れの有馬記念を勝った後、前のオーナーが脱税で馬主資格を失ったため、現在の近藤俊典オーナーに、一年限りの約束でトレードされた。譲渡価格は三億円とされ、当時、その超高値ぶりが話題になった。

ところがその後、脚部不安で長期休養、春シーズンは一回もレースに出られなかった。復帰後の三戦で稼いだ賞金は、約一億三千八百万円。その八割が馬主の取り分だが、まだ**トレードマネーの三分**

の一強にしかならない計算だ。この後三戦すべてを勝てば、さらに約二億八千万円がはいることになるが、近藤さんは、

「おカネうんぬんじゃない」

と、賞金獲得のための酷使という見方を否定する。

オグリキャップが秋シーズン六戦という異常なローテーションで走っているのは、馬主が自身のカネ稼ぎのために馬を酷使していることのあらわれではないか、という内容である。しかもそこには、脱税疑惑による馬主の変更という、やはりカネがらみのグレーなバックグラウンドがある。マネーゲームや財テクといった言葉が流行していたバブル期のこと、こうした点に社会的な目が向けられたのも、無理からぬことであったと推察される。

このように、五歳（現四歳）秋から翌年の有馬記念直前までのオグリキャップは、人間の強欲のために走らされている哀れな馬というイメージで、ほぼ塗り固められている。たとえば、ハイセイコーの現役当時に『ダービーニュース』の編集長であった伊藤友康は、「過去化」されたハイセイコーとの対比で、「あれ（オグリキャップ：引用者注）は違う。馬をリースして馬主を変えてみたり、やめるのやめないのと騒いだり。なんか、お金のためだけに走ってるようで、夢がないよ。ハイセイコーは夢をふりまいてくれた国民的アイドルだったもの」と述べている（「バック・トゥ・ザ昭和　第三回　ハイセイコー敗れる」『週刊ポスト』一九九〇年四月一三日号）。ここで、ハイセイコーとオグリキャップが明確に違う存在とし

て位置づけられていることは、非常に興味深い。
こうしたイメージがあったせいで、六歳（現五歳）の秋、惨敗続きの中でもなかなか引退に踏み切らなかった陣営の判断を、やはり「カネのために酷使しているからだ」とみるのが、世論の一致した見解であった。中には、これまた当時社会問題化していた「過労死」という言葉を持ち出して、批判を展開するものもあった。以下に挙げる記事のタイトルとリード文には、この時期のオグリキャップに対する社会的視線が端的にあらわれている。

三人のオーナーと五人の騎手に仕え、終始変わらないのは酷使につぐ酷使だけとは、いくら何でも可哀想ではないか。おまけに、あと二回走った後に待ち受けるのが、レースにもまして過酷な種つけ生活——。こんな調子では、また英国の大衆紙に噛みつかれますぞ。（「引退後もタネ馬で酷使　オグリキャップを過労死させるな」『週刊文春』一九九〇年一一月二九日号）

調子もローテーションも考えずにひたすら金稼ぎのために走らされた名馬の悲劇（「一七万人の『大歓声』がゴール前で『悲鳴』に　怪物オグリキャップを『タダの馬』にしたのは誰だ！」『FRIDAY』一九九〇年一二月一四日号）

華やかな係累もなく、地方から上京し、持ち前のパワーで超メジャーに駆けのぼったオグリキャップ。獲得賞金八億円。あと少しで世界NO．1ホースになるその怪物が、有馬記念を目指して再始動した。「もう引退させて」「ヒーローには静かな余生を」という大合唱に背を向けるかのように――。（「燃え尽きた？　怪物オグリキャップ　それでも有馬記念に賭けるオーナーの成算」『週刊読売』一九九〇年一二月一六日号）

いまあげたそれぞれの記事では、さまざまな立場からの陣営に対する批判・非難が載せられている。『週刊文春』の記事では、オグリキャップを生産した稲葉牧場の経営者である稲葉裕治の話として、「久し振りに会ったオグリは、レース前からとても疲れて見えた。レース後に馬主の近藤さんは、『一カ月後のジャパンカップで巻き返す』と意欲満々だったけれど、六歳になってピークを過ぎたオグリを、これ以上走らせるなんて可哀相ですよ。もう休ませてやりたい……」との談話を掲載し、別の牧場主の「今の馬主は、前馬主から何億ものカネで買ったものだから、元を取ろうとして酷使し過ぎる。われわれ牧場主仲間は、あんな使い方をされたらいくら丈夫な馬だってつぶれてしまう、と怒ってるよ」との声も載せている。

また『FRIDAY』の記事では、「約三億円ともいわれる契約料を払っているオーナーはあせったんでしょう。秋シーズンになって通常は四戦がいいところを六戦もオグリに課す、無謀なローテーションを組んできた。これを制止できなかった調教師や傍観していた中央競馬会の態度も問題ですよ」と競馬評論家が意見し、『週刊読売』の記事では大川慶次郎が「有馬記念を使うというのは、動物虐待といわれても仕方ないです」「オグリキャップのイメージを大事にして、即座に引退させるべきです」と語っている。

さらに、『週刊文春』は有馬記念直前の号で、オグリキャップ自身の声の代弁という体裁で、「もういい加減にしてほしい。十二月二十三日の有馬記念で、もうひと走りしろと言うんだから、ほんとに過労死でもしたらどうしてくれるんだい！」と書いている（「オピニオンワイド・こいつだけは許せない！　素人馬主はもうヤだ　オグリキャップ（中央競馬会競走馬）」『週刊文春』一九九〇年一二月二七日号）。

これらをみると、いかに当時のオグリキャップが「カネのために酷使される哀れな馬」とみられていたかが、よくわかるだろう。世間の風潮がこんな調子であるから、有馬記念でのオグリキャップの勝利を期待する向きは少なかった。実際、出走した大半のレースで単勝一番人気を集めていたオグリキャップは、有馬記念では単勝五・五倍の四番人気（勝負を度外視して「引退レースの記念に」くらいの気持ちで買っていたファンは少なくないだろう）。競馬新聞での評価も、きわめて低いものとなっていた。

だが、「感動」というものは、それが予想外の結果であればあるほど、その大きさを増すものだ。レース前に「どうせ勝つはずがない」とこれだけ強く思われていたからこそ、有馬記念での勝利が「奇跡」「劇的な復活」といった意味を帯びることとなったのである。

このような「大団円」を迎えたことは、確かにオグリキャップにとっては幸運であったといえよう。これがフィクションであったなら「できすぎた話」で終わるのだが、現実に起こったことであるだけに、より一層「伝説」と化していく。実際、オグリキャップに関しては、現役時代よりもむしろその引退後

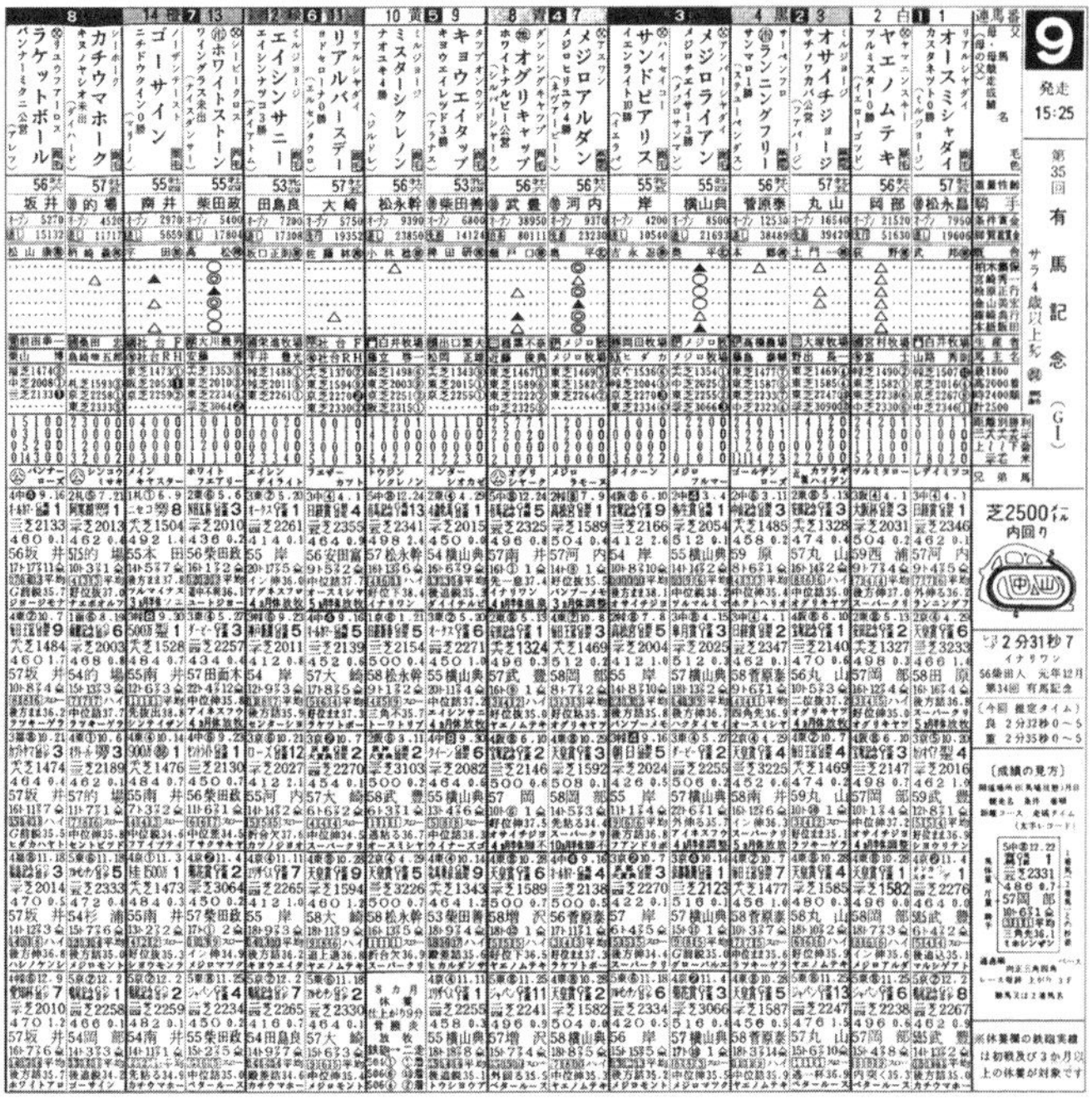

第35回有馬記念の競馬予想紙『日刊競馬』紙面。オグリキャップにはほとんど印がついていなかったことが確認できる。
（東邦出版編『いま、再びオグリキャップ』東方出版、2005年、218頁より転載）

に、より多くの「語り」が生み出されていくこととなるのである。

2―2 「酷使」がアイドル性へと結びつく

では、オグリキャップの人気の秘密はどのように説明されたのか。

引退から間もない時期の「語り」は、やはり「酷使」と関連させたものが目立つ。たとえば、作家の古山高麗雄（一九二〇―二〇〇二）は、オグリキャップが「酷使」されたことが、その人気を加熱させた要因の一つであるとして、次のように解釈している（古山高麗雄「オグリキャップに見る『競馬ヒーロー論』」『プレジデント』一九九一年二月号）。

強い馬が無理使いでつぶされかけている、というところも人気を集めているのかも知れない。大衆は、逆境に耐え、そこから脱け出す奮闘の話も好むし、逆境に圧し潰される気の毒な話も好む。おしんも好むし、唐人お吉も好む。競走馬も、強い馬なら酷使に耐えても、そのためにつぶれても、好かれる。馬の場合は、強い馬でなければいけない。クズ馬では、ソーセージ用に売りとばされても関心を呼ばない。強い馬なら、シンボリルドルフのように終始順調に頂点を進み続けた名馬より、オグリキャップのように、人間という悪役がいて、酷使という逆境のある馬の方が好まれるというわけかも知れない。

ここで古山は、「逆境」を人気のポイントとして指摘し、そうした物語は日本で大衆受けしやすいという一般論的観点から、オグリキャップの人気を説明している。確かに、AKB48全盛期に「逆境こそがチャンスだぜぃ」(『ピンキージョーンズ』二〇一〇年)と歌ったももいろクローバー(現、ももいろクローバーZ)がその後スターダムへと駆け上がっていったように、劣位からの巻き返しというストーリーは「頑張れ」「負けないで」といった「応援してあげたい!」という欲を喚起しつつ、ファンを惹きつけやすいものがある。圧倒的な強さは崇拝や憧れのような感情につながっていくのに対し、山あり谷ありの物語は同情や親近感という感情に接続しやすいからである。

同じような意見は、それこそ当時のアイドルたちの口からも語られている。たとえば、森口博子は『週刊明星』の記事において、「オグちゃんは、アイドルにたとえると、最初から周囲に期待されて、事務所の一押しでスタートするというんじゃなくて、逆境のなかで、ひとつずつ障害を乗り越えて、押しも押されもせぬスターの座を射止めたって感じですね。だからこそ感動させられるし、そこがまたオグちゃんの一番の魅力なんです」と語っている(前掲「ドキュメントEYE　オグリ!　やめないでーッ　アイドル真っ青の大歓声!」)。森口は、正統派アイドルの方向では芽が出ず、バラエティーアイドル(バラドル)という新興ジャンルで脚光を浴びるようになった人物である。ここでのオグリキャップに対するイメージには、森口自身の来歴が投影されているようにも見て取れる。

また、一九九五年に武豊と結婚することとなる佐野量子も、同記事において「オグリキャップは、人から強いと言われても、勝てずに苦しんだときもありました。私は、ただ順調に挫折を知らずに勝つことよりも、苦労に苦労を重ねての勝利のほうが素晴らしいと思います。オグリキャップのそんなところが私は好きです」と、森口と同様にオグリキャップの魅力を語っていた[7]。

メディア研究者の太田省一は、著書『アイドル進化論』（筑摩書房、二〇一一年）で、「つい結果だけを見てしまいがちな私たちに、その時々の〈過程〉において、ひたむきで純粋な姿を見せてくれる存在、それがアイドルなのである」と指摘する（二二頁）。この指摘は人間のアイドルについてのものだが、いまみたようなオグリキャップに関する「語り」にも、そっくり当てはまる。オグリキャップをめぐるこうした言説からは、もともと批判の対象でしかなかった「酷使」が、有馬記念での「大団円」によって評価を一転させ、むしろ魅力の一部として捉えられるようになったことがはっきりとわかるのである。

2―3　バブルのテーゼかつアンチテーゼ

「酷使」には、いまみたようなアイドル性への接続だけでなく、また別の意味付与もなされるようになった。それは、「酷使」に耐えて頑張ったというイメージを、バブル期という時代背景に結び付けて解釈するものである。ただし、これは少々ややこしい要素を含み持っている。というのも、ある面でオグリキャップはバブル期の象徴として扱われ、別の面ではバブル期へのアンチテーゼとして扱われるという、アンビバレンスを抱えていたからである。

前者の面からみていくことにしよう。たとえば、当時ミサワホームの常務取締役で投資コンサルタント会社のミサワファイナンシャルプランナー社長を兼務していたという佐藤正和は、自身の財テク講演会などで必ずオグリキャップを話題にしたという（内藤国夫＋本誌取材班「平成リッチマンへの道⑨　オグリキャップ的生き方こそサラリーマンの模範だ！」『週刊テーミス』一九九一年三月六日号）。その理由は、「サラリーマンにとって参考にすべき教訓がいっぱい含まれている」というものであり、「ケガをし、酷使に耐えぬいたところなど、サラリーマン泣かせであります」と話す。記事タイトルにもあるように、ここでオグリキャップはサラリーマンの鑑《かがみ》として捉えられている。時あたかも、黄色と黒の栄養ドリンクが「二四時間、戦えますか」とのキャッチコピーを展開していたころであり、そうした時代のプラスの象徴としてオグリキャップを意味づける見方があった。

一方で、これとは正反対に、オグリキャップをバブル期へのアンチテーゼとして解釈する「語り」も登場する。たとえば、引退からまだ間もない時期に、競馬評論家の井崎脩五郎は、オグリキャップを「岐阜の出張所で仕事ができると認められた男が、本社に抜擢されたのはいいけど、連日残業を申しつけられて、馬車馬のように働かされたようなもの」とサラリーマンの姿にたとえ、「あれでよく過労死しなかったなあ、という感じだよね」との感想を吐露している。そのうえで、オグリキャップの人気の理由を次のように語っている（前掲「ドキュメントEYE　オグリ！　やめないでーッ　アイドル真っ青の大歓声！」）。

7　この記事では、武豊と佐野量子が熱愛中とのうわさがあるという話にも触れ、ツーショット写真も載せている。ただし、このとき武豊は「あくまで友だち」というスタンスを示しており、弱冠二一歳にして既にそつのない大人の対応を見せているところがなかなか興味深い。

サラブレッドというのは、実はとても神経質な生き物で、ちょっとしたことで、やる気をなくしたりしてしまう。でも、あのオグリは体育会系の馬とでもいうか、やれと言われれば文句ひとつ言わず、「へっちゃらだよ」という感じで、いつも全力を尽くしてしまう。本当に珍しいタイプの馬。ただ、今の時代って、一生懸命働くことがばかにされるようなところがあるでしょ。つまり、正直者がバカをみる時代なわけで、そういう時代にあって、オグリの活躍には、胸のすく思いのした人が多いと思う。オグリの人気には、そうした擬人化という要素も、大きかったんじゃないのかな。

ここで井崎は、「今の時代」つまりバブル期を、「正直者がバカをみる時代」と捉えている。これは、マネーゲームや財テクによって、真っ当な労働に対する報酬をはるかに凌駕するような富を獲得できてしまうような、バブル期の成金たちを批判的にみたものだといってよい（ただ、濡れ手で粟を夢見るギャンブラーがこんなことを言っても、説得力的にどうかとは思うが）。つまり、そうした拝金主義的な社会風潮に対するアンチテーゼとしてオグリキャップは人気を集めたのではないか、というのが井崎の解釈なのである。

こうした解釈は、オグリキャップの引退から一〇年近く経過した時期以降になっても、発見することができる。たとえば、スポーツライターの阿部珠樹は、二〇〇〇年と二〇〇六年に執筆した二つの記事で、時代のアンチテーゼとしてオグリキャップを描いている。

（引用者注：一九八九年の）有馬記念の四日後、東京証券取引所の大納会で、株価は史上最高値を記録した。バブル経済は熟れきって、破裂寸前だった。株や土地に金が踊り、人が踊った。高級車やブランド品が飛ぶように売れる一方で、そうした祭りの輪の中で、大きなむなしさを抱え込んでいる人も少なくなかった。そんな人たちの胸に、オグリキャップのひたむきなレースぶりはまっすぐに響いた。シニカルにいえば、オグリキャップとその陣営も、富と名声を求めてひたすら奮闘していたといえる。だが、マイルCSからジャパンC、有馬記念にかけてのオグリキャップの奮闘は、そうした利害を超えた特別なものに思われた。（前掲『週刊100名馬 vol.1　オグリキャップ』一〇頁）

オグリキャップは、マイルチャンピオンシップの前までは、力はあるが荒っぽい、野武士的強豪と見られていた。決してハイセイコーのようなアイドルホースではなかった。

だが、マイルチャンピオンシップとジャパンカップで、競馬史に残る激戦をくりひろげたことで、評価は変わった。公営出身の野武士などではなく、どんなときにも力を最後まで振り絞る誠実な名馬、一所懸命なアイドルホースというイメージで受け止められるようになった。それは、土地成金や株成金が自らの手を汚さずに巨万の富を得たり、多くの人が本業を忘れて財テクに走る時代への、ひとつの批評になりえていた。こんな誠実さがいまの時代にもあるのだということを、人々はオグリキャップから感じ取っていたのだ。（阿部珠樹「サラブレッド・ヒーロー列伝五七　オグリキャップ　時代の寵児」『優駿』二〇〇六年二月号）

オグリキャップに対する評価の二面性。これはいったい、どう考えたらいいのであろうか。その手がかりは、いまあげた『週刊100名馬』の記述にある。同書の三四頁には、次のように書かれていた(執筆者は不明)。

厳しいローテーションを課せられた五歳秋。その懸命に走り続ける姿に、サラリーマンは自分自身を重ね、同情にも似た声援を送った。奇しくもこの年の人気CMのフレーズに「二四時間戦えますか」、そして流行語に「過労死」というのがあったが、企業戦士にとってのオグリはまさにこんな時代を象徴するヒーローであり、自分自身を叱咤激励するカンフル剤だったのかもしれない。

また、遥か鉄火場のギャンブルとかけ離れ、愛らしい白い馬体、優雅に走る美しい姿に魅せられた女性ファンや学生たちにとってのオグリは、ロマンを体現するアイドルであり、恋人にも近い存在だったのだろう。

ここから推測できる可能性は、ファン層の違いによって、オグリキャップへの意味付与のあり方が異なっていたのではないか、ということだ。これは、ある意味で当然のことであろう。フィクションであれば時代の空気を取り入れた物語を意図的に作ることは可能だが、競馬の世界においていつ、どのような馬が登場し、どのようなレースを繰り広げるかなどは、本来は時代背景とは全く関連性のないことだからである。しかし、序章でも述べたように、こんなことを書いて鬼の首を取ったような気になるつもりはない。私の関心は、たとえこじつけであったとしても説得力をもつ「語り」の、その説得力が何に由来するものなのか、という点にある。

こうした観点から、直近の引用の後段部分を読み直すと、「女性ファンや学生たち」という箇所に、何か引っかかりを覚えないだろうか。そう、これは、ハイセイコーの人気が「女・子ども」に支えられていたということと、きわめて相似しているのである。事実、オグリキャップのブームは女性ファンの多さによって支えられていた面があることは、否定できない。そこで、次節ではオグリキャップ人気をめぐる女性ファン、すなわち「オグリギャル」の表象について掘り下げることとしたい。

3 「オグリギャル」の表象

3―1 「オグリギャル」登場のプレリュード

オグリキャップの現役当時、競馬場に足を運ぶ女性が目立って増えたのは確かである。私自身は小・中学生だった時分のことなので、直接その様子を目にしたわけではない。だが、当時のレース映像などを見ると、最後の直線における観客の歓声の中に、いわゆる「黄色い声」がいま以上に目立って聞こえてくるのは、はっきりと確認できる。

当時の様子を、『朝日新聞』の記事からみてみよう（「競馬ブームで出版続々　勝負より遊びを軸に」『朝日新聞』一九九〇年一一月一一日）。

土曜日の昼下がり、「競馬中継あります」の看板が出ている喫茶店。若い女性たちが新聞とテレビに視線を往復させる姿にも、すっかり違和感がなくなった。スター馬・オグリキャップや若手騎手の台頭で、空前ともいわれる競馬ブームを受けて、競馬関連の本、雑誌が次々と出版されている。馬券にこだわる従来からの実用本とは趣を変え、競馬人口のすそ野の広がりに応じた語り口の多様さに、ブームの成熟も見てとれそうだ。

この二六日、首都圏で創刊される女性向け日刊紙「トウキョウ・レディコング」は、毎週金曜日に競馬の予想を掲載する。「やはり、必須項目だろうということで。『よく遊び、よく当てる』をキャッチフレーズに、ゼニ・カネ勝負より、おしゃれな案内にしたい」と編集部。

こうした状況は、しかし、オグリキャップのみによってもたらされたわけではない。このことはすでにこれまでにも指摘されてきたことであるが、第一に、JRAのCM戦略の変化があった。JRAはその発足以来、競馬の文化としての側面を強調するようPR活動を展開してきた。たとえば、一九六〇年代後半の「楽しさは一家そろって中央競馬」というコピーなど、比較的有名なところである。八〇年代に入っても、競走馬の美しさをアピールしたり（一九八四—八五年）、イギリスを舞台に競馬の伝統文化としての側面を強調したり（一九八六―八七年）といったテーマで、ブランドイメージの確立を図っていた[8]。この方針は、芸能人を起用した年間キャンペーンの展開に引き継がれ、一九八八―八九年には小林薫、一九九〇―九一年には柳葉敏郎と賀来千香子がイメージキャラクターとなっている。特に柳葉と賀来の起用は、若年層と女性を明確にターゲッティングしたものであり、女性ファンの増加は、この方針がある程度奏功したものと言えるだろう。

第二に、若くかつ見てくれの良いスター騎手が、脚光を浴びるようになった時期であったという点である。具体的には武豊、松永幹夫（現調教師）、角田晃一（現調教師）らのデビュー、および活躍である。松永はデビュー年の一九八六年に四〇勝、同じく武は一九八七年に六九勝、角田は一九八九年に四三勝を挙げた。いずれも、同年デビューの新人のうち、最多の勝利数である。なかでも武は、二年目の一九八八年に初ＧⅠ制覇（スーパークリークによる菊花賞優勝）、三年目の一九八九年度には最多勝利騎手・最多賞金獲得騎手に輝くなど、早くもトップジョッキーとしての地位を確立しつつあった。彼らを目当てに競馬場へ出向くようになった女性ファンが少なからずいたことも、間違いないことであろう。

8　『日本中央競馬会50年史』（二〇〇五年）二六九頁。また同書では、この時期のＪＲＡの広報戦略について、「競馬法に基づく特殊事業であるという運営理念のため、それまでは節度と良識を旨とし受け身で消極的であった本会の広報活動は、この昭和五〇年代に能動的へと変わった。社会の動向を的確にとらえ、年度を追うごとにキメ細かい戦略をとるようになり、業務も膨大化した。とりわけ昭和五〇年代後半には、競馬の持つ文化性、スポーツ性、社会性をヤング層と女性層でアピールすべく、活動がより広範により具体的に行われるようになった」と述べられている（二六五頁）。

競馬をめぐるこうした状況の変化に加え、好景気により公営ギャンブルそのものの人気が上昇した時期でもある。これらの事情がいわば助走となって、最終的にオグリキャップ人気を加速させていくことになったとみることができる。

3―2　オグリキャップが「ギャル」を惹きつける理由

では、オグリキャップが「ギャル」を惹きつける理由は、どのように説明されたのだろうか。オグリキャップの現役時代に、フジテレビの『スーパー競馬』に出演していた青山美恵子は、次のようにオグリキャップの魅力を語っている（狩野洋一『ターフの伝説　オグリキャップ』三心堂、一九九一年、八八―八九頁。傍点原文）。

「オグリキャップって、ハンサムというよりは、愛嬌があるってタイプかな。それに、気取ったところがなくて、いつも一生懸命に走るところがいいのよ」

「サラブレッドというのは、強いだけ、速いだけではないということを、オグリキャップに教わりました。彼を見ていると、人間に通じるような生きざまを感じるのよね。私は、オグリキャップに出会ったことで、本当の競馬の面白さを知ったわ」

「オグリ、オグリって絶叫して、心の中では――もう少しよ、あと少しよ――って夢中だったのね。

気がついたら、涙がボロボロ出ていたわ。オグリキャップって凄い男よ」

洋画の吹き替え口調なところに若干の違和感を覚えるのだが、それはさておき、ここで気付くのは、オグリキャップの擬人化である。いや、擬人化というよりも、ほとんど人間についての話であるかのように語られている。しかも、「男」とわざわざ強調されているように、オグリキャップは（人間の）男らしさを体現する存在として捉えられているのがわかる。

実はこうした語り口こそ、オグリキャップの「ギャル」人気を説明する主流的見解であった。たとえば、青山の発言とほぼ同時期の雑誌記事には、「オグリキャップの蹄跡を追っていると、この馬の半生があまりにドラマティックであることに気づかされる。豊かな時代の、起伏にとぼしい若者たち、とりわけ若い女性が、オグリキャップの劇性に魅かれるのだろうか」との解釈がみられる（前掲和田「名馬ストーリー　オグリキャップの蹄跡」）。あるいは、オグリキャップのぬいぐるみ[9]の売り出しにあたり、高島屋の宣伝部が新聞社に送ったリリースには、「今オグリキャップのヌイグルミが大人気。若いＯＬ、女子学生を中心に売れています。現在の若い彼氏にはないタフネスぶりに憧れているのでしょうか」と

9　これは、実はオグリキャップの二代目オーナーである佐橋五十雄が仕掛けたものである。佐橋が経営するファンシーグッズの会社がぬいぐるみを売り出し、これが爆発的にヒットした。これはこれで、前出の「カネまみれ」という批判につながる側面を有していた。

書かれていたという（前掲有吉・栗原『二一三三日間のオグリキャップ』一一〇頁）。

オグリキャップを人間の男になぞらえる語りは、後年になってもみられる。オグリキャップの死去を受けて書かれた、作家の島田明宏による「オグリキャップ論」の一節を見てみよう。

若い女性たちの興味を惹いたのは、当時の競馬場が赤鉛筆を耳にはさんだオッサンがウロウロしている鉄火場としての一面を残していたからではないか。自分ひとりで行くのは気が引けるけど、「怖いもの見たさ」の好奇心で、大人の世界を覗いてみたい……と思わせる力が、競馬場にはあった。若い男たちにも同じことが言えた。「お父さんはみんな、昔はちょっとしたワルだった」じゃないが、少し背伸びをして「ギャンブル」という大人の遊びをかじって無頼を気取るのに、競馬場ほど入りやすいところはない。

そんな男たちの遊び場で主役になろうとしていたのが、見かけこそ派手だが、中身は質実剛健な男のなかの男（「漢」と書いてもいい）、オグリキャップだった。女が強くなりつつあった時代だからこそ、強くてカッコいい男が待望されていたのかもしれない。（島田明宏「オグリキャップ論『時代を背負って疾走した規格外のスターホース』」『優駿』二〇一〇年九月号）

このように、オグリキャップには、当時の人間の男性には見られなくなったとされる「男らしさ」――愛嬌、懸命さ、ドラマ性、タフネス、質実剛健――があり、それが女ウケした原因なのだという解釈が、いくつもみられるのである。

島田の文章に「女が強くなりつつあった時代」とあるように、たしかにバブル期は何かにつけて女性の変化が取り沙汰された時代であった。新語・流行語大賞の受賞語をみても、「アグネス論争」「しょうゆ顔・ソース顔」（一九八八年）、「セクシャル・ハラスメント」「Hanako」「オバタリアン」（一九八九年）、「オヤジギャル」「アッシーくん」（一九九〇年）といったように、女性をめぐる社会状況や価値観・行動の変化に関するものが目立っている。

政界では、土井たか子（一九二八―二〇一四）党首の日本社会党が一九八九年参議院選挙や一九九〇年衆議院選挙で躍進、その現象は「マドンナ旋風」などと呼ばれた。それより前の一九八五年には、国連の「女子差別撤廃条約」[10]批准にともない、勤労婦人福祉法が改正され、いわゆる男女雇用機会均等法[11]が成立している。これに加えて好景気の影響もあり、「キャリアウーマン」の経済的な豊かさに社会的視線が注がれた。アッシー君、メッシー君、ミツグ君などと、男を都合よく使い分ける「男よりも優位に立つ女」の表象が、しばしば揶揄まじりに描かれていた。

競馬、そしてオグリキャップのファンになる女性が増えたことも、こうした社会状況において生じた現象の一端であると位置づけるべきであろう。要するに、競馬あるいはオグリキャップの魅力などとい

10　正式名称は、Convention on the Elimination of all forms of Discrimination Against Women（女子に対するあらゆる形態の差別の撤廃に関する条約）。
11　正式名称は、雇用の分野における男女の均等な機会及び待遇の確保等に関する法律。

う、単一の原因に帰せられるものではないということである。

だからこそ、女性ファンの表象にジェンダーバイアスがかかっている点が、非常に興味深い。先に挙げた「女がオグリキャップに惹かれる理由」とは、まとめていえば、「女は自分より強いものに惹かれるのだ」ということである。これは、「女は受動的存在である」という、かび臭い女性観そのものといってよい。ただ、ここにみられるジェンダーバイアスは、無自覚な偏見というよりは、そうあって欲しいという願望の表出に近いのではないかと考えられる。

なぜそうなのかといえば、女性ファンの増加によって、古き良き競馬場の雰囲気が壊されることを歎く言説が、この時期にみられるからである。これも、ハイセイコーのときとよく似ている。

たとえば、英文学者の高山宏は、「あのハイセイコー騎手の歌った『さらばハイセイコー』がセッタに赤鉛筆のおじさん達の郷愁に訴えた。が、ハイセイコー人形大ヒットなんて話にはならなかった。それが今はぬいぐるみ。時代が変わったという言いぐさが競馬ほど当てはまる世界はなさそうだ」と慨嘆し、オグリキャップのぬいぐるみは賭け事の血なまぐさい精神を覆い隠す「きれいな包装紙」であるとしたうえで、次のように述べる（高山宏「唯物論第五回　オグリ人形　くるまれた賭博精神」『朝日ジャーナル』一九九一年二月八日号）。

お嬢さん達の五官には北国に吹きまくる馬糞風のにおいも、信じ難い量の荷を引く荷馬の喘ぎ声も隠されている。人間という欲の魔と出会ったために久しく家畜たちが味わわされてきた悲哀の歴史も、一旦しくじって転倒し骨折した刹那、ただのサクラ肉になるしかない競走馬の宿命も、全部隠されている。

まさに世紀末的に管理された社会だ。

注意したいのは、批判の対象が「お嬢さん達」に限定されている点である。「世紀末的に管理された社会」という評価の是非はさておき、仮にその社会が人間の感覚に影響を与えているのであれば、そこに女も男もないはずだろう。にもかかわらず、ここでは、（若い）女だけが賭け事の精神を脅かす存在として糾弾されているのである。

あるいは、先ほど登場した古山高麗雄も、「ユタカちゃんに嬌声を挙げ、パドックで、カメラのフラッシュで馬を驚かせるファン」たちが「オグリ・コールやユタカ・コールをすることを、競馬が大衆の健全なレジャーになったの、明るくなったのといって喜んではいられない」としたうえで、次のように述べている（前掲古山「オグリキャップに見る『競馬ヒーロー論』」）。

明るいことは、もちろん悪いことではない。しかし、平板でも明るいことはよくて、隠微なこと、暗いことはすべて悪い、としてしまうのはいいことではない。

ものごとは、そんなふうに割り切れるものではなく、一方が良く一方が悪いというものではない。

競馬が明るくなった、ギャンブルではなく健全レジャーになったと言う人に、オグリ・コールの起きる競馬が、なぜ健全なのだ、と言いたい気持がなくはない。しかし、私がそんなことを言ってみても、世の中の流れが変わるわけではなし、やめよう。今年も、フラッシュパチパチのオジンギャルや横断幕の若者たちと共に、オグリキャップのいなくなった競馬を楽しむとしよう。

さらに、スポーツライターの畠山直毅も、やや後年の回顧として次のように記している。場面は一九八八年、オグリキャップ四歳（現三歳）時の毎日王冠のパドックである（畠山直毅「オグリキャップ『宴は終わらず』。」『Number PLUS』一九九九年一〇月号）。


その年の秋、競馬場のスタンドでは一〇代二〇代の若者の姿が目立つようになった。毎日王冠のパドックでは、無数のストロボが連射された。オグリはそんな閃光には全く無頓着に、時折後肢をチャカつかせながら五歩ほど突進して見せた。

「うっそ、可愛いー」

場違いな声が響く。

なんだか、競馬が変わってきたな。

あのパドックを見ながら、俺はぼんやりそう思った。オグリが天皇賞でタマモクロスに負けた時も、有馬記念で勝った時も、そう思った。それは、心地のいいものではなかった。

畠山は、オグリキャップが五歳（現四歳）になりさらに競馬場に人が溢れ返るようになると、「競馬場が侵略されちまう」と感じ、「競馬ド素人がバカ騒ぎするんじゃねえよ、とまで思っていた」という。これなど、インディーズ時代から追いかけていたアイドルがメジャーデビューし人気が出ると、「ニワカは来んな」などと言い出すアイドルヲタクとかなり酷似したメンタリティーで面白い。

最後にもう一つ、笠松競馬場でのオグリキャップの引退式で、ジャンパーにハンチングという「古典的な競馬ファッション」の四八歳男性が、「それにしても若い女の子が多いね」と「あきれるように言」ったというエピソードだけ、つけ加えておこう（阿部珠樹「さらばオグリキャップ」『Number』一九九一年二月二〇日号）。

以上のように、「オグリギャル」の存在は、必ずしも好意的に表象されていたものではなかったことがわかる。先にもみたように、JRA自体は女性や若年層をファンとして取り込もうと働きかけていた。その意味では、オグリキャップは非常に大きな貢献をしたといえる。だが一方で、そのような変化を快く思わないファンが少なからずいたのである。そこには、競馬あるいはギャンブルを「男の世界」とみる視線、ないし願望が横たわっている。前節でみたような、オグリキャップに対する評価の二面性は、こうした点に関連しているのではないだろうか。

4　ハイセイコーとオグリキャップの対比をめぐる「語り」

ここまで、いくつかの観点からオグリキャップに関する「語り」の分析を進めてきた。だが、もう一点、重要な切り口が残されている。それは、オグリキャップとハイセイコーとの対比である。この二頭のアイドルホースには、地方競馬出身という点と、それぞれの時期における競馬ブームの中心的存在であったという点において、明らかな共通性がある。では、やはりオグリキャップはハイセイコーに似た存在だと思われていたのか、あるいはそうではなかったのか。

4—1　差異が強調された九〇年代

ハイセイコーとオグリキャップとの対比。これを主題として編まれた文章の中で最長のものは、オグリキャップ引退後間もない一九九一年三月に発表されている。ノンフィクション作家の岩川隆の筆による、「時代が語るヒーロー像　オグリキャップとハイセイコー」(『優駿』一九九一年三月号)である。かなりの長文で、なかなか興味深いエピソードなどもあるのだが、ここでは二頭の馬がどのように関連づけられていたのかという点に絞って、紹介していきたい。

岩川はまず、二頭の「中央への登場のかたち」が対照的であったとする。すなわち、ハイセイコーが

「待望された英雄」だったのに対し、オグリキャップは「無視された奇跡」であったと位置づける。これは、本論でもすでに触れた二頭の来歴の違いに照合すれば、大筋において首肯できよう。そのうえで、五〇〇キロを超える巨体であったハイセイコーを「こころやさしき巨人」「少し神経質な真面目・誠実な男」に見立て、その特徴を、「丈夫で長もちをモットーとし、注意・警戒怠りなく、ひたすら会社や〝体制〟に忠実に生きて経済成長を支えてきた当時の企業戦士たちの姿や心情」に結びつける。一方のオグリキャップは、「現代の自由児」にたとえられ、「時折、ひとを馬鹿にしたような素振りをみせる」が、「かといって、〝体制〟には決して反逆しない。ちゃんと走ればいいんでしょ、といった感じ」があるといい、「これは、現代の若者たちの平均的な生き方そのものではないか」と評する。「ハイセイコーの姿にはどこか〝従属の憂鬱〟がつきまとったが、オグリキャップには自由で明るい解放感があった」というのである。

岩川は、「ハイセイコーとオグリキャップに共通するのは、『丈夫で我慢強い』ということと、『一生懸命』『必死で』走る姿を私たちに見せてくれることであった。そのひたむきな姿が私たちの胸をうった」というように、二頭に全く共通点がないと言っているわけではない。だが、時代背景の対比をふまえつつ、強調されているのは二頭の差異の方であった。

オグリキャップの引退から間もない時期には、このように二頭の異なる点に着目する「語り」の方が主流であった。そのことをより明確に示してくれるのは、『朝日新聞』一九九二年一月一一日夕刊の「英雄ハイセイコーから友人オグリキャップ」という記事である。同記事には、「二頭の馬について語られた『物語』は、まったく違う」としたうえで、次のように書かれている。

ハイセイコーは「『草競馬出身の貧しい血の馬の立身出世物語』という図式で」と大衆文化事典も書くように、地方が中央への、雑草がエリートへの復しゅう物語のヒーローとして語られた。その図式で言えば、オグリキャップは、血統も、生まれた牧場も、最初に走った地方競馬の規模でも、ハイセイコーに劣る。が、そのような図式では、ほとんど語られなかったのは、なぜか。

ここで、**オグリキャップが「立身出世物語」の図式ではほとんど語られなかった**と、はっきり書かれていることに注目したい。前節までにみたように、オグリキャップ人気をめぐる「語り」のキーワードは、「カネ」「酷使」「逆境」「ギャル」であり、地方競馬出身というバックグラウンドについては、知られていたこととはいえ、あまり表立って強調される要素ではなかった。この『朝日新聞』記事においては、その理由を探ることが問いの主題となっているのである。

その問いに対する答えは、「ハイセイコーの場合、あらかじめ過剰な物語が用意されており、結果として、その物語は、彼が負けることにより未完に終わった。オグリキャップの場合は、ファンの友人として自らが走ることで、『物語』を作り、自らで完結してしまった」とする、作家の高橋源一郎の談を受けて、次のように書かれていた。

ハイセイコーの時代は、逆転による英雄の誕生が、まだ一般的に夢みられた時代だったのかもしれない。寺山（修司：引用者注）さんが書いたように、以降、絶対的な英雄なき時代、いや、必要とされない時代が続く。だから、オグリキャップに最初から用意される物語はなかった。

先の岩川の論も含めて、ここで強調されていたのは、高度成長期とバブル期との対比、というよりも差異である。つまり、二頭の意味づけの違いは、実際には時代背景の違いとして解釈されていたということになる。

ただ、それは、実際の社会状況の違いというよりも、すでに「過去化」された時代と現在との対比といった方が正確だろう。そのことは、オグリキャップよりもハイセイコーの方が時代の重みを背負っていた、という認識がみられたことからも見て取れる。

ハイセイコーのあと、やはり公営出身のオグリキャップという名馬も出たが、ひとつの時代を象徴するような国民的英雄となった馬はハイセイコー以外に、私は知らない。（長尾三郎「今語る秘話「戦後五〇年」第五回　ハイセイコー」『FRIDAY』一九九五年七月一四日号）

ハイセイコー以後十数年して、同じようなパターンでオグリキャップがアイドルホースになったが、時代の重みまではなかったように思う。（第二章前掲渡辺『最強の名馬たち』一〇七頁）

このように、一九九〇年代においては、ハイセイコーとオグリキャップとの共通点よりも、相違点の方に「語り」の力点が置かれていた。それが変化を見せるようになるのは、二〇〇〇年代以降のことである。バブル期から一〇年以上が経過し、それ自体が「過去化」していくのにともなって、次第に高度成長期とバブル期はともに「あの頃」として一括りにされていくようになる。そして、その過程で起こったのは、ハイセイコーとオグリキャップの「接近」そして「混同」であった。

4―2 ハイセイコーとオグリキャップとの「接近」そして「混同」

ハイセイコーとオグリキャップとの「接近」の萌芽は、実は先にみた岩川の論にもあらわれていた。岩川は、オグリキャップに声援を送る人々の気持ちの中に、どこか演歌的な要素が含まれていることを、次のように述べていた（前掲岩川「時代が語るヒーロー像　オグリキャップとハイセイコー」）。

私たち庶民のほとんどは、毛並みに頼ることもできず、コネもなく、選ばれ与えられた路線もなく、裸ひとつ、腕一本、実力ひとすじに生きなければならない。オグリ、勝てよ。勝ってもらいたい。勝たなければ栄光も伝説も生まれないし、私たちの〝夢〟にもなり得ない。この〝演歌〟と〝運命〟はやがてオグリキャップが勝ちつづけることによってひろく知られ、大合唱の〝援歌〟に一つの色あいを加えていく。

ここに見られる「夢の託し方」は、ハイセイコーについての「語り」にかなり類似したものである。つまり、表立っては語られなくても、やはり「地方競馬出身」という要素がそのバックグラウンドには控えていたということにもなる。だが、先にも述べたように、岩川の論の主眼は、あくまで二頭の差異に置かれていた。「地方競馬出身」というファクターが浮上してくるのは、二〇〇〇年代以降になってからである。

そうした「語り」の変化は、バブル時代に対する評価の変化と連動している。次の引用は二頭を対比的にとらえる姿勢の強いものだが、バブル時代への評価の部分に注目していただきたい（阿部珠樹『有馬記念物語』青春出版社、二〇〇三年、八〇頁）。

オグリキャップは、アイドルホースという点でハイセイコーと似ているように思われたが、実は微妙に違っていた。ハイセイコーは敗れることで人気を増幅させていったが、オグリキャップは、自らの力で勝利を引き寄せるごとにファンを増やしていった。バブル経済の時代だった。「財テク」や「地上げ」が流行語になり、多くの人が土地や株を追いかけ、一攫千金の夢に酔っていた。機会さえつかめば、貧しい出自でものし上がれるかもしれない。そんな時代の気分に、戦闘的なオグリキャップはよくマッチしていた。ハイセイコーが、オイルショック後の挫折の時代に、「挫折仲間」としての共感を集めたのと対照的に、オグリキャップは、雇用機会均等法やバブルの時代の戦友だった。

ここでは、バブル時代が「機会さえつかめば、貧しい出自でものし上がれるかもしれない」という気分の蔓延した時代だったと解釈されている。だが、当時はオグリキャップがバブル期へのアンチテーゼとしても意味づけられていたことを考え合わせると、これはやや正確さを欠いたものと言わざるを得ない。そもそも、「貧しい出自でものし上がれる」というのは、むしろ立身出世物語のイメージに近いものである。ということは、ここにあらわれているのは、バブル期とそれ以前の時代との混交である。

それとともに、ハイセイコーとオグリキャップとは次第に「同類」として扱われるようになっていった。たとえば、社会学者の谷岡一郎は、二頭がともに「地方競馬出身のたたき上げ」である点を指摘し、「七〇年代からバブル景気後半までは、日本人に上昇志向が強く、弱者がヒーローになる物語が受け入れられた」と語っている（「ディープインパクト、社会現象に　エリート三冠馬　女性の心つかむ」『読売新聞』二〇〇六年一二月二二日）。ここでは、高度成長期とバブル期が価値観を同じくする時代として一括りにされていることが、一目瞭然である。

さらに、時の経過とともに「過去化」が進んでいくにつれて、バブル期は高度成長期と一括りにされるようになっていく。同時代にみられたバブルへの批判的言説は影を潜めていき、「夢のある時代だった」とする解釈が主流化していくのである。

たとえば、オグリキャップの現役当時にフジテレビのニュース番組でメインキャスターを務めていた露木茂は、二〇一一年に次のように語っている（島田明宏「オグリキャップと有馬記念　彼が駆け抜けた〝奇跡の時代〟」『優駿』二〇一一年一月号）。

あのころは日本がどんどん力をつけ、日本の企業がマンハッタンのビルを買収したりするようになっていた。後ろから来た日本が、他国をごぼう抜きにしてトップを目指す姿と、オグリキャップの走りっぷりが、見事に重なっていましたね。（中略）
あのころは日本中に熱いエネルギーが満ちて、国全体が燃えていましたよね。やがてバブルは崩壊するわけですが、あの時代を生きていた当事者たちは、それが終焉を迎えるなどとは思わず突っ走っていた。みなが熱いエネルギーを持て余し、はけ口を求めていたところにオグリキャップが現れたわけです。

ここでは、完全にバブル期が「古き良きあの頃」と意味づけられ、オグリキャップは「熱いエネルギー」が満ちた時代の象徴として描き出されている。もはや、同時代に「酷使」「過労死」などと結びつけられていたオグリキャップイメージの面影は、ほとんど見出すことができない。また、あれだけ注目されていた「オグリギャル」についての言及も、どこかへ消えてしまっている。
さらに同じ記事で、経営コンサルタントで「アイアム」の冠名の馬主としても知られる堀紘一は、次のように語っている。

オグリの活躍ぶりは、寒村の中学から集団就職で京浜工業地帯の工員になった「金の卵」が、日比谷高校から東大を出たエリート社員に出世競争で勝ってしまうようなものだった。当時のファンは、オグリに自分を重ねて見ていたんでしょうね。ちょうど日本中の会社が膨張して支店が増えていたので、エリートじゃなくても支店長になれる時代だった。まさに庶民が夢を託せる存在だったんですね。オグリがいくら強くても、あの時代背景がなければスターになっていなかったと思いますよ。

この発言では、集団就職という高度成長期の出来事が、アクロバティックにバブル期の出来事へと接続されているのがわかる。そして、そのいずれもが「立身出世物語」の枠組みへと回収され、オグリキャップ人気の要因として持ち出されているのである。

こうして、バブル時代の「過去化」、そして高度成長期との一括化を経て、オグリキャップのイメージはハイセイコーとほとんど変わらないものへと変形していったのである。

5 「オグリキャップは地方出身者の夢を乗せて走った」という物語の定着

オグリキャップは、二〇一〇年七月三日に死去した。繋養先で転倒し、複雑骨折で予後不良のため、安楽死の措置がとられたものである。

死去に際し、全国紙や週刊誌が一斉にこのニュースを取り上げたが、その内容は以下のようなものであった。

経歴、容姿、走りっぷりとも、強烈な個性を見せつけたオグリキャップが三日、死んだ。まさに、「アイドルホース」という言葉がぴたりと当てはまる馬だった。

地方競馬出身ながら、中央のエリート馬たちを次々と破っていく立身出世ストーリーが、ファンの心をひきつけた。（「『芦毛の怪物』国民熱狂　オグリ死す　地方競馬出身、GⅠ四勝」『読売新聞』二〇一〇年七月四日）

同じく地方競馬出身で中央競馬に移籍、快進撃を続けた「野武士」ハイセイコーと同様、地方出身が中央のエリートを打ち破るという図式がファンの琴線に触れた。（中略）レベルの高いメンバーを相手に勝ったり負けたりした。勝ち続けるのではなく、弱点を持ったサラブレッドとして同情されたのも人気を高める原因になった。（有吉正徳「時代を駆けた希代の人気馬　オグリキャップ逝く」『朝日新聞』二〇一〇年七月四日）

デビューの地、岐阜の笠松競馬では「東海に敵なし」。中央競馬に移っても勝ち続けたが、未登録の日本ダービーなどは走れなかった。不遇への同情と、実力一つで地方を出、中央のエリートたちを負かす物語がファンを熱くした。（「天声人語　さらばオグリキャップ」『朝日新聞』二〇一〇年七月六日）

オグリは地方出身馬ながらも、中央のエリート馬を次々と蹴ちらす姿が人々の共感を得て競馬ブームの火付け役となり、全盛期にはぬいぐるみや関連のグッズ、歌まで発売されるほどで社会現象にもなりました。（「史上最強のアイドル　オグリキャップ　知られざる晩年の不遇」『週刊文春』二〇一〇年七月一五日号。引用部分は、「スポーツ紙競馬担当記者」の談）

すべて、オグリキャップが人気を集めたことの理由を、地方出身者が中央のエリートを蹴散らす立身出世ストーリーに求める内容となっている。「ハイセイコーと同様」という表現に象徴されるように、ここにおいてオグリキャップは、完全にハイセイコーと同じ「語り」のフレームに組み入れられたのである。

このことは、バブル時代の「過去化」が完了し、「古き良きあの頃」として高度成長期と一括りにするような時代認識が定着したことも意味している。実際、死去以降のオグリキャップをめぐる「語り」には、バブル時代を懐かしむ記述が付随するようになったことが、確認できる。二つめの引用はやや後年になってからのものであるが、これはむしろ「語り」の定着を示すものとみてよいだろう。

オグリは八七年五月に笠松でデビュー後、中央競馬に転厩。血統もよくない地方出身馬がエリートをなぎ倒す姿に、競馬ファン以外の人々も心が揺さぶられた。時はあたかもバブル全盛期。「オグリギャル」が闊歩し、縫いぐるみが爆発的なヒットになり、競馬の売り上げも激増していった。

引退レースとなった九〇年の有馬記念。中山競馬場にはＪＲＡ史上最多の十七万七千七百七十九人が押しかけ、奇跡の勝利に絶叫した。

大声援を背に走り去るオグリ。その姿から、日本経済終焉の哀しさを感じてしまう。（「芦毛の怪物死す　バブルを駆け抜けたオグリキャップ」『週刊文春』二〇一〇年七月一五日号）

実は、この名馬のデビューから引退までの三年七カ月は、日本経済のバブル期とぴったり重なる。日本中があぶく銭にまみれて浮つき、かりそめの豊かさに酔った時代のなかで、平凡な血統ながら頂点にのぼりつめたオグリは数少ない〝本物のヒーロー〟だった。そして、バブルが終わろうとしていた'90年末に見せた奇跡のラン。消える寸前にひときわ明るく燃えるローソクのように馬場を駆け抜けて、オグリは右肩上がりの時代の幕を引いたのである。（武内孝夫「スポーツは感動ドラマだ⑦　史上最も愛された名馬オグリキャップ　まさに奇跡のラストラン」『ＦＲＩＤＡＹ』二〇一四年六月一三日号）

興味深いのは、このように定説化したオグリキャップの「語り」に対し、「まさに異口同音のことどおり、パターン化した発想に鼻白む」「一頭の競走馬に、人生や社会や時代を大仰に仮託するのは、酒場での話題にとどめてほしい」と、異議を申し立てる声があったことである（翼「新聞不信　オグリ訃報のワン・パターン」『週刊文春』二〇一〇年七月一五日号）。この感覚の中には、画一的な語り口に対する反感という側面もあろうが、その語りの内容が記憶の錯誤に基づくものであったからという面もあるのではなかろうか。本章で見てきたように、オグリキャップの人気を説明する同時代の語りにおいて、「地

オグリキャップ号銅像の除幕式（https://www.sponichi.co.jp/gamble/news/2011/07/03/kiji/K20110703001138510.html）

方競馬出身」はほとんど注目されることのない要素であった。死去時の報道に際してこの要素が前景化したのは、端的にいえばバブル期の過去化に伴うハイセイコーとの混同によるものである。それは、事実よりも「腑に落ちやすいストーリー」が選ばれたということであり、まさにオグリキャップをめぐる集合的記憶の定着を意味しているといえよう。

オグリキャップの死去に際しては、もう一つ、ハイセイコーと同じような動きがあった。それは、オグリキャップ像の建設である。[12] オグリキャップ号馬像建立委員会委員長の除幕式開会の言葉によれば、オグリキャップの思い出話に花を咲かせていた折に、馬像建立のプランが「誰からともなく持ち上が」り、二〇一〇年一〇月に馬像建立委員会が発足。建立に際して積み上げられた募金金額は二八三一万円、募金者数は延べ一万二七四人にのぼったという。[13] 馬像は、種牡馬時代を過ごした優駿スタリオンステーション（北海道新冠郡新冠町）に隣接する優駿メモリアルパークに建てられ、一周忌にあたる二〇一一年七月三日に除幕式が行われた。

ハイセイコーの場合と同様、オグリキャップをめぐる物質的な「記憶の場」が設けられたことにより、ここにおいてオグリキャップの「伝説化」が完了したと言ってよいだろう。

なお、オグリキャップは引退後に種牡馬となったが（高額のシンジケートが組まれ、それがまた「カネまみれ」と騒がれた）、期待の大きさに比して目立った活躍馬を輩出することはできなかった。種牡馬入りの同期に、九〇年代後半以降の日本競馬に多大な影響を与えたサンデーサイレンスがいたことも、巡りあわせとして悪かったのかもしれない。あるいは、引退レースの有馬記念を「精神力の勝利」と分析するものがあるように（前掲『大川慶次郎回想録（文庫版）』など）、オグリキャップの強さは身体能力以上に精神力の強さに由来するものだった可能性がある。残念ながら、その精神力を産駒に伝えることはできなかったようだ。

12　笠松競馬場には、引退からそれほど時間の経っていない一九九二年二月一一日に、オグリキャップ記念像建設実行委員会により像が建てられていた（同日、同競馬場にて第一回「オグリキャップ記念」も実施された。以後、現在に至るまで重賞として定着している）。ただこの時点で、オグリキャップが笠松競馬場を去ってからはすでに四年が経過している。

13　「競争馬のふるさと案内所」HPより（https://uma-furusato.com/oguricap/）（二〇二〇年一月二九日最終確認）。

二一世紀に入る頃から、高度経済成長期へのノスタルジアが勃興し、「古き良き日本」が残る場所として「地方」が脚光を浴びるようになる。ハルウララブームは、そうした「過去」と「地方」の交錯した地点に発生した。立身出世主義の否定と見えた「負け続ける馬」への注目が意味していたのは、むしろ「努力主義の純化」であった。

第Ⅱ部

平成時代

――努力の自己目的化

（大分県・豊後高田市公式観光サイト https://www.showanomachi.com/special/syowa.html）

第四章　「古き良き日本の象徴」としての地方競馬
――一九九〇年代以降の公営ギャンブル冬の時代

1　「地方競馬出身」が前景化していったことの意味

1―1　ハイセイコーとオグリキャップをめぐる「語り」の構造

前章まで、ハイセイコーおよびオグリキャップに関する「語り」について見てきた。両者をめぐる「語り」には、具体的な内容のレベルでは相違がある。しかし、語りの構造に目を向けた場合、そこには明らかな共通性が見られることに気がつく。

第一の共通性は、**現役時代の「語り」が、その時代のマイナス面と結びつけられがちであった**という点にある。ハイセイコーであれば、国際社会における日本の地位の低さ、挫折する運命にある夢の象徴、「狂乱物価」などの世知辛さからの逃避などが、そのブームの背景にあるものと語られていた。また、オグリキャップの場合は、拝金主義的なバブルの風潮の中で酷使される馬というのが、現役時代の主流的イメージであった。そうした状況下で「めげずに頑張る」ことにオグリキャップの魅力が求められていたにせよ、やはりその背後にある社会状況自体は、同時代には肯定的に捉えられてはいなかったのである。

そして第二の共通点は、引退から時間が経過し**「過去化」が進展するにつれて、地方競馬出身という来歴が前景化してきた**という点である。そのことによって、「語り」の内容は、「地方出身の雑草が中央のエリートを蹴散らす」というサクセスストーリーに収斂し、それが定説化していった。またこの変化が、両馬が現役だったころの時代背景に対する評価の変化と連動していた点も重要である。第一の点で述べたように、両馬の現役時代の社会状況は、同時代的には決して肯定的に捉えられていたわけでなかった。しかし、その時代自体が「過去化」していき、「古き良き時代」としてノスタルジックに語られるようになるのにともなって、地方出身者のサクセスストーリーという「定説」もまた確固たるものとなってきたのである。

その意味で、いま指摘した二つの点は、大いに関連している。そしてこのことは、ノスタルジアという感情の一般的性質に見事に合致したものである。序章でも述べたように、ノスタルジアという感情は、「現在もしくは差し迫った状況に対するなんらかの否定的感情」があればこそ、発生してくる感情だからだ。

ただ、それでもなお残る疑問がある。それは、時間の経過＝「過去化」が進むにともなって、なぜ「地方出身」という側面が前景化するようになっていくのか、である。このことを考えていくために、「過去」と「地方＝田舎」イメージの関係について少し掘り下げてみたい。

1―2 「過去」と「地方＝田舎」との等価性

そもそも、「地方＝田舎」というイメージには、常に両義性がつきまとっている。一方では、観光アピールの常套句にあるような、「都会の喧騒を離れて」「地元の人々との温かいふれあい」などといったプラスイメージが思い浮かぶ。他方で、青森県出身の吉幾三（一九五二年生まれ）が「テレビも無ェ、ラジオも無ェ」「俺らこんな村いやだ」と歌ったように、遅れている・不便である・貧しいといった、マイナスイメージにも容易に結びつく。

R・ウィリアムズ（訳書『田舎と都会』晶文社、一九八五年）によれば、都会と田舎とを対比的にとらえる見方の発生はギリシャ・ラテン時代にまでさかのぼることができ、歴史や文化に関係なく一般的に見られるものであるという。かつ、それぞれの観念には両義性があり、田舎（country）には平和、無垢、純朴といった観念が凝集する一方で、後進性、無知、偏狭といった否定的な観念が結び付けられてきた。また、都会には学問、コミュニケーション、光明といった観念が凝集する一方、騒音、世俗、野心といった否定的観念が結び付けられてきたという。

この点については日本社会も例外ではない。実際、政治学者の神島二郎（一九一八―一九九八）は、明治以来の日本においては常に「活動の都会」「憩いの田舎」という対比的イメージがあったことを指摘している（神島二郎『近代日本の精神構造』岩波書店、一九六一年、一八〇頁）。「都市は競争の激しい戦場であって、一時の仮住い、滞留の地」であり、「永住の地は安穏で温和な田舎にある」という構図である（第一章前掲高橋『都市化の社会心理』二六頁）。

こうした心情、すなわち望郷の念の日本的性格については、明治期から高度成長期までの流行歌を分析した見田宗介の有名な論考がある（見田宗介『近代日本の心情の歴史』講談社、一九六七年／岩波書店、二〇一二年）。ウィリアムズが「田舎」に対する観念を普遍的なものであると指摘したように、故郷を出た労働者のむれが都会に集中してくることは、資本主義社会成立期の普遍的な現象であって、決して日本独自の現象ではない。にもかかわらず、日本の流行歌において望郷が重要なモチーフとしてあり続けたことについて、見田は出稼ぎ型労働という点にその理由を求めている。すなわち、エンクロージャーによって根こそぎ故郷を追われて都会へ出てきたイギリスの労働者層などと異なり、日本の都市流入者は直系家族のシステムを温存したまま「見送られて」来た農家の娘や次三男であり、そうした人々の最終的な心の拠り所は「故郷」にあり続けたという（見田宗介「近代日本の愛の歴史　一八六八／二〇一〇」『定本 見田宗介著作集Ⅳ』岩波書店、二〇一二年、三一二―三三〇頁）。そして、そうした心情的な交流が続いたからこそ、都会にあって故郷をなつかしむ歌と、農村にあって都会にあこがれる歌が平行して人気を集めたのだというのである。

だとすれば、「地方＝田舎」イメージの両義性は、自分がいま現在どちらの立ち位置にいるのかによって変化するものだということになる。すなわち、自分が田舎にいれば都会は憧れの対象となり、田舎に対しては否定的感情を抱く。逆に、自分が都会にいれば都会の欠点が目につき、田舎の肯定的側面が際立ってくるのである。

そしてまた、この立ち位置の違いというものは、時間の経過という事実と連動し、過去と現在の違いに置き換えられることとなる。都会人の心の中にある故郷とは、生まれ育ったかつての故郷であり、それは回想の中にある一種の幻想である。しかし、実際の故郷はかつての故郷ではなくなっており、かりにそこで生活することになれば大きなギャップを感じる。都会での現役生活を終え「憧れの田舎暮らし」を始めた者が、その土地での生活に馴染めずに再度転出するという話などは、まさにその際たる例であろう。つまり、**良きものとしての「地方＝田舎」のイメージとは、過去と結びついた一つの観念**なのである。

地方から都市への流入が落ち着きを見せ始め、都市部で生まれ育った人々が増加してくる一九七〇年代以降になると、こうした「地方＝田舎」イメージの観念性はより明瞭なものとなっていく。具体的には、「故郷を持たない」という意識が問題化し、故郷なるものを創出したり再発見したりする、「私の故郷探し」が始まってくるのである（成田龍一「都市空間と『故郷』」成田龍一ほか『故郷の喪失と再生』青弓社、二〇〇〇年、一一―三六頁）。

その象徴ともいえるのが、一九七〇年から国鉄がはじめた「ディスカバー・ジャパン」キャンペーンである。その直接的な目的は大阪万博後の旅客確保対策であったが、「私の故郷探し」の機運をうまくとらえたそのコンセプトによってこのキャンペーンは成功を収め、以後七年にわたるロングラン広告となった。[1] これに呼応するかのように、一九七〇年には『an・an』、七一年には『non-no』などの女性誌が創刊され、多くの旅行特集が掲載されたそれらの雑誌を抱え各地の城下町や「小京都」に押し寄せる、「アンノン族」も流行している。[2]

こうした「私の故郷探し」において「発見」されたのは、過疎問題に苦しむ否定的なふるさとではなく、都会の生活で忘れかけていたものを思い出させてくれるノスタルジックなふるさとであった（安井眞奈美「消費される『ふるさと』」成田龍一ほか『故郷の喪失と再生』青弓社、二〇〇〇年、九一―一三二頁）。自分の両親や親戚のいる具体的な帰省先でなく、人間関係のわずらわしさから解放されたふるさと。これはいわば「ふるさとのロマン化」（川森博司「現代日本における観光と地域社会」『民族學研究』第六六巻一号、二〇〇一年、六八―八六頁）であり、ある意味で安心してノスタルジアに浸ることのできる「故郷」を自ら選び取ることが可能なのだという観念が、この時期に確立したということができよう。

こうした観念における「故郷」が、地理的には「地方＝田舎」でなければならないのは、明らかである。とするならば、一九七〇年代以降の日本社会において、「地方＝田舎」はノスタルジアを喚起する記号として機能するようになったということができる。もっというならば、**時間的な距離と物理的な距離は意味的に同じものとして認識されるようになった**ということである。

まさにこのことが、ハイセイコーとオグリキャップをめぐる語りの謎に対する答えとなる。すなわち、ノスタルジアを喚起する記号として「地方出身」という側面は極めて機能性が高く、それゆえに時間の経過＝「過去化」にともなって「地方出身」という側面が前景化するようになったと解釈することができるのである。

そしてこのことは、そのままハルウララ現象を読み解くにあたっても大きなカギとなってくる。だがその前に、オグリキャップブームからハルウララブームに至るまでの社会的状況の変化について見ておかなくてはならない。その間に日本社会で起こったさまざまな「変化」は、公営ギャンブル、特に地方競馬をかつてない危機的状況に追い込むことになった要因であり、この状況変化に対する理解なくして、ハルウララ現象を正確に読み解くことはできないからである。

1　後続のキャンペーンは山口百恵の『いい日旅立ち』（一九七八年）とコラボレーションした「いい日旅立ちキャンペーン」であり、やはり同様の路線が踏襲されていた。
2　第一章前掲石川編著『余暇の戦後史』二二二―二二三頁などを参照。また、このように昭和四〇年代に目立ち始めた脱都会志向は、帰郷をテーマとした歌謡曲のラッシュと城下町ブームをもたらした。両者の接点に誕生したともいえる小柳ルミ子「わたしの城下町」（作詞・安井かずみ、作曲・平尾昌晃）がミリオンセラーとなったのは、一九七一（昭和四六）年のことである（藤井淑禎『望郷歌謡曲考』ＮＴＴ出版、一九九七年、一八一―一八六頁）。

2　一九九〇年代以降の「公営ギャンブルの危機」

2―1　中央競馬への一極集中

第一章でみたように、すでにバブル崩壊後の一九九〇年代から、公営ギャンブルの売り上げ減少が指摘されるようになっていた。だが、そのことをもって公営ギャンブル全体が低調化したとみるのは、やや早計である。一九九〇年代に起こったのは、端的にいえば中央競馬への一極集中であり、他の公営ギャンブルにおける売り上げの減少は、その反転現象であったとみる方が正確だからである。

実際にデータを一見すれば、このことは明らかである。次頁の図は、一般財団法人自治体国際化協会がまとめた『日本の公営競技と地方自治体』（二〇一〇年）をもとに作成したものである。これをみると、一九八〇年代半ばまでは、売り上げの面で中央競馬は決して突出した存在ではなかった。それが、八〇年代後半から九〇年代前半にかけて、一気に中央競馬が他を引き離したことがわかる。八〇年代後半にはどの公営ギャンブルも売り上げを増加させているが、中央競馬の売り上げ増加の傾きは、明らかに他とは異なっている。そして、このグラフからもう一点わかることは、中央競馬のみが突出した状況が、その後も維持され続けたという点である。すなわち、一九九〇年代以降の公営ギャンブル全体の状況を俯瞰したときにいえることは、公営ギャンブルといえば中央競馬という流れが加速し定着したというこ

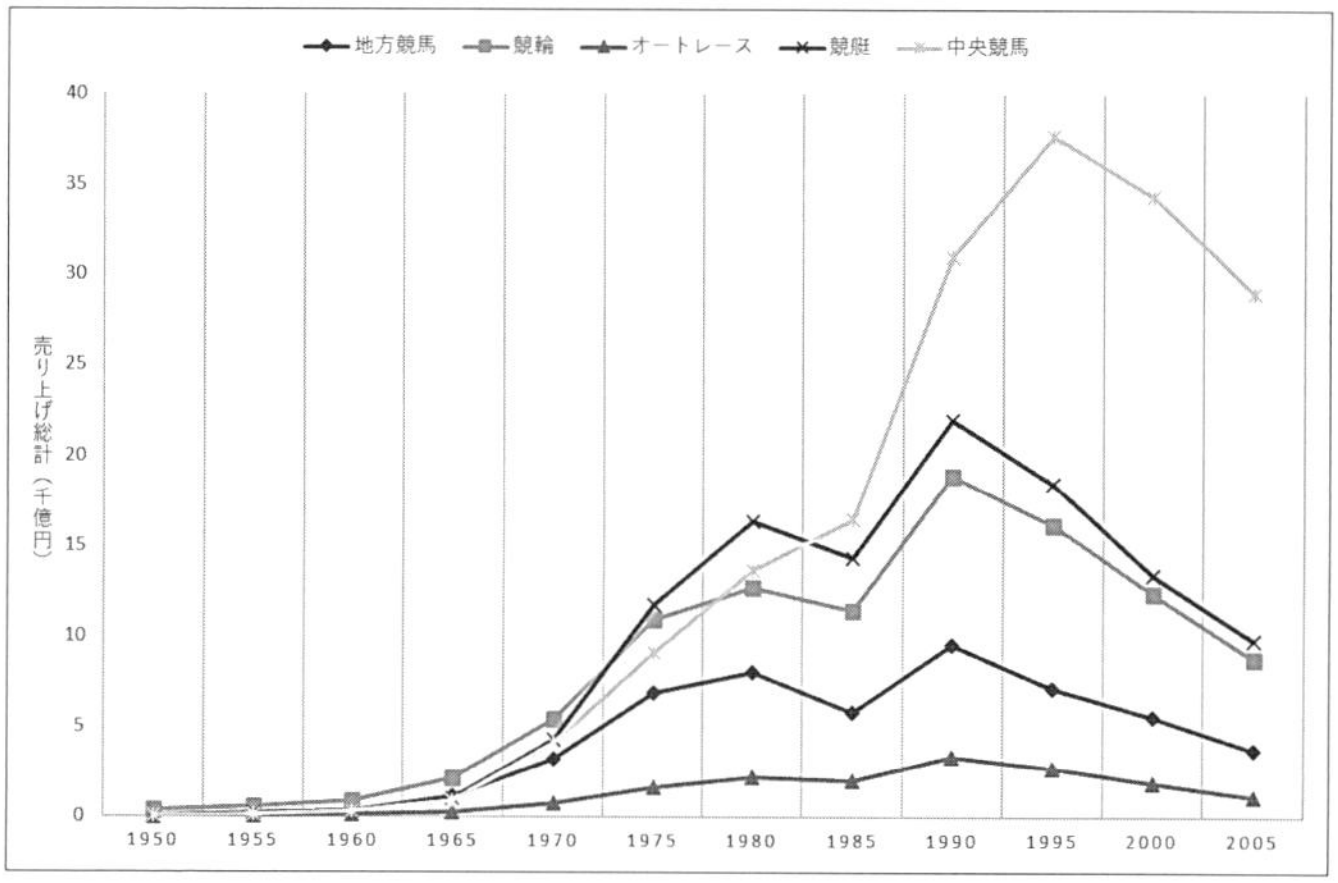

公営ギャンブルの売り上げ推移
（『日本の公営競技と地方自治体』2010年より筆者作成）

とである。

このことは、公営ギャンブル全体の売り上げがさほど変化していないにも関わらず、その中に占める割合が激変したということを意味している。上の図を見ただけでは分かりにくいが、例として一九八五年と二〇〇七年の二時点で数字を比較してみよう（データの出典は前掲『日本の公営競技と地方自治体』一〇頁。千万円以下を四捨五入している。カッコ内は全体に占める割合）。

・一九八五年（合計四兆九九八二億円）

地方競馬　五七七六億円（一一・六％）
競輪　一兆一四三一億円（二二・九％）
オートレース　二〇二四億円（四・〇％）
競艇　一兆四二九二億円（二八・六％）
中央競馬　一兆六四五九億円（三二・九％）

・二〇〇七年（合計五兆九六三億円）

地方競馬　三八〇四億円（七・七％）

競輪　八四〇一億円（一六・五％）

オートレース　一〇九二億円（二・一％）

競艇　一兆七五億円（一九・八％）

中央競馬　二兆七五九一億円（五四・一％）

二時点を比較すると、この約二〇年の間に、いかに中央競馬への一極集中が進んだかがわかる。こうしてみると、九〇年代以降の「公営ギャンブルの危機」は、ＪＲＡの一人勝ちによってもたらされた面もあることは、否定できないであろう。

なぜ、このような一極集中が発生したのか。確定的なことを言うのは難しいが、考えられることとして二つの点が挙げられる。

一つは、バブル期における中央競馬への関心の高まりと、その持続である。前章でみたように、一九八〇年代後半においてＪＲＡのＣＭ戦略、若手ジョッキーの人気上昇、そしてオグリキャップのブームなどで、ＪＲＡにおいて中央競馬への注目は高まる一方であった。もちろん、好景気に連動して公営ギャンブル全体の売り上げも上昇していたが、社会的な関心の高さという点では、中央競馬とその他の公営ギャンブルとでは明らかに差が生じていたと考えてよい。オグリキャップの引退後も、たぶんに偶然ではあるが、メジロマックイーンやトウカイテイオー、そして一九九四年の三冠馬ナリタブライアンなど、スター性のある名馬が毎年のように登場し、中央競馬人気を牽引していった。こうした状況が、JRA一人勝ちの一因としてあったものと考えられる。また、これはこの時期にはじまったことではないが、中央競馬は原則土日のみの開催であるため、比較的「健全」と見なされやすく、集客も行いやすいという点を指摘しておいてもよいだろう。

もう一つは、競馬を題材としたコンピューターゲームの登場と、そのヒットである。一九九一年にファミリーコンピュータのソフトとして発売された「ダービースタリオン」、通称ダビスタは、九三年にパソコン版、九四年にスーパーファミコン版が次々とリリースされ、九〇年代半ばには一大ブームを巻き起こすこととなった。競走馬の生産・育成という地味な題材がテーマで、当初は売れないのではないかとも言われていたようだが、これが大当たりだったわけである。同様のテーマで、一九九三年にはコーエー(現・コーエーテクモゲームス)が「ウイニングポスト」を発売、これもダビスタに負けず劣らずの人気で、以後もシリーズ化されていく。また、プレイヤーが騎手となる、レースゲームとしての競馬ゲームも登場した。テクモ(現・コーエーテクモゲームス)の「ギャロップレーサー」シリーズ(初代は一九九六年のアーケード版・PlayStation版)や、コーエーの「GⅠ JOCKEY」シリーズ(初代は一九九九年リリース)などである。また、ゲームではないが、九〇年代には競馬を題材としたマンガ作品が多く発表されたことについても、指摘しておきたい[3]。

筆者自身、高校生や大学生の時分に、まわりに複数の競馬ファンがいた。かれら自身も、競馬ゲームをきっかけにして競馬にハマったというケースが多いのだが、その影響で私もまずゲームから競馬の門をくぐり、しかるべくして実際の競馬にハマっていくという、当時としては自然な成り行きでアリ地獄に捕らえられたクチである。競馬ファンとして知られるプロ棋士の渡辺明も、自身が競馬に興味を持つきっかけとなったのはダビスタであると公言しているが[4]、一九九〇年代に一〇—二〇代であった世代には、同様のケースは数えきれないほどあるものと推察される（余談だが、筆者は一〇年ほど前、彼を京都競馬場の指定席エリアで見かけたことがある。将棋指しの顔とは全く違う満面の笑みを浮かべて歩いていたのが、非常に印象的だった。いい配当にでもありつけたのだろう）。

このように一九九〇年代おいて、一〇—二〇代の若年層が主な消費層であった当時のゲームやマンガといった文化の中で、競馬というコンテンツが馴染み深いものとなっていった。このことは、競馬に対する心理的敷居を低くし、競馬への興味関心を集めることに大きな影響があったものと考えて間違いない[5]。

ただここで重要なのは、これらのゲームやマンガが舞台設定等の点でモデルとしているのが、ほとんどの場合中央競馬だという点である[6]。したがって、これらのコンテンツをきっかけとした者たちが実際に参入していく競馬は、やはり中央競馬である場合が圧倒的に多いと考えてよいだろう。中央競馬への一極集中という現象が、こうした状況と無関連であったとは考えにくい。

ここまで、九〇年代以降におけるＪＲＡ一人勝ちの背景について考察してきたが、別にそのことを過度にあげつらって批判したいわけではない。実際、先に挙げた図を見れば、中央競馬の売り上げも、九〇年代後半以降は減少傾向をたどっていったことがわかる。公営ギャンブル全体の相対的比較でみれば一人勝ちとはいえ、ＪＲＡ自身も絶対安泰という情勢ではなかったのである。

ただ、九〇年代以降に繰り返される「公営ギャンブルの危機」の主要舞台となったのは、やはり中央競馬以外の公営ギャンブルであった。特に地方競馬に関しては二〇〇〇年代、怒濤の廃止ラッシュという過去最大の危機的状況を迎えることとなる。

3 有名なところをいくつか挙げれば、本島幸久『風のシルフィード』（『週刊少年マガジン』連載期間一九八九―九三年）、同『蒼き神話マルス』（『週刊少年マガジン』連載期間一九九六―九九年）、つの丸『みどりのマキバオー』（『週刊少年ジャンプ』連載期間一九九四―九八年）、やまさき拓味『優駿の門』（『週刊少年チャンピオン』連載期間一九九五―二〇〇〇年）、ゆうきまさみ『じゃじゃ馬グルーミン★ＵＰ！』（『週刊少年サンデー』連載期間一九九四―二〇〇〇年）など。

4 「私の競馬はちょっと新しい　第八回　日本将棋連盟棋士　渡辺明さん」JRA-VANホームページより（https://jra-van.jp/fun/mykeiba/008_watanabesan_01.html）。二〇二〇年一月二九日最終確認。

5 ＪＲＡが一九八八年から二〇〇四年にかけて継続的に行なった調査によれば、一九九〇―九七年におけるファンの年齢層で最大のボリュームゾーン（約四分の一）は二〇歳代であったが、その後は次第に高齢化が進行していると見える（『日本中央競馬会50年史』一五四頁）。ただしこれは、東京競馬場・京都競馬場・ウインズ後楽園・ウインズ梅田の四施設の来場者に対し自記式アンケートによって行われた「中央競馬ファンの構造変化に関する定点定時調査」の結果に基づいたものであり（同書、一五二頁）、電話あるいはネット投票による購入者が調査対象者に含まれていない。若い年齢層ほどこうしたタイプの購買行動を取ることが考えられるため、上記調査に示されているほどの高齢化は進んでいない可能性がある。

6 『優駿の門』のみ、中央競馬と地方競馬の双方が描かれている。

2―2 「お荷物」扱いとなった公営ギャンブル

二〇〇〇年の前後から、一般紙や週刊誌においても「公営ギャンブルの危機」が紙上の話題にのぼることが増えてくる。逆にいうと、公営ギャンブルの話題といえばもっぱらそういった「暗い話題」しかない、という風潮が目立つようになる。以下に記事名を並べてみるが、ほとんど景気のいい話が聞こえてこないという状況がよくわかるだろう。

「若者ヤーイ！　客も中高年ばかり…　公営ギャンブル・競輪」（『朝日新聞』一九九九年九月一七日富山版）
「地方公営ギャンブル、打ち出の小づち　今や『お荷物』　繰入金ピーク時の三分の一」（『読売新聞』一九九九年一一月一九日）
「益田競馬　増収策も実らず　廃止次々、公営曲がり角」（『読売新聞』二〇〇一年五月二七日島根版）
「地方公営ギャンブル崩壊へ　中津競馬場が皮切り」（『AERA』二〇〇一年六月一八日号）
「岐路に立つ、公営ギャンブル　税金で赤字補てんも」（『読売新聞』二〇〇一年九月四日夕刊）

それぞれの記事についての詳細は省くが、記事内容の大略は概ね共通している。すなわち、かつてはその売り上げが地方財政に貢献していたが、今では逆に赤字を税金で補てんする事態になっている。ファン層拡大の試みも、あまり成功していない。もはや、公営というあり方を根本的に見直すか、廃止するかの二者択一しか残されていない――おおよそ、こういった内容である。

当時の状況について、端的に問題点が整理されているものは、農業経済学者の岩崎徹の執筆による『エコノミスト』の記事である。少し長くなるが、抜粋して引用したい（岩崎徹「破綻寸前の地方競馬 地方から中央へ――負の連鎖が日本競馬を襲う」『エコノミスト』二〇〇三年一一月四日号）。

地方競馬危機の要因・背景はどこにあるのか。まず挙げられるのは、長引く不況で個人消費が冷え込んだことだ。かつては「不況に強い競馬」と言われたが、携帯電話料金など、消費者にとって競馬より優先順位の高い支出費用が生まれたことも大きい。

また、長期展望の欠落、素人集団による運営、任用期間の短さによる熱意の欠如、責任の不明確さなどに代表される地方競馬関係者の「役人体質」や、官僚縦割り機構、競馬団体・指導組織との連携のなさ、財政運営の硬直化など運営システムの欠陥が危機に輪をかける。（中略）

地方が健闘していた当時（一九六〇年代：引用者注）は、中央と地方はそれぞれ興行としての独自性を保ち、ファン層も異なっていた。ところが国際化の進展と、映像やコンピュータの発達により、国内外の大レースの観戦が全国どこからでも可能になった。そればかりか、中央は、施設・馬場の拡充、良血馬の集中などでファンを引きつけ、地方との差を開いた。

加えて、地方不振の背景には中央との競合関係がある。地方と中央の馬券発売地域をみると、八つの地域（都道県）で直接的な競合関係にあり、さらに一九三万人にものぼる中央の電話投票加入者も含めると、ほぼ全国で競合していると言ってもいい。中央の売り上げは、地方に食い込むことで成立してきたのだ。

ここでは、長期化する不況、公営ゆえの体質的問題、そして中央競馬への一極集中という問題点が挙げられている。それぞれの要因はある程度相互独立的なものであるが、それらが複合的な要因となって、この時期の「公営ギャンブルの危機」を招来した、ということができる。

しかし、これだけ「危機」が叫ばれつつも、多くの公営ギャンブル場がこの状況を何とか乗り切ってきたこともまた、事実である。実際、二〇〇〇年代以降、競艇場で廃止となったものは一つもないし、オートレース場も二〇一六年三月に船橋オートレース場が廃止となったのみである。競輪場はそれらに比べると廃止がやや多く、二〇〇二年三月に甲子園・西宮・門司の各競輪場が廃止、その後しばらく廃止の動きはなかったが、二〇一〇年代に入って大津びわこ（二〇一一年三月）、観音寺（二〇一二年三月）、一宮（二〇一四年三月）の各競輪場が廃止となっている。ただそれでも、二〇一八年七月現在で四三場の競輪場が本場開催を続けており、廃止になった競輪場についての時期をみても、それほど連鎖的に廃止が続いたわけではない。

これらと比較すると、地方競馬場の廃止ラッシュは、きわめて深刻なものであった。二〇〇〇年の時点で二七あった競馬場のうち、二〇〇一年の中津競馬場から二〇一三年の福山競馬場にかけて、実に一二もの競馬場がドミノ倒しのように廃止されていったのである。二〇〇〇年時点を基準とすれば、競輪場は全体の一二パーセントが廃止されるにとどまったのに対し、地方競馬場は半数近くが廃止となったことになる。「公営ギャンブルの危機」の影響を最も強く被ったのは、実は地方競馬だったのである。[7]

2―3　地方競馬の廃止ラッシュ

切なくなるのであまり繰り返したくないが、ここでもう一度、二〇〇〇年代以降における地方競馬場の廃止状況について、振り返っておきたい。一覧にすれば、次の通りである。

二〇〇一年：中津競馬場（大分県）、三条競馬場（新潟県）
二〇〇二年：益田競馬場（島根県）
二〇〇三年：上山競馬場（山形県）、足利競馬場（栃木県）
二〇〇四年：高崎競馬場（群馬県）

7　一九九二―二〇一〇年までの期間、一九九七年・二〇〇五年・二〇〇六年を除く全ての年度において、地方競馬全体の売得金額は前年割れであった（最も大きな下げ幅は二〇〇三年度の八六・八パーセント）。前年を上回った三つの年度にしても一〇一パーセント台であり、大きな増加があった年はなかったと言ってよい（地方競馬全国協会地方競馬史編集委員会編『地方競馬史　第五巻』地方競馬全国協会、二〇一二年、四七〇頁）。

二〇〇六年：岩見沢競馬場（北海道）、北見競馬場（北海道）、宇都宮競馬場（栃木県）
二〇〇八年：旭川競馬場（北海道）
二〇一一年：荒尾競馬場（熊本県）
二〇一三年：福山競馬場（広島県）

なおこの間、ＪＲＡの新潟競馬場、中京競馬場、札幌競馬場を借りてそれぞれ新潟県競馬組合、愛知県競馬組合、北海道による主催で行われていた「地方競馬」が、廃止または休止されたことも付け加えておきたい[8]。これらも含めれば、二〇〇〇年代以降、いかに多くの地方競馬場がこの世から消えていったのかが、はっきりとわかるだろう。高度成長期以後、二〇世紀の間に廃止された地方競馬場が大阪・岸和田の春木競馬場と和歌山の紀三井寺競馬場だけであったことを考えれば、二〇〇〇年代以降に起こったことは明らかに異常事態であるといってよい。

この異常事態の皮切りとなったのが、中津競馬（大分県）の廃止である[9]。発端は、二〇〇一年二月一三日に当時の鈴木一郎市長が、累積赤字の多さと黒字転換への見通しが立たないことを理由に、同年六月をもって競馬を廃止すると表明したことにある。これが関係者らに対する事前の説明や協議もなしに突然表明されたことで、事態は混迷していく。翌三月には、市と関係者の間には「雇用関係がない」ので市側に補償の責任はない、と市長が市議会にて発言。事態を重くみた関係者らは同月、厩務員労組と「中津競馬の存続を求める協議会」を結成し、市側との対立図式が鮮明になっていく。

同月末には映像会社との契約不成立を理由に、競馬組合が四月一日開催予定のレースの中止を発表。さらに同月六日には、「着順決定に不可欠な映像業者が見つからない」ことを理由に、六月三日まで開催予定の全レースの中止を決定する。これにより、協議会が「競馬場の存続」を運動の柱とすることは断念せざるを得なくなり、以降の会の活動は、廃止後の生活保障を求め議会や市民の理解を得るための社会運動へと変わっていった。その後の市側と協議会の交渉は難航するのだが、詳細は『中津競馬物語』の記述に譲ることとしたい。最終的には、翌二〇〇二年二月末に総額二億三〇〇〇万円で見舞金交渉は妥結することとなった。

中津競馬廃止にともなう混乱が大きなものとなった一因に、市長の強引な進め方があったことは否定できない。ただ一方で、騎手や厩舎関係者の間に「まさか実際に廃止されるはずがない」という思い込みがあったこともまた、無視できない要因となっていた。中津競馬場廃止をめぐる一部始終を取材した民俗学者の大月隆寛によれば、廃止案が公式に出されるまでの関係者たちは、「なんだかんだ言っても親方日の丸」だから「競馬場がつぶれるなんてことはないと思っていた」という[10]（大月隆寛「週刊ノンフィクション劇場　地方競馬が消えてゆく（二）再生へ知恵めぐらす『うまやもん』」『週刊朝日』二〇〇三年五月二日号）。しかし、結果的にそれは、紀三井寺競馬の廃止以降に競馬場の廃止がなかったという事実のみ

8　新潟は二〇〇二年に廃止、中京は二〇〇三年、札幌は二〇一〇年にいずれも休止。
9　以降、中津競馬廃止の顛末に関する記述にあたっては、中津競馬記録誌刊行会編『中津競馬物語』（不知火書房、二〇〇二年）を大いに参考にしている。

写真左：2001 年 4 月上旬、中津競馬場での関係者の示威行動（『中津競馬物語』16 頁）
写真右：2001 年 4 月中旬、中津市内での関係者のデモ行進（同上、20 頁）

に依拠した、希望的観測であったと言わざるを得ない。この間、赤字に苦慮するようになった主催者側が、「廃止」を全く念頭に置いていなかったわけではないからである。にもかかわらず、なかなか「廃止」に踏み切る主催者があらわれなかったのはなぜか。この点について大月は、同じ記事の中で「あるつぶれた地方競馬場の元主催者」の談として、次のような話を紹介している。

つぶすにつぶせなかった、というのが本音です。仮につぶすにしても補償をどうする、その財源は、といった具体的なことを考えるととてもじゃないけど決断できない。それにこう言っちゃ悪いですけど、われわれ主催者は公務員なので二年か三年で配置替えになるのが普通ですから、在職中はお役大事、売り上げが減るのを最小限におさえればそれでいい、いらんことはしなくてもいい、という頭がありましたからねえ。

要するに、「臭い物に蓋」「寝た子を起こすな」ということである。これを「お役所仕事」として批判する正義感の強い向きもあるだろうが、実際にその立場になれば大半の人が同じ選択をするのではなかろうか。地方競馬の主催者といってもそれは組織・団体であり、たまたま担当者となった一個人が火中の栗を拾おうとすることは、日本社会の中では勇敢というより蛮勇と捉えられかねない。むしろここで問題なのは、やはり公営であるがゆえの不自由さである。第一章で詳述したように、売り上げが多すぎても少なすぎても「問題」となってしまうという、公営ギャンブル特有の構造的問題である。とてつもない規模の赤字が累積するまで放置された挙句、突如「廃止しかない」という極論が導き出されてしまうように見えるのは、こうした構造的問題に由来するところが大きいと考えてよい。

10　大井競馬の厩務員で、全国公営競馬厩務員連合会会長であった成田浩も、「それ（中津競馬の廃止：引用者注）まではともすれば、全国の仲間の間でも、『廃止問題は自分たちとは関係ない』『首を突っ込まないように』といった空気があったことは否定しない」と記している（前掲『中津競馬物語』一七頁）。

3　地方競馬の廃止はなぜ大ごとになるのか

中津競馬場の廃止は、大きな混乱を伴いつつも現実のものとなった。このことの重大性は、ともかくも競馬場の廃止は実現可能であるということが、前例として示されたことにある。中津競馬場の廃止以後、各地の競馬場が連鎖的に廃止されていったという事実からは、「タイミングさえ合えば廃止の方向にもっていきたい」という空気が、地方競馬の主催者の間で確実に潜在していたということを意味する。[11]そこには、単に財政逼迫という現実的な問題だけでなく、公共団体がギャンブルの胴元であり続けることへの後ろめたさを、この際払拭したいという願望もあったと考えられる。

とはいえ、地方競馬場の廃止は独特の困難が伴うものであったのも、また事実である。その一つの表れとして、かつて高崎競馬の騎手であった赤見千尋が「主催者から地元新聞へ情報が流れ、そこから全国紙へ広がって大々的に廃止が報じられる。関係者は必ず新聞で知らされるのだ。この構図は、全国どの競馬場も全く同じ道を辿っている」と指摘するように、廃止に関する情報がまるで隠し事のように扱われがちになることを指摘できる。こうした事態に対し赤見は、「なぜ新聞記者より先に、関係者に話をしないのだろうか」と問いかけ、そこに主催者と関係者の間の深い溝が見出せると問題視している（赤見千尋「組合職員から見た高崎競馬廃止／あの時なにが起こったか――競馬場の廃止と再生（三）」）。[12]

ではなぜ、地方競馬場の廃止は正面切って取り組むことが難しく、大ごとになりやすいのだろうか。

背景として考えられることとして、ここでは三つの点について指摘していきたい。

3―1　補償問題

第一に、関係者数が相対的に多く、補償問題の決着が難航しがちになる点が挙げられる。競馬以外の公営ギャンブルについては、レースの主体となる選手さえいれば、あとは開催日の運営に係る業務担当者のみが最低限必要な人員となる。だが、競馬の場合、騎手だけでなく日常的に馬の管理を行う調教師、厩務員の存在が不可欠であり、それ以外にも装蹄師・獣医師など関係者の数は非常に多くなる。それゆ

11　ただし、上山競馬場（山形県）の場合はやや事情が異なる。上山市は二〇〇〇年代に入り、山形市など周辺自治体とのいわゆる「平成の大合併構想」を進めていた。これに関わって二〇〇二年四月に上山市の財政状況について市が県に説明を行った際に「とんでもない法解釈の間違い」が発覚し、「各種振興策の実施によって存続可能」としていた市営競馬が一転して巨大なお荷物となることが明らかになったため、廃止のやむなきに至ったのである。しかも、そこまでして上山市が執念を燃やした広域合併は最終的に実現せず、「結果的には何のために競馬を廃止したのかわからない話になって」しまった。こうした経緯もあって、上山競馬最終日のセレモニーにて市長が「苦渋の決断で慚愧に耐えない。皆さんに心から感謝すると共にお詫びしたい」と挨拶すると、「お前が辞めろ！」とヤジが飛んで騒然となったという（前掲『地方競馬史　第五巻』一六三―一六七頁）。

12　http://news.netkeiba.com/?pid=column_view&cid=26858（二〇一四年六月一九日確認。なお、同記事は現在は有料コンテンツとなっている）。

え、必然的に補償の対象者数や金額も多大なものとなりやすいのである[13]。

また、競馬の廃止となれば、これらの人々に対する補償に加え、馬の処分という精神的に大きな負担もかかってくる。また、再雇用という選択肢についても、ほとんどの競馬場が同様の問題を抱えるなかで他場への移籍は難しく、競馬に関わる知識・技能の特殊性ゆえ異業種への転職も決して容易ではない。このように、地方競馬の廃止に伴う補償問題は往々にして首尾よく決着しないケースも少なくないのである。

3―2 伝統の長さ

第二に、戦後になって新たに創設された他の公営ギャンブルと異なり、地方競馬は歴史的により古くから続けられてきたものであるという事情がある。すでに簡単に触れたように、地方競馬の多くは、各地の村祭りなどに際して行われた草競馬をその起源としている。『地方競馬史』を繙けば、戦前の日本にはいかに多くの競馬場が各地に存在し、それぞれの土地の住人たちに娯楽を供する施設として重宝されていたのかがわかる[14]。特に昭和初期に作られた競馬場が多いのだが、そのあたりの事情については杉本竜の研究に詳しい（杉本竜「戦前期地方競馬に関する一考察――昭和七年大分県の事例から」『日本歴史』六六六号、二〇〇三年、八一―八九頁）。杉本は、昭和初期に大分県に新設された別府競馬場（一九三〇年春季より開催）・宇佐競馬場（同年秋季より）・中津競馬場（一九三一年春季より）に注目し、なぜこの時期

昭和30年代後半の中津競馬（『中津競馬物語』104頁）

に競馬場の開設が相次いだのかを検討している。その結果、主催者側としては馬券発売に伴う地方財政への寄与や競馬場従業員等の雇用創出というメリットがあったこと、観客増加を見込んだ鉄道会社の協力があったこと、そして何より実際に多くの観客が来場するようになったこと、が明らかにされている。これらをふまえ、杉本は次のように述べる。

競馬場は従来「博徒が割拠する鉄火場」といった面ばかりが強調されてきたが、本稿で見てきたようにいわゆる「レジャーランド」として地域の老若男女や、近県からの遊客に対して娯楽を提供する空間として機能していたことが窺えよう。そして、そうした様々なメリットがあったからこそ、各市町村は「わが市（町村）に競馬場を!」と誘致活動に動き、

13 紀三井寺競馬廃止に伴う補償のケースでいえば、補償交渉の対象者はのべ七七七人、和歌山県・市の補償予算総額は約二八億二〇〇〇万円であった（『地方競馬史』第四巻、一九九三年、三一一―三一二頁）。

14 『地方競馬史』第一巻の第Ⅱ部「地方競馬場の沿革」（一六三―三八〇頁）には、同書発刊当時に存続していたものも含め過去に存在した日本の地方競馬場が網羅的に紹介されているが、その数は実に一四四場にのぼる。

在りし日の三条競馬場
(『地方競馬の黄金時代』41 頁より。1998 年に初免許を取得した山口高騎手の横断幕がみられることから、1998 〜 2001 年に撮影されたものと推定できる)

県議等も積極的に政治活動を行っていたのである。(中略) さらに勝馬投票券を発売しない競馬も活発に行われ、そこにも多くの民衆が押かけて盛況を博した。「馬が駆けるのを見る」ことがイベントとして成り立っていたことも併せて見てとれよう。

このようにして長らく地域に定着してきたものだからこそ、「廃止」は重大事となるのである。[15] しかも、一九六一年の「長沼答申」により、現行では一度廃止された場合、事実上再開の機会を永久に失ってしまうということになる。まさに草の根から生まれた草競馬が、財政に寄与するためという大義名分で公に「接収」され、その公の都合で潰される――そうした経緯に、ある種の理不尽さを感じる人々がいてもおかしくない。地方競馬の廃止が大問題となりやすいことの背景に、こうした地方競馬の「伝統」の長さがあったと考えることは、決して無理な推察ではないだろう。

3―3 「馬好きの文化」の側面

そして第三に、高度成長期以降に進められた地方競馬をめぐるシステムの整備・近代化が、結果的に運営の硬直化を招来したという点が挙げられる。これはどういうことか少々分かりにくいので、やや説明を要するだろう。まずは、先にみた大月の記事から、次の引用を見ていただきたい（前掲大月「週刊ノンフィクション劇場　地方競馬が消えてゆく（二）」）。

かつて地方競馬は決まった厩舎を持たず、馬と若い衆を引き連れて競馬の開かれる土地を転々と回

15　過去に地方競馬場が集中的に激減した時期が二回あり、一つは軍馬資源保護法が施行された一九三九年、もう一つは一九五〇年代である。前者についての詳細は第一章の注12を参照していただきたいが、この施策により一〇〇以上あった地方競馬場が三七場に整理されたことについては、改めて指摘しておく。後者は、戦後（一九四八年）の競馬法にもとづき公営競技として開催されるようになった地方競馬場の多くが、競走馬の不足や新興競技（競輪・競艇・オートレース）の人気におされるなどして、この時期に相次いで閉鎖されたものである。戦後最も開催場数の多かった一九四九年に六八場あった地方競馬場は一九五〇年代を通じて漸減していき、一九六三年には二八場まで減っている（『地方競馬史』第二巻、一九七四年、三二―三八頁。なお、いずれも地方開催の札幌・函館・新潟・中京を除いた数字）。

る、そんな旅回りの生活が当たり前でした。地元の厩舎も競馬場の塀の中などでなく、自分の家の庭先や借りた農家などに馬を繋いで養う外厩と言われる形が普通でした。競馬場に決まった厩舎がつくられ、そっちに定住するようになっても、そんなかつての旅暮らし、まるでお祭りを追いかけてあちこち回って暮らすテキ屋さんのような気分は、古い「うまやもん」の身体に深くしみついています。

ここからは、草競馬の延長線上にあった、かつての地方競馬のようすをうかがい知ることができる。では、ここでいう「かつて」とは、具体的にいつごろのことを指すのであろうか。実は、これは想像するほど大昔のことではなく、一九七〇年代ころまでは、このようなあり方が地方競馬の中に存在していた。そのことがよくわかる調査記録が、島根大学准教授の関耕平らによって発表されている（「地方競馬の変遷」『山陰研究』一号、二〇〇八年、六五―七八頁）。この調査は、廃止前に益田競馬の馬主をしていた大石正氏の聞き書きをまとめたものであるが、これを読むと、一九七〇年代を境にして、草競馬的な文化が地方競馬から排除されていったようすがわかる。以下、興味深い部分を抜粋しつつ、往時の益田競馬のありようを垣間見てみたい。

大石氏は農家であるが、「高校卒業して一九五七（昭三二）年から馬主を始めた」。「高校卒業後は農協に就職したが、給料が月四〇〇〇円だった。馬がレースに勝てば、三五〇〇円だったかな、いっぺんにそれぐらい稼げる。だから、一年で農協を辞めて、馬主になった」という。馬は三頭飼っていたが、「耕運機とかトラクターがないから、牛馬で田を鋤いたりしてた。競走馬も競馬専属ではなく、百姓・農耕にも出しながら休みのときに競馬をやらせるというような形でやっていた。競馬が無いときは、山の倒木を引っ張り、田仕事をやっていた」というように、大石氏の持ち馬はいわば「兼業競走馬」であった。[16]これはまさに、草競馬的なあり方といってよい。

「兼業」だったのは馬だけではない。大石氏自身も、単に馬を所有しているというだけではなく、馬のトレーニングもつけ、馬の日常的な世話もすべて自らが行っていた。あえていうならば、「馬主兼調教師兼厩務員」である。

わしはなんにしても馬が好きじゃけえ、馬の世話をするのが好きだった。敷き藁をして飼葉を付けてあげ、ムダワラといって湯で体を洗いマッサージをしてあげる。フロの湯できれいに洗ってマッサージをしてあげた。レースが終わったら連れて帰って、晩には馬を先に洗っていた。馬が先に風呂に入っていた。

昔は馬主（うまぬし）であり、馬丁（いまでいう厩務員）といって馬の手入れをすることができ、攻め馬（レースに向けた調教）といってトレーニングができ、すべてができる。わしはオーナーであり、

16 当時大石氏が所有していたのはサラブレッドではなく、スピードは劣るが耐久力・持久力に優れたアングロアラブの馬である。一九九五年に中央競馬におけるアングロアラブ競走の廃止以降、同種の生産頭数は激減。次第にアングロアラブによる競馬が困難となっていき、二〇〇九年の福山競馬における競走を最後に、アングロアラブによる競馬は現在の日本では行われていない。

昭和 40 年頃の益田競馬場スタンド
（地方競馬全国協会地方競馬史編集委員会編『地方競馬史　第五巻』地方競馬全国協会、2012 年、162 頁）

厩務員であり、下手だったけど調教もやりよった。唯一レースだけは乗られない。

こうしたあり方に転機が訪れたのは、昭和四〇年代のことである。それまでは「調教師と厩務員と騎手と馬主を明確に区別する様な制度はなかった」のだが、「預託制度が厳格になって調教師に馬を預けなくてはならなくなった」といい、大石氏の記憶によればそれは一九六五年以降であったという。これは、『地方競馬史』第四巻の記述と照合しても、おおむね正しいとみてよい[17]。預託制度の厳格化は、端的にいえば不正防止の一環として行われたものであるが、大石氏のような立場からすると「馬が好きで馬持ちでありながら馬の世話をして、競馬に出走させるという、草競馬、花競馬のような雰囲気はなくなってしまった。ギャンブルだから仕方がないけど、完全に分担になった」という見方になる。大石氏は、こうした状況の変化を「馬好きには本当につまらん」とも言っている。

ここまでの引用からもわかるように、大石氏の聞き書きを読んでいると、本人が純粋に馬好きであることが伝わってくる。

わしは、馬があるから、仕事にやりがいをもつ。馬主をやっても儲けにはならない。損得を考えたらやるべきではないけど、パワーがもらえる。それがあってほかの事に精を出すことができるんだと思っている。

百姓をしながら、自分の馬が出るときは競馬場に行って手を叩いて応援するのが楽しかった。馬券は買わないけど、馬には金をかける。元は取れなかったけど、維持費ぐらいは馬が稼いでくれていた。

このような「馬好き」の感覚は、決して大石氏のみに特殊なものではない。「馬の世話ができなくな

17　このあたりの経緯につき、『地方競馬史』第四巻では、「昭和四〇年代になって、厩舎関係者等による禁止薬物の使用や名義貸し等に起因する度重なる不祥事件が発生し」、「これを契機に、厩舎管理を含む地方競馬の施行管理体制の改善強化に対する要請が高まっていた」と述べられている（五五頁）。その後、一九七六年一〇月に「地方競馬実施規程例」と「きゅう務員設置認定要綱例」が農林省によって制定され（一九七七年度から適用）、認定された厩務員以外が預託競走馬の飼養管理を行うことはできなくなった（同書、五五―六四頁）。なお、中津競馬でも近代的な厩舎団地が完成したのは一九七四年のことであり、やはり時期的に符合している（前掲『中津競馬物語』七頁）。

るのがいやで、親類名義で馬主登録して、本人が厩務員として馬の世話をし続けたなんて人もざらにいた」というように、自分が馬に直接関わっていたいという気持ちから競馬に携わり続けた人々も、少なからず存在していたのである。

大石氏の聞き書きからの記述が長くなってしまったが、これは、地方競馬場の廃止が重大事になりやすい理由の第三の点――高度成長期以降に進められた地方競馬をめぐるシステムの整備・近代化が、運営の硬直化を招来したという点――を説明するためであった。ここまで見てきたことから、大方の読者はこれがどういうことか理解されたものと思われる。大石氏の話にあらわれているのは、単なる「ギャンブル」や「収益事業」としてではなく、昔ながらの草競馬的な地方競馬には、馬好きの人たちが楽しみとしてそこに参加していたという、れっきとした「文化」の側面があったということである。したがって、地方競馬場の廃止は、こうした「文化」を根こそぎ潰すということを意味する。だからこそ、「儲からなくなったから辞めます」では済まされないのである。

もちろん、そうした「文化」にしばしば「胡散臭い輩」が絡んでいたという問題はあったし、それゆえに八百長などの不正や騒擾の発生などが問題視されていたというのは、第一章でもみた通りである。それらへの対応策として行われた一九七〇年代以降のシステム整備が、全く否定されるべきものではないだろう。ただ、そうしたシステム整備の逆機能として、地方競馬の世界に存在していた混沌とした、しかしある意味では豊穣な文化が失われ、それが競馬の魅力を減じる結果につながったこともまた、否定できないのである。

4　公営ギャンブルの文化的価値への注目

4―1　馬事文化としての側面

本章でここまでみてきたように、一九九〇年代後半以降に喧しくなった「公営ギャンブルの危機」は、二〇〇〇年代以降になると競技場の廃止という形で帰結するようになっていった。特に地方競馬は、その影響を最も大きく被ることになった。

しかし、こうした事態と並行して、地方競馬に対する新たな社会的視線が登場してくるようになる。それは、地方競馬を独自の文化として認め、それを擁護しようとする視線である。その文化としての価値には、一つは馬事文化の一環としての競馬の価値、もう一つは「古き良き時代の象徴」としての地方競馬の価値、という二つの側面がある。

いずれにしても、このような視線は、二〇世紀の間にはほとんど見られなかったものである。たとえば、一九八八年三月に廃止された紀三井寺競馬の最後のようすは、新聞紙上で次のように報道されていた。

「ホタルの光」が流れる中、千人ほどのファンが惜しみながら競馬場を去った。累積赤字のため、今月限りで廃止が決まっていた和歌山市の紀三井寺競馬の最後のレースが二十八日開かれ、七十九年の歴史に幕を閉じた。華やかな行事はなく、全レースが終わったあと「ホタルの光」が流されただけだった。

最終レースは、県営で二十六日から三日間の日程で開かれた。初日は雨で入場者は四百八十八人。天気に恵まれた二日目は日曜日と重なって千二百五十一人。最終日は千八十三人の計二千八百二十二人が入場。最後としてはちょっぴり寂しい数字だった。(「紀三井寺競馬　七九年で〝引退〟」『朝日新聞』一九八八年三月二九日和歌山版)

最終開催だというのに人が来ない、華やかなセレモニーもない。そういった点を強調する描写からは、失われゆく競馬場への感慨らしきものはほとんど感じられない。むしろ、「こんな調子だから、廃止されても仕方がない」という本音が透けて見えるのだが、それは読み込み過ぎか。ともかく、この記事に、競馬場への好意的な視線を読み取ることは難しいだろう。

これが二〇〇〇年代に入ると、「公営ギャンブルに対し、『赤字が続くのならやめた方がいい』という声も多い。しかし、戦争で疲弊した自治体の財政を救っただけでなく、六〇年近い歴史で日本独自の競技スタイルを築き上げ、戦後の日本文化の一つになったといえる」(「公営ギャンブル　じり貧続き、脱出へ賭け　漫画に協力、ネット活用…」『読売新聞』二〇〇六年八月二六日)や、「『地方財政の健全化のため』

などとして行われる公営競技も、今や独自の文化として定着した。各競技場の存続を求めた署名運動の盛り上がりも、根強いファンの存在を裏付けた」(田村理「公営競技廃止の舞台裏」『都市問題』第一〇六巻四号、二〇一五年)といったように、公営ギャンブルに独自の文化性を認めてそれを擁護すべきという意見が散見されるようになる。たとえば、二〇〇一年の『読売新聞』の記事を見てみよう(堀田佳彦「船橋競馬場　きずな深める人と馬　公営ギャンブル、冬の時代に」『読売新聞』二〇〇一年一一月一一日千葉版)。少し長くなるが、先の紀三井寺競馬に関する記事と比較してもらいたい。

長引く不況の影響で、各地の公営ギャンブルが苦戦を強いられている。五十一年の歴史を誇る船橋競馬もそんな一つ。しかし、じり貧状態の中でも、馬たちは懸命に走り、馬の面倒を見るきゅう務員らの目はひたむきで優しい。

バブル崩壊後の売り上げ低迷で、船橋競馬も厳しい経営が続く。電話投票、南関東四競馬場の相互払い戻しなどの経営改善努力の成果で、一九九一年に約十九億円に達した累積赤字は、約四億四千万円にまで圧縮したものの、若者の公営ギャンブル離れは止まらない。

だが、馬たちは別だ。みんな懸命に走り続ける。若いきゅう務員たちは午前二時には起き出して馬の面倒を見る。「馬が好きでこの仕事を選んだからね」。ぶっきらぼうな口調に、迷いはない。

九〇年代初頭には五万人もの観客で埋まったスタンドは、このところ平均六千人……。往時を知る関係者にはさみしい限りだ。

しかし一方で、地方競馬の馬たちが砂をけって走る姿に、スマートなエリート馬ばかりの中央競馬にはない親しみを持ち、通ってくるファンも少なくない。船橋競馬場は、馬と人と砂のにおいがした。

この書きぶりからは、船橋競馬に対する好意的な視線をはっきりと読み取ることができる。中央競馬にはない独自の魅力を地方競馬に見出し、そこに文化的価値を認めようとするスタンスである。こうした視線において特徴的なのは、競馬を乗馬なども含めた馬事文化の一環として位置づけ、そこに価値を見出そうとする点である。

やや引用が続くので恐縮だが、同様の視点を見いだすことができるほかの記事もいくつか紹介したい。

開催日にはファンや競馬場内で働く人たちから、高知競馬への愛着を感じさせられます。鯨カツをほおばりながらビール片手に楽しげに仲間と予想し合う姿。食堂の従業員は「こののんびりした雰囲気がいい」と話します。

馬の愛らしさ、雄々しさに近付ける四国唯一の場所。組合職員みなさんの経営努力が実ることを願ってやみません。（竹上知秀「ほのぼの高知支局から　ハルウララで飛躍願う」『読売新聞』二〇〇四年三月一日高知版）

金沢競馬場で働く人や競馬ファンからは、存続を望む声が強く上がる。

四〇年以上前から金沢競馬に通っているというY．S．さん（78）（加賀市）は「競馬は立派な文化であり、廃止には反対。赤字だからと言って規模を縮小するのではなく、思い切った投資をして再起を図ってほしい」と復活に期待する。

競馬場の売店で働くT．E．さん（62）は「開催日やほかの競馬場の場外発売がある日に、生活費の足しに働いている。運動にもなるし、生活に張り合いも出る」とした上で、「なじみの客が楽しんでいる顔を見るのが好き。ファンから楽しみを奪わないでほしい」と願う。

競馬場横の馬事公苑にある「金沢乗馬倶楽部」の事務局長、H．Y．さん（58）は「私もそうだが、競馬をやっているうちに馬に乗りたいと思うようになり、乗馬を始める人もいる。地方競馬がなくなると、日本人にとって馬が縁遠いものになってしまうようでさみしい。積極的な振興策で魅力ある競馬にしてほしい」と話している。（「金沢競馬　赤字続き…どうする存廃」『読売新聞』二〇〇六年四月九日石川版）

公営競技は競馬や競輪など様々で、全国各地で毎日のように開催されている。もともとは自治体の収入を補うために始まったが、ギャンブル性が高く射幸心をあおる要素もあり、額に汗して収入を得る行為とは一線を画して見られていた時期もあった。

しかし、高額当選金の宝くじが登場したり元本割れリスクのある商品が資産運用として一般化したりしたこともあり、また、競技場のレジャー施設化も相まって、今では鉄火場的な負のイメージは薄くなっていると私は思う。

地方競馬は公営競技の中でも維持費が高いとされ、赤字で廃止を余儀なくされているところも多い。だが、動物と間近に接する数少ない機会を提供してくれるので、ぜひとも歯止めをかけてもらいたい。たとえば、日本中央競馬会が地方競馬を吸収して経営の効率化を図れば、地方財源の捻出と畜産振興に寄与できるのではないか。（「高校教員　N．T．（岩手県　39）『公営競技にも温かい視線を』」『朝日新聞』二〇一三年七月二六日）

競馬を馬事文化の一つとして位置づけるこのような見方は、知事という公職に就いている者からも示されるようになった。たとえば、二〇〇〇年当時群馬県知事であった小寺弘之（一九四〇—二〇一〇）は、全国都道府県知事会における地方競馬の存続策について、「公営ギャンブルとしてだけでなく、動物との触れ合いやスポーツ観戦の場との観点を残しておくべきではないかと訴えたい」と表明していた（「『地方競馬は動物との触れ合いの馬で必要』小寺氏、全国知事会で提案へ」『読売新聞』二〇〇〇年九月一二日群馬版）。あるいは、ハルウララブーム当時高知県知事であった橋本大二郎も、JRAの機関広報紙『優駿』でのインタビューにおいて、「高知競馬の調教師や厩務員や様々な職種の方々と話をしてみると、みなさん非常に真面目で朴訥で馬が好きでいらっしゃる。そういう方々の仕事は競馬という一つの文化ですから残したいですよ。私の個人的な感情から言えば、廃止せずになんとか支えていきたいと思ってきましたし、今もそうです」と語っている（「さろんど競馬第二回　橋本大二郎さん（高知県知事）」『優駿』二〇〇四年五月号)。

知事という立場からこのように地方競馬を擁護する発言は、おそらく二〇世紀の間には憚られることだったのではないだろうか。こうしたことからも、二〇〇〇年代以降の地方競馬に対する社会的視線の変化を確認することができるのである。

4―2 「古き良き時代の象徴」としての側面

こうした馬事文化としての競馬の価値づけとは別に、地方競馬を「古き良き時代の象徴」として価値づける視線も、二〇〇〇年代に入ってから登場するようになった。早い段階のものとして、新潟の三条競馬場を取材した記事に、以下のような記述がみられる(深町泰司「〝もう一つの地方問題〟競馬場から馬が消える町　累積赤字四四億円『新潟・三条競馬』休催のジレンマ」『プレジデント』二〇〇〇年四月一七日号)。深町は、「三条競馬場には、よかれあしかれ昔ながらの〝鉄火場〟の匂いが残っている」としたうえで、次のように述べる。

三条市の人口は、およそ八万五〇〇〇人。上越新幹線で東京から約二時間の燕三条駅を降りると、駅前には真新しいシネマコンプレックスが立っている。少し歩けば、大手のレンタルビデオチェーン店、ファミリーレストラン、コンビニもある。駅から車でほんの数分の距離にある三条競馬場のうらぶれた雰囲気は、微塵も感じることができない。よく整備されてはいるけれど、その町の匂いは見事なまでに消し去られている。日本のあちこちに点在する、均質化された新幹線の駅前の光景。

シネマコンプレックスに恨みはないが、いつの間にか日本中から消えてなくなった、小屋の匂いを残した映画館のことを懐かしく思う。地方競馬の競馬場もいずれはそんな運命を辿るのだろうか。便利で快適で清潔な生活と引き換えに失った豊かさがあることを、三条競馬場は教えているのではないか。あの三条競馬場の佇まいは、かけがえのないもの、他に代わりを見つけることのできないものだ。そう、三条は競馬場のある町なのだ。

ここに見られるロジックそのものは、特段に目新しいものではない。時代の遺物を懐かしみ、そこから「現代人は大切な何かを失っているのではないか」という主張を導く語りは、はっきり言って手垢まみれの論法である。ここで重要なのはそうしたロジックの構造ではなく、地方競馬が時代の遺物として扱われ、懐かしさを醸すものと見なされている点なのだ。

このほかにも、高知競馬場の写真に「ローカルな雰囲気漂う高知競馬。でもそれがいいのだ」というキャプションがつけられたり（次頁の画像。岡本弘『またも負けたか100連敗――負けるが勝ち！ハルウララ物語』アスク、二〇〇四年、一〇九頁より）、「競馬が人生の比喩ではない、人生が競馬の比喩であると、かつて寺山修司は書いた。そんな思いを巡らすには、少しくたびれた地方競馬の雰囲気に身を任せるのが、ちょうどいい」といった記述がみられたりする（「Go to 地方競馬」『朝日新聞』二〇一三年九月八日名

ローカルな雰囲気漂う高知競馬。でもそれがいいのだ

古屋版)。あるいは、次に挙げる投書なども、この流れの中に位置づけることができる(「木曽川の風に吹かれながら」という記述から、これは笠松競馬場について書かれたものであることがわかる)。

本格的な賭け事は性に合わない。根っからの臆病者で貧乏性のせいかも知れない。

若い頃はパチンコ、競馬、競輪、競艇などに足を運んだ。それでも小遣いの範囲内で、賭けと言えるものではなかった。それだけに映画などで大金を動かすギャンブラーにはいつもあこがれていた。

昨年、老人クラブで地方競馬に出かけた。どの馬がいいのか皆目分からぬが、連れのアドバイスを参考に一番やんちゃそうな馬に賭け五〇〇円で馬券を買った。が、七着。しゃくにさわったので次のレースも買ったが八着だった。

連れは気前よく賭け続けたが私はこの二レースだけで終え、後は彼らの悔しそうな表情を眺めながらコーヒーをすすり、サクラの新緑で目の保養をした。

たまには老いの一日を青空の下、観覧席で木曽川の風に吹かれながらのんびりと過ごすのも悪くはない。千円で老いの健康にもよさそうな楽しい時を過ごせたのだから。(「無職　O．S．(岐阜市　72)「賭け　馬券千円で楽しいひととき」『朝日新聞』二〇〇九年四月二七日名古屋版)

ここまでみてきた地方競馬の描写に共通しているのは、「鉄火場の匂い」「ローカルな雰囲気」「くたびれた雰囲気」「老いの一日」(＝中高年層との親和性)など、一九九〇年代以前であれば地方競馬が「オワコン」(＝終わったコンテンツ)であることの証として表象されたはずの要素が、肯定的な意味・価値を持つものとして描き出されているという点である。とはいえそれは、新しいコンテンツが人々に訴求するような意味・価値と同質のものではない。ここに示されている意味・価値とは、まさにノスタルジアの対象となるものが持つそれなのである。[18]
地方競馬に対するこうした視線の変化が、前節までにみたような地方競馬の「危機」と無関係であったとは考えにくい。競馬場の廃止が次々と現実のものとなっていくのを目の当たりにして、「本当に廃止が最善の選択なのか」と思う向きも少なくなかったはずだからである。
だが同時に、二〇〇〇年代は、日本社会全体に「昭和ノスタルジア」が流行した時期でもあった。[19]二〇〇〇年三月より放送開始された『プロジェクトX　挑戦者たち』(NHK、二〇〇五年一二月まで)や、二〇〇五年に公開された『ALWAYS 三丁目の夕日』（監督・山崎貴）、翌年公開の『フラガール』（監督・李相日）など、昭和時代のエピソードを題材としたメディアコンテンツがヒットし、多数生み出されたのが、この時期である。大分県豊後高田市が、寂れた商店街を逆手に取り「昭和の町」と名付けて町おこしのPRを開始したのも、二〇〇一年のことであった。

これらの事実が示すのは、二〇〇〇年代になって「昭和」が完全に「過去化」され、「昭和」を想起させる事物の多くが、ノスタルジアの対象と見なされるようになったということである。地方競馬に対するノスタルジックな視線も、二〇〇〇年代の日本社会全体を覆った「昭和ノスタルジア」の風潮を背

18　このような価値づけは、近年では地方競馬以外の公営競技に対してもみられる。たとえば、二〇一六年三月二一日をもって本場開催を終了し廃止された船橋オートレース場の最後の三日間を取材したNHK『ドキュメント72時間』の「さらば！　俺たちの船橋オート」（二〇一六年四月二二日放送）では、ファンたちに娯楽を提供し町の発展に貢献してきたオートレースの「六五年の歴史」の重みが強調されていた。そこには、公営競技に対する批判的な視線は全く見られず、廃止を惜しむファンや選手たちの姿が共感をもって描き出されていた。

19　序章前掲日高『昭和ノスタルジアとは何か』など。また、社会学・メディア研究者の高野光平によれば、世代によって個別多様に分立していた「昭和的なもの」への興味関心が二〇〇〇年頃に統合され、時代や世代のディティールをそぎ落として、ざっくりとした「古き良き昭和」という記憶のかたまりが形成されたという。それは、昭和が遠ざかったことで誰にとってもひとしく「過去」になっていく状況中で、様々な経路（文字メディア、映像メディア、商品、展示施設、街づくり等）を通じて実行されたことであると指摘している。さらに、団地や遊園地などの「昭和遺産」的な趣向はゼロ年代に特有のノスタルジーであるとも指摘しており、ここに公営ギャンブルも含まれていたものと考えてよいだろう（高野光平『昭和ノスタルジー解体』晶文社、二〇一八年）。

景として、ある種の必然性をもって登場したものと位置づけられよう。

4―3　ノスタルジアにおける時間的距離と空間的距離の等価交換性

直前の文章で、筆者は「ある種の必然性」と書いたが、これは明らかに説明不足である。必然性の第一は、地方競馬の古さ、つまり現在を基準としたときの時間的な距離に関係する。昭和時代から続いていて、現在では時代遅れともとれるような要素――「鉄火場の匂い」「ローカルな雰囲気」「くたびれた雰囲気」――が、それゆえにノスタルジアの対象となりやすいという意味で、必然的だったということである。

ただ、地方競馬がノスタルジアの対象となりうることの必然性には、もう一つの重要な側面がある。それはほかでもない、「地方」という言葉の持つイメージである。ここで、本章のはじめに論述した内容を思い起こしてほしい。そこで筆者は、ノスタルジアは望郷の念を由来とするものであるため、「地方＝田舎」との親近性が強いということを指摘した。そして、ノスタルジアという観念において、時間的な距離は物理的・空間的な距離と等価関係にあるものとして認識されると述べた。すなわち、二〇〇〇年代以降の地方競馬には、時間的距離と空間的距離という、ノスタルジアを喚起する要素が二重に含まれているのである。

そして、この二つの要素が等価関係にあるということは、次のような認識を生み出す。すなわち、**「地**

方＝田舎」に存在するものは、たとえそれが現在のものであったとしても、過去を想起させるものとして人々の意識において映じるのである。

こうした論理のアクロバティックな展開によって起きたことの一つが、本章でみた「地方競馬への好意的視線」の拡大であった。そしてもう一つが、次章でみる「ハルウララ現象」だったのである。ハイセイコーやオグリキャップの「語り」において、「地方」は脱出すべきもの、もっと言えば否定されるべきものとして位置づいていた。しかし、ハルウララをめぐる「語り」においては、ハルウララが地方で走り続けているということに、むしろ積極的な価値が見いだされていくのである。

第五章　過去化される「地方」

――「勝てない馬」ハルウララ

1　ハルウララブームの勃興、拡大、そして終息

1―1　ハルウララがブームとなるまで

ハルウララは一九九六年二月二七日、北海道三石町の信田牧場で生まれた。父ニッポーテイオー、母ヒロイン。母は未勝利馬であるが、父のニッポーテイオーは一九八七年の天皇賞（秋）・マイルチャンピオンシップを勝った名マイラーである（ちなみに、オグリキャップより二歳年上）。

セリで買い手のつかなかったハルウララは、生産牧場の所有馬として高知競馬でデビューすることと

なった。一九九八年一一月一七日のデビュー戦は高知競馬場のダート一〇〇〇m、結果は五頭立ての五着。以後、二〇〇四年八月まで高知競馬で走り続け、一一三戦〇勝の成績で引退。

競走馬としてのハルウララについて、これ以上特筆すべきことはない。ハイセイコーやオグリキャップのような華々しい戦績どころか、一勝たりともできなかった馬である。強いていえば一一三戦もレースに出走したという点かもしれないが、それでも似たような事例は探せば見つかる。たとえば、一九八六年から九二年にかけて浦和競馬場を中心に走り、一六一戦〇勝で終わったハクホークインという馬がいる。また、ハルウララよりも少し前の時期、アメリカではジッピーチッピー（Zippy Chippy）という競走馬が一〇〇戦〇勝という記録を作り、負けても負けても走り続ける姿で大衆人気を博した。さらに、ハルウララより後の日本では、マイネアトリーチェという馬が中央競馬で六戦〇勝のあと、金沢・兵庫・愛知・笠松と所属を転々としつつ走り続けたが、遂に一九二戦して一勝もせずに引退している。だから、連敗記録という意味では、ハルウララよりもハクホークインやマイネアトリーチェの方がはるかに上（下？）ということになるが、これらの馬の存在を知っている人はほとんどいないだろう。このことは、連敗記録が即、人気に結びつくわけではないということを示している。ハルウララへの注目は、本章で詳しくみるように、同馬をめぐるさまざまな毀誉褒貶によって形成されたもの、すなわち「ハルウララ語り」が生み出したものであるといえる。

では、ハルウララはどのような経緯で社会的な注目を集めるようになったのだろうか。

連敗続きのハルウララに最初に注目したのは、高知競馬の実況アナウンサー橋口浩二である。橋口は実況に際し、未勝利馬については「今日のレースで勝てばデビュー以来何戦目での初勝利になるか」を調べてから臨む習慣があり、六〇連敗を超えたころからハルウララに注目し始め、周囲にハルウララのことを言い広めるようになっていた（重松清『走って、負けて、愛されて。――ハルウララ物語』平凡社、二〇〇四年、一〇六―一一一頁）。

この橋口の話を聞いた高知新聞記者の石井研が、同馬の取材を開始。二〇〇三年六月一三日の同紙夕刊社会面に、「一回ぐらい、勝とうな」という見出しでハルウララに関する記事が掲載される（同書、一二四頁）。この報道をみた県競馬組合職員の吉田昌史が、記事をきっかけにハルウララを広報してみようと考え、同組合管理者の前田英博の許可を得て、ハルウララに関する資料をマスコミ各社にリリースした（櫻井忍・岩合光昭『土佐の高知はハルウララ』オーエス出版社、二〇〇四年、四八頁）。

この記事に食いついたのが、『毎日新聞』である。ハルウララの話題は同紙全国版に掲載され（「高知競馬『ハルウララ』、デビュー九〇連敗競走馬…でも人気　売り上げ貢献」『毎日新聞』二〇〇三年七月二三日）、さらにこの記事が同日のフジテレビ「とくダネ！」で取り上げられる（吉川良『高知競馬のハルウララ』源草社、二〇〇四年、六九頁）。

ただし、この『毎日新聞』の記事までは、後に定型化する「癒し」や「勇気」のようなワードとハルウララとの結びつきはみられない。たとえば、『毎日新聞』の記事でも、ハルウララの人気の理由については「初勝利の瞬間を見たいのか、一獲千金の夢にかけるファンが多いのか、他の馬が出走するレースより客の入りはいいという」と述べるにとどまっている。

こうしたなか、七月末の『東京新聞』の記事が、ハルウララに「リストラの対抗馬」という明確な意味づけを与える（第一章前掲大月『うまやもん』一七―一八頁）。筆者の調査した範囲では、二〇〇三年九月の『女性セブン』（「ハルウララの不思議な大人気！」二〇〇三年九月一一日号）や同一〇月の『サンデー毎日』（「愛されて、負け続けて　ハルウララ九五連敗中」二〇〇三年一〇月一九日号）には「感動」「癒し」という表現が確認できるため、『東京新聞』の記事から一―二か月の間にハルウララの「語り」の基本形ができあがり、定着していったといえる。

1―2　ハルウララブームの絶頂とその終焉

『毎日新聞』に取り上げられた時点で九〇連敗を喫していたハルウララは、その後も順調に負けを重ねていき、二〇〇三年一二月一四日に一〇〇戦目のレースを迎えることとなる。ハルウララブームの第一のピークは、この一〇〇戦目のレースである。この日は約四年ぶりに五〇〇〇人を超える来場者が高知競馬場に押しかけ、三〇社一二〇人以上の報道陣が取材に訪れた（第四章前掲岡本『またも負けたか100連敗』一二〇―一二二頁）。レース後にはセレモニーが行われ、感謝状とニンジンの首飾りが贈呈されている（「ハルウララ、やっぱり一〇〇連敗　ファンら声援」『朝日新聞』二〇〇三年一二月一六日高知版）。

ブームはその後も継続していたが、第一のピークを超える事態が到来したのは、翌二〇〇四年三月二二日のことだった[1]。この日、ＪＲＡとの交流重賞「黒船賞」（GⅢ、現ＪｐｎⅢ）でノボトゥルー号に騎乗する武豊が、最終レースに出走するハルウララとコンビを組んだのである。[2]ハルウララにとって一〇六戦目となったこのレース売上額は五億一一六三万円、入場者数は通常の日曜開催の約一〇倍にあたる一万三〇〇〇人超であった（前掲櫻井・岩合『土佐の高知はハルウララ』八四―八七頁）。圧倒的一番人気となったハルウララは、しかし、一一頭立ての一〇着に敗退。にもかかわらず、通常はレースの勝ち馬が行うウイニングラン（レース後に馬場を周回し観客に勝利をアピールすること）を敢行するという、武一流のファンサービスによって観客は大いに盛り上がったという。

少しわき道にそれるが、ここに至るまでのハルウララとそのブームに対する武豊の考えは、二転三転している。まず、二〇〇四年二月初旬の段階では、「ふだんは競馬を見ない人からも、『ハルウララに乗ってよ』と言われたこともあり、次第に『一度でいいから騎乗してみたい！』との思いが募っていました」と語っていた（「『この馬にきいた』第二六八回　ハルウララ」『週刊現代』二〇〇四年二月七日号）。しかし、黒船賞当日の騎乗が決定した三月になると、「ハルウララについてはあまりにも異常な騒がれ方で、正直なところ辟易としています。その日、ボクが楽しみにしているのはあくまでも黒船賞のノボトゥルーの騎乗なのです」としたうえで、「生涯で一度も勝ったことがない馬が、ＧⅠレースを勝った馬達よりも注目を集める対象になるというのはどうにも理解し難いものがあります」と、過剰なブームに対する否定的態度を見せている[3]（ノボトゥルーは、二〇〇一年に中央のＧⅠ・フェブラリーステークスを勝利した馬）。しかし、実際のレースに臨んで大勢の観客を目にしたところ「怒りもどこかへ吹き飛んでいました」といい、最終的には「『強い馬が、強い勝ち方をすることに、競馬の真の面白さがある』と僕は思っています。この気持はこれからも変わることはありません。しかし、高知競馬場にあれだけのファンを呼び、日本全国に狂騒曲を掻き鳴らした彼女は、間違いなく〝名馬〟と呼んでもいいと思います」と語っている（「『この馬にきいた』第二七七回　ハルウララ」『週刊現代』二〇〇四年四月一〇日号）。こうした武の気持ちの揺らぎには、ハルウララブームの性質の捉え難さが端的に示されているように思える。

さて、ハルウララ自身の方だが、同年八月の一一三戦目を終えたあと、翌九月に栃木県の那須トレーニングファームへ「放牧」に出されることとなる。しかし、この経緯については、同年三月より実質的な馬主となっていたAと調教師の宗石大との間で意見の食い違いがあり、かなりのゴタゴタの果てに「移送」されたものであったと、複数のメディア記事が報じている[4]。

翌二〇〇五年正月には、調教師とAによる話し合いがもたれ、近いうちに健康状態をみたうえでハルウララを高知競馬場に戻し、引退レースを行うことで合意。しかし、結局この合意は果たされないまま、

1　当日はMBS（毎日放送）のバラエティー番組「ちちんぷいぷい」内でもレースの実況中継があったと、筆者は記憶している。

2　JRAの騎手は、JRA所属馬にて地方交流レースに騎乗する際、その当日に限り当該競馬場に出走する他の馬（JRA所属でも地方所属でも）に騎乗することが可能である。地方競馬所属の騎手が地方競馬所属の馬でJRAの交流レースに騎乗する場合も、同様にJRAの他のレースで騎乗することができる。

3　武豊オフィシャルHPの二〇〇四年三月八日付け「日記」より。ただし現在は二〇〇四年六月以前のエントリーが削除されているため、nifty のアーカイブ（https://web.archive.org/web/20040315084322/http://take.nifty.com/diary/main_0403.html）より。二〇二〇年一月二九日最終確認。

高知競馬場のパドックを周回する武豊とハルウララ（2004 年 3 月 22 日）
（前掲櫻井・岩合『土佐の高知はハルウララ』中綴じ写真）

ハルウララの復帰はずるずると先延ばしにされ、二〇〇六年一〇月に正式に競走馬登録を抹消される。こうして、初勝利の栄光はおろか、引退セレモニーなども行われないまま、ハルウララはひっそりとその競争生活に幕を下ろしたのである。ハルウララブームも、いつの間にか自然消滅のような形で沈静化していた。ちょうどこの間、中央競馬ではディープインパクトが無敗で三冠レースを制するなどの大活躍を見せ、一つの社会現象となっていた。ハルウララとは全く正反対の正統派ヒーローに、移り気な社会の関心はすっかり奪われてしまっていたのである。

2　「勝てない馬」への毀誉褒貶

では、そのハルウララをめぐる「語り」をひもといていくこととしよう。

2―1　「負け組の星」という表象

ハルウララをめぐる「語り」といえば、何と言っても「負け組の星」という表象を思い浮かべる人が多いだろう。長引く不況下で「リストラ」が横行する時代状況に結びつけ、負けても負けても走り続ける姿にサラリーマンたちが癒しを求めている、といった説明図式である。確かに、このような「語り」

4　見出しのみ挙げていけば、「ハルウララ女馬主 vs 調教師『罵り合戦』 引退興行を巡り強欲銭バトル」（『アサヒ芸能』二〇〇四年一〇月七日号）、「美人馬主が独占告白『ハルウララは怪しいカネに弄ばれた』真相追跡　失踪騒動の裏で繰り広げられた銭闘　高知県競馬組合、調教師は『連れ去られた』と猛反発」（『週刊ポスト』二〇〇四年一〇月八日号）、「〝拉致〟騒ぎで『馬脚』を現した対立、ハルウララの手綱争いやいかに」（『サンデー毎日』二〇〇四年一〇月一〇日号）、「地方競馬界を襲う『ハルウララちゃん事件』大パニック！　『ファン騒然の大珍事』の陰にひそむ赤字問題」（『週刊プレイボーイ』二〇〇四年一〇月一二日号）といった具合である。ただし宗石自身の後年の回顧によれば、実際に対立したのは移送の時期についてであった。実際は宗石もハルウララに関わることに嫌気がさしていたがそうとも言えず、結果として世間的には「走らせたかったが、オーナーが連れて行った」ことになったという（「『負け組の星』駆け抜けた」『朝日新聞』二〇一九年一月一四日高知版）。

はいくつも発見することができる。

高知競馬の七歳の牝馬が一躍、スターダムにのし上がった。「負けても、負けても、走り続けるひたむきな姿」が人気を集めているのだとか。リストラにおびえながら毎日を過ごすオジサンたちにとって、新たな「癒し系アイドル」の登場だ。（「愛されて、負け続けて　ハルウララ九五連敗中」『サンデー毎日』二〇〇三年一〇月一九日号）

それでもめげない姿がファンを引きつけた。今夏、スポーツ紙、ワイドショーがこぞって「リストラ時代の対抗馬」と取り上げると、人気は全国区に拡大した。（中略）一〇〇戦目には東京からの観戦ツアーも実現した。ビッグホリデー社のY．N．さんはこう話す。「参加者の中心は四〇代の男性。リストラ世代の人たちが、『負け組の星』にぐっときている」今後もツアーは続ける方針だ。（安瀬リカ「一〇一敗目のプロローグ」『ＡＥＲＡ』二〇〇四年一月一二日号）

ＣＤもグッズも飛ぶように売れる、今一番人気の〝女性アイドル〟といえば、負け続ける八歳牝馬、ハルウララである。負けても負けても走りつづける姿が、「負け組の星」として、全国のサラリーマンの同情と共感を集めている。（「ハルウララは『負け組の星』として『無気力症候群』でも走り続ける」『週

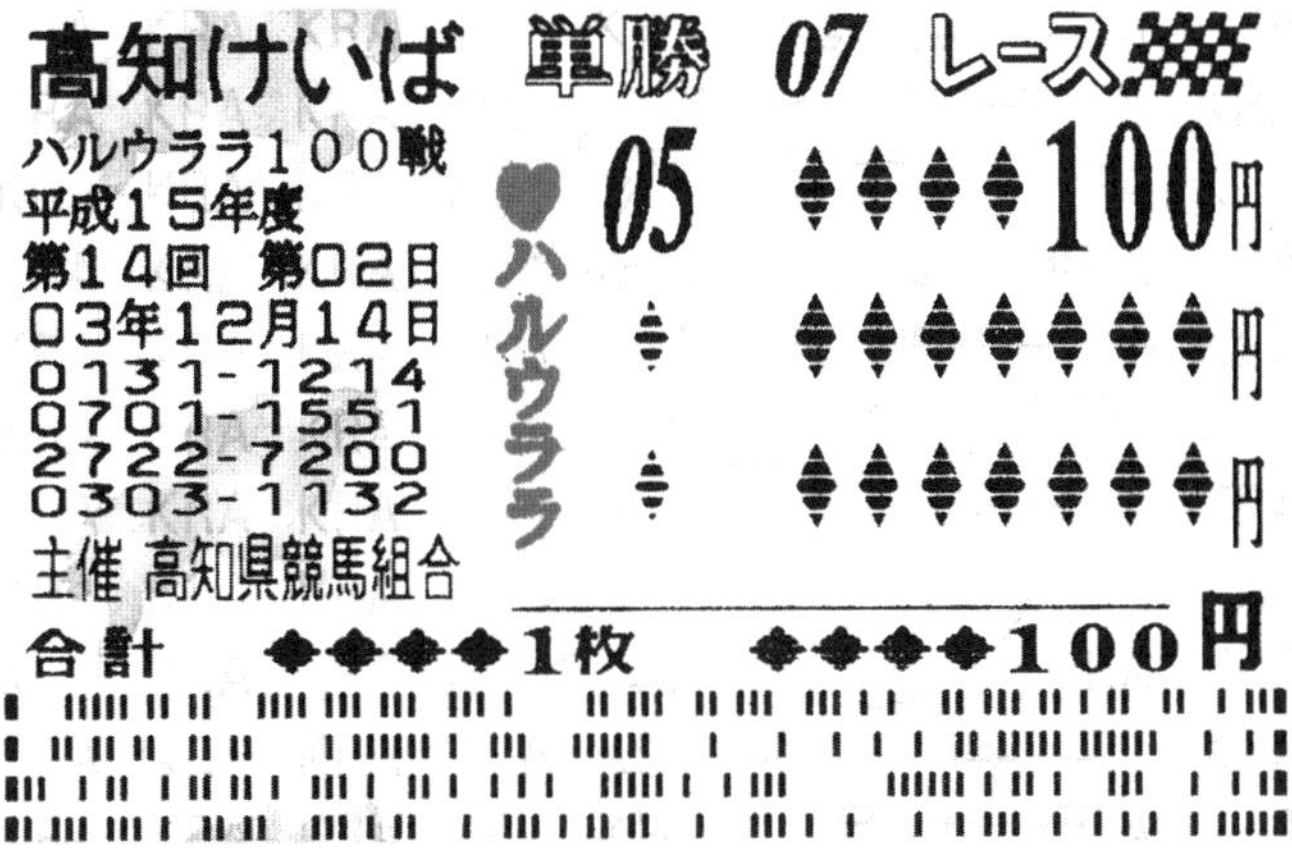

ハルウララ記念馬券のレプリカ（『1回ぱぁ、勝とうな』付録）

刊ポスト』二〇〇四年四月九日号）

しかし、中年の男性サラリーマン層がハルウララに「癒やし」を求めたくらいでは、社会的ブームにまでは発展しない。彼らの置かれた立場との結びつけは、どちらかというと「負け続けている」という事実への着目にある。重要だったのは、後半の「それでもめげない、諦めない」という点であり、これがより広い層へのアピールにつながった原因であるといえる。特にこの点については、女性ファンと結びつけて語られるものが目立つ。

「他の馬より小さいのに、一生懸命走っている姿を見て感動しました。私も、仕事や家事を頑張らなければ、と思いました」（地元の主婦・二六才）（「ハルウララの不思議な大人気！」『女性セブン』二〇〇三年九月一一日号）

交通安全御守
愛読者のみなさまの交通安全を祈願してお守りカードを添付いたしました。
撮影者／松本太一　協力／高知競馬場広報部
この本の売上の一部は高知競馬場へ寄付されます。

ハルウララ交通安全御守（『1回ばぁ、勝とうな』付録）

単勝馬券は「当たらない」ことから、交通安全のお守りとして買う人まで出た。手紙やニンジン、リンゴの差し入れも殺到する。七一歳の女性は手紙にこう書いた。

「生まれてから一度も一番になったことがないので、ハルウララに共感した。残りの人生を精いっぱい生きようと、最近乗馬を始めました」(前掲安瀬「一〇一敗目のプロローグ」)

「負けちゃったぁ」。奈良県大和高田市から来た調理師のN．N．さん(52)は目頭を押さえたが、すぐに笑顔になった。「明日からも頑張れと言われたみたい」。会社を休んで訪れた北九州市の会社員S．T．さん(28)も「仕事でつらいことがあっても、今日のレースを思い出します」。(「ウララに熱狂 ファン『頑張れと言われたみたい』 春のゴールきっと来る／高知」『読売新聞』二〇〇四年三月二三日大阪版)

このほかにも、「負けても走り続ける姿が健気ですよね。やっぱり応援したくなりますね」「競馬はあまりやりませんけど、ハルウララの一生懸命走る姿には声援を送りたくなります」という二〇代女性ファンたちの声を載せた記事などもみられる(「〝春〟はすぐそこ⁉ ウララちゃん」『週刊女性』二〇〇四年四月一三日号)。

実は、SMAPの「世界に一つだけの花」(二〇〇三年三月五日にシングルリリース)が大ヒットしていた時期は、このハルウララブームの時期と見事に符合する。「ナンバーワンよりオンリーワン」という主張が、社会的に受け入れられやすい時期であったといえるだろう。

さらに、社会的状況との関連づけという意味では、ハイセイコーやオグリキャップとハルウララを対比する語りも散見される。大方の想像通りかと思われるが、その内容は前二者を「右肩上がりの時代」の象徴とし、後者を「右肩下がりの時代」の世相の反映とみるものである。

かつてアイドル馬と言えば、ハイセイコー、オグリキャップなど中央で活躍する立身出世型の馬だった。高知競馬の尾原徳重業務課長は「不況や社会問題の深刻化のせいでしょうか。ハルウララには、リストラや病気、登校拒否などに負けずに頑張る勇気をもらったという手紙を多くいただきます」と言う。人気馬も世相を反映しているようだ。（三宅隆政「（土曜マルシェ）競馬人気低迷の厳しい事情」『読売新聞』二〇〇四年三月六日大阪版夕刊）

国民的アイドルになった一九七三年のハイセイコー、一九九〇年のオグリキャップは、共に公営出身で中央のトップに立つという共通点があった。まだ社会が右肩上がりで、努力すれば何かの成功があるかもしれないと期待させる時代だった。そこには日本人気質に受ける判官びいきと、サクセスストーリーがあった。

しかし、ハルウララは黙々と頑張っている姿だけで、アイドルになってしまった。

社会は右肩下がりから長期的低迷期、何ら光明が見出せない。その中でも、黙って辛抱しなければならない。ハルウララに自分たちの思いを投影しているのだ。（白井透『ハルウララ日記』馬事・競馬文化センター、二〇〇四年、二三頁）

ハイセイコーやオグリキャップの人気は、今日とは対照的な「階層上昇」の可能性が高かった社会に支えられていた。（中略）

出自がどうあれ、ある程度の努力をすれば成功できる――。そんな前提が社会的に共有されていればこその共感であろう。今日、階層上昇の可能性が狭まったことを、多くの論者が指摘している。親の収入や学歴が、子供の運命をかなり規定する。そういう社会では、従来型の出世物語は「遠い世界の話」と敬遠され、「負け続けても見捨てられなかった馬」というファンタジーの方が受け入れられたのではないか。（野元賢一『競馬よ！』日本経済新聞社、二〇〇五年、一七頁）

第三章でみたように、ハイセイコーとオグリキャップを「あの頃の馬」として一括りにとらえる視線は、二〇〇〇年代になって登場し普及した「語り」の型である。いまあげた引用にもそれが表れているわけだが、ここでは過去へのノスタルジアよりも、ハルウララのような馬が人気を集めるという時代・社会状況の特異性が強調されている点に注目したい。つまり、リストラに脅えるサラリーマン層や「オンリーワン」に共感を寄せる女性たちが、勝てない馬に惹きつけられること。それが、現代社会が「あの頃」とは決定的に違うことの反映である、と解釈されているのである。

しかし、本当にそうなのだろうか。勘のいい読者は気づかれたと思うが、同時代への否定的評価との結びつけ（および過去のアイドルホースの美化）や、普段競馬に関心のない層（特に女性）の表象。これらの点において、ハルウララをめぐる「語り」は、ハイセイコーやオグリキャップの同時代的語りと実は極めて類似した構造をもっている。確かに、ハルウララブームは、ハイセイコーやオグリキャップのブームと全く同質のものであるとは言えない。しかし、「語り」の構造的な相似に着目するとき、その差異を「世相の違い」に還元するだけでは、説明しきれないものがある。

そこで掘り下げてみたいのは、ハイセイコーとオグリキャップが競走馬として一流の戦績を残したのに対し、ハルウララにはそういった実績は全くなかったという点である。これはやはり大きな相違点であり、ブームが過熱化する一方で少なからぬアンチを生み出した原因でもあった。そうしたハルウララブームへの批判的言説について、次にみていくことにしよう。

2―2　負けを肯定することへの批判

ハルウララブームへの批判、それは端的には「負けを肯定することは不健全である」という観点に尽きる。

まず、さきにみた「不況という世相の反映」という解釈を引き継ぎつつ、そうした世相そのものの不健全さを批判するような言説がみられる。たとえば以下に挙げるのは、「そもそもなぜ、皆があんなに熱狂するのかまったく理解できません。勝てない馬を見て癒やされるってすごく後ろ向きのような気がするんですが」という二八歳ＯＬの投書に対する、タレント・映画評論家のおすぎのコメントである（「ハルウララ人気、負け組意識じゃないの（おすぎのピリ辛！）」『朝日新聞』二〇〇四年四月一二日夕刊）。

私が分からないのは、負ける馬を観に一万三千人もの人が集まることなのよ。本当にこれは後ろ向きもいいとこだと思う。競馬ってギャンブルでしょ。勝負の世界は勝たなきゃ意味がないのよ。その中にあって、負けることをウリにしている馬になんの意味があるの。そりゃ、世の中には変わり者がいて、競馬ファンの中にも負け続けの馬に感情移入してしまう人がたまにいるわよ。ハルウララも出だしはたぶんそうだったんでしょ。でもそれに日本中が大騒ぎするって、日本人の意識そのものが負け組になってきている証拠だと思う。

同様に、作家の堺屋太一（一九三五―二〇一九）も、当時低迷していた阪神タイガースやアルビレックス新潟とハルウララの人気を同列視し、弱いものに親近感が持たれる日本社会の「下位志向」を、次のように批判している（「堺屋太一の時の正夢　三八二回『下位志向』になった日本」『週刊朝日』二〇〇四年四月三〇日号）。

この言葉（巨人・大鵬・卵焼き：引用者注）には、当時の子供たちの上位志向が表れていた。それはまた、「巨人の星」や「あしたのジョー」がはやったスポ根（スポーツ根性）時代でもある。あるいは、貧困から身を起こして財を成した松下幸之助や本田宗一郎がたたえられた経済立志伝の時代でもあった。

強いものに憧れ、上手なものを応援する。それは人間の自然な心理だろう。だが、成績のよくないチームや連敗の競走馬に人気が集まるのはどういう社会心理だろうか。（中略）

これをあえていえば「下位志向」、小さな失望と諦めを繰り返す自嘲なのかもしれない。

こんな社会心理が広まったのも、バブル崩壊以来の長い不況と、繰り返し語られる日本の未来に関する悲観的予測と無関係ではあるまい。ひょっとしたら、いくら応援しても強くならないチームや負け続けの競走馬に、自分たちの未来を重ね合わせて慰めを感じる気分が、今日の若者にはあるのかもしれない。

強者に憧れ、勝者をたたえるだけがよいわけではない。しかし、下位であるがゆえに親近感を持って応援する若者が多いというのも、考えさせられる社会状況といわざるを得ない。

先にみたように、ハルウララのファン層の中心は中年サラリーマンや女性であるとみられており、堺屋が想定しているような「若者」では必ずしもない。そういう意味でこれは、嘆かわしく感じる風潮を全て若者のせいにする、典型的な年寄りの若者批判ロジックと言えるのだが、この際それは措いておこう。むしろ、今みたおすぎや堺屋の言説において、ハルウララブーム批判がいつの間にか現代日本批判へ拡張しているという点に注目したい。つまり、このような拡大解釈が可能なのは、ハルウラブームを世相の反映とみているからこそであり、その点ではハルウララを「負け組の星」とする見方と同じ土俵に立っているということである。

これとは別に、勝負事において負けを肯定することに対し、本質的な批判を加える言説もある。たとえば、ダウンタウンの松本人志は、自身の連載記事において、ハルウララの「弱さ」を肯定する風潮を次のように批判している（「松本人志のプレイぼーず②『好きか嫌いか』第一二〇回『ハルウララ』嫌い。」『週刊プレイボーイ』二〇〇四年四月二七日号）。

嫌いですねえ。弱い者を、弱さだけを理由に応援するということ自体が嫌いです。だって、他の馬たちだって勝つために頑張っているわけですから、そこは譲ったらアカンところやと思うんですよ。（中略）

特にハルウララのことで問題なのは、負けようと思えばいくらでも連敗記録をどんどん伸ばせることができる点です。勝つことは大変でも、負けるのは簡単ですから。例えば、ボクが馬主だったらワザと勝たせないですね。負ければ負けるほど人気が出るんですから。どうして、そんなもんに熱狂できるのか不思議でなりません。

冷たい？　だって、「勝つ」ためにみんな頑張ってるんだし、一緒に走る他の馬にとってみたらたまったもんじゃないでしょう。

松本は、「勝つ」ことは難しいが「負ける」ことは簡単だとして、その簡単な道を肯定することが「嫌い」だという。本人は例えていないが、彼の生きる世界になぞらえていえば、客を笑わせられずスベり続ける芸人に人気が集まるようなものだろう。そう考えれば、この松本の発言は、必要とされなければすぐに干されるだけの芸能界において、第一線で活躍し続けて来た者の矜持といえなくもない。

同じように、ある意味「勝負」の世界にいる受験生からも、次のような投書が『朝日新聞』に投稿されている（「予備校生　K．M．（広島県竹原市　一八歳）『ハルウララは広告塔なの？』」『朝日新聞』二〇〇四年四月一〇日大阪版）。

最近、ハルウララが人気を集めている。しかし、競走の世界で負けた方に人気があるのは少しおかしい気がする。より速く長く走らせるために、人は改良を重ね、今日のサラブレッドをつくった。そう、競馬とは本来、勝つことを目的に、勝ち馬に夢を託する。そういうものなのだろう。

ハルウララは、不景気な世の中につけ込んだ「高知競馬」によってつくられた広告塔でしかない。ハルウララが一〇六連敗できたのは、それだけ走らせてもらえたから。普通は、負けつづけると、処分される。競走馬として生まれても、脚光を浴びずに死んでゆく馬たちがいる。それが競走の世界というものだろう。

人はそんなことを忘れ、現実からの逃避のためにハルウララを応援し、負けて喜ぶ。日本は不景気になって、心まで軟弱になってしまったのか。私は競争社会の一員として「勝つこと」にこだわり続けたい。

これも、本人の置かれた立場に即するならば、たとえ入試で〇点を取っても「頑張ったんだから」という理由だけで合格するようなものだろう（まあ、本当にそういう大学もあると言われているのが現代日本の恐ろしいところなのだが……）。勝利を目標とするフィールドにおいて敗北を肯定することは、そのフィールドの存在意義自体を否定しかねない。この受験生や松本人志のハルウララ批判には、そのような認識が背後にあるものと考えられる。

これらの意見と関連するのが、「競馬ファンには疑問符のつくブームだった」（前掲岩合・櫻井『土佐の高知はハルウララ』一九頁）というように、日常的に競馬に接してきたファンや予想家、ライターによるブーム批判である。たとえば、スポーツライターの阿部珠樹は、一頭の馬の馬券を買うということは「未来に先回りすること」であり、「それを証明するために一頭の馬を選び出す。一頭の馬は、未来へ先回りして待ち伏せるときの共犯であり、財布から取り出すお金は共犯者への報酬である」として、次のように語る（阿部珠樹「君は『ハルウララ』を買えるか」『Number』二〇〇三年一〇月三〇日号）。

おそらく、ハルウララの馬券を買った人は、未来よりも過去を共有したいと願っているのだろう。昨日の仕事の失敗、おとといの家族との言い争い、遠い子供時代のつらい思い出、そうしたものを慰めてくれそうな相手としてハルウララを選んだのではないか。そうした馬の選び方、愛し方を否定するつもりはないが、一方で、競馬の楽しみからは少し外れているようにも感じられる。馬と過去だけを共有するのは好みじゃない。だから買わなかった。

つまり、「まず勝つことはない」（＝外れる公算が高い）と考えられるハルウララの馬券を買うということは、本来の競馬の楽しみ方ではないという批判である。これは、先にみた武豊の「『強い馬が、強い勝ち方をすることに、競馬の真の面白さがある』と僕は思っています」という発言に通じる。競馬とは「どの馬が速いか」を決める競走であり、それを当てることが馬券を買うということであるという、本筋としては至極真っ当な意見である。そこから、競馬評論家の清水成駿（一九四八―二〇一六）が「あの馬を見に行く人は、動物園でパンダを見に行く気持ちなんでしょう。このブームは、バクチ打ちとしては対岸の火事ですよ」（「ハルウララ『ゼニ儲け商法』にブーイング」『アサヒ芸能』二〇〇四年四月一日号）というように、ハルウララファンを「シロウト」として見下すような視線も派生してくることになる。

また同様の観点からは、ハルウララブームを競馬の魅力のなさの表れであるとして、歎く意見もみられる。作家・コラムニストの亀和田武は、こうした観点から『朝日新聞』紙上で次のように述べている（「ハルウララ人気の裏にスポット」『朝日新聞』二〇〇四年三月二八日）。

私もふくめ一部の競馬ファンは、ハルウララの過熱報道と反比例するように、冴えない表情になった。（中略）私は弱い馬も好きだし、観客が千人いない地方の競馬場でのんびり遊ぶのが極楽と思っている男だ。いま地方競馬は次つぎ廃止に追い込まれている。まず話題づくりを。そんな関係者の思いは痛いほどわかる。しかし連敗中の馬しかマスコミが飛びつく話題がない。これはつらい。なのに、映画化、ＣＤ発売、東京のデパートでのグッズ販売だのは、あまりにも手際がよいというか、まるで広告代理店なみの商売上手だ。

あざとくはないか。だが高知競馬の窮状を思うと口にできなかった。

このように、競馬の本筋から逸脱したハルウララブームに対しては、少なからぬ批判がみられたことがわかる。ただそれでも、まさに清水成駿が「対岸の火事」と表現しているように、競馬ファンや予想家がハルウララブームによって直接的な被害を受けるわけではない。その意味では、ハルウララブームが邪道だとしても、別に誰かが不幸になっているわけではないからいいではないか、という反論も成り立ちそうである。

だが、ハルウララブームによって実害を被りかねない立場の者があった。それは、ハルウララの生産者である。

2―3　ブームに困惑する生産者

ハルウララの出身地、すなわち生産牧場である信田牧場のコメントは、ブームの渦中にあってもほとんど報道されていない。その理由は、「取材は全部断っている」からであった。二〇〇四年二月号の『噂の真相』には、地元の他の生産者の談として、「はっきり言って迷惑してますよ。われわれは勝つ馬を作るのが商売なんですから、競馬人気に貢献しているのはわかりますが、勝てない勝てないと宣伝されてもねえ。勘弁してほしいですよ」との言葉が掲載されている（「未勝利馬・ハルウララ騒動の仕掛人メディアのハシャギに牧場は困惑」『噂の真相』二〇〇四年二月号）。

唯一、信田牧場が取材を受けたと思われるものが、前掲櫻井・岩合『土佐の高知はハルウララ』に載せられている。そこには、「アイドルにするために、馬を作ってるんじゃない」「私らは走る馬、強い馬を作るために仕事をしているんだ。連敗記録を出す馬を作ったって、どうしようもない。むしろ迷惑な話だ」との牧場代表者の声に続けて、次のような記述がある（同書、六五―六九頁）。

一時、信田牧場は取材を受けなかったと聞いている。馬主でもなくなり、生産牧場という立場だけになればなおさら、ハルウララの連敗記録は牧場にとっての負の財産でしかなかった。話を聞かせてくれといわれても、何を話していいのか、見当もつかなかったのだろう。

「ウララが負け続けていることを大きく報道されればされるほど、ヒロインの仔は高値じゃ売れなくなる。『どうせ走らないんだから』と足元を見られる」。

ここには、ハルウララのアイドル性が持つ危うさが、端的に示されている。つまり、「強い馬が人気になる」という法則にはある程度の一般性があるのに対して、「弱いことに対して人気が集まる」というのは特殊な一回性の出来事だということである。特に血統が重視される競走馬の生産において、「弱い血統」というレッテルを貼られることは、同じ母をもつ弟や妹が売れなくなるということであり、生産者にとっては文字通り死活問題になる。したがって、ブームとなり名が知られることは、マイナス要因にしかなり得ないのである。

生産者が置かれたこのような立場は、本節でみてきたハルウララへの毀誉褒貶のありようを端的に示すものだといえよう。競馬を支えているのは競争原理であり、日常的にそれに関係する者たちにとっては、負けを肯定するという選択はあり得ない。それに対し、普段競馬に関心を寄せない人達にとっては、流行の対象がたまたま競走馬であったというにすぎず、日本経済新聞記者の野元賢一が指摘するように、アゴヒゲアザラシの「タマちゃん」[5]人気と本質的には同じなのである（前掲野元『競馬よ!』一四頁）。「自分の懐が痛まなきゃ、何でもいえるわな」という生産者の言葉は、そうした世間の無責任な風潮に対する抵抗であろう（前掲櫻井・岩合『土佐の高知はハルウララ』六九頁）。

5　二〇〇二年八月に多摩川に現れて人気を博した。「タマちゃん」の名は二〇〇二年新語・流行語大賞の年間大賞にも選出され、便乗した企画も多く現れた。ブームは二〇〇四年初頭まで継続したが、二〇〇四年四月にその姿を確認されたのを最後に、以後の「タマちゃん」の消息は不明である。

3 「勝負」という評価軸への異議申し立て

3―1 「負け」の積極的推奨

生産者の憤慨や競馬ファンの批判をよそに、世間でのハルウララをめぐる「語り」は熱を帯びていく。前節でみたハルウララへの肯定的評価は、「負け続けている」という事実の中に「めげない」「あきらめない」という意味を読み込むものであった。しかし、そうしたレベルにとどまらず、「負け」を積極的に推奨するかのような言説も発見することができる。要するに、「勝ったらウララがウララでなくなる」というのである（「（よみうり寸評）負け馬に乗る」『読売新聞』二〇〇四年三月二三日夕刊）。

たとえば、武豊が騎乗したレースで負けたハルウララに対し、次のような投書が『読売新聞』に寄せられている（「負けてよかった　ハルウララ感動　会社員A．A．62（大阪市）」『読売新聞』二〇〇四年三月二五日大阪版）。

私も負けても負けても走り続けるハルウララに改めて感動した。人生においても、一度や二度、挫折感を味わっても勇気を奮い起こして立ち直る教訓にしたい。「負けて良かった……」。ハルウララには申し訳ないのだが、ファンの一人として連敗記録を伸ばしてほしい。

あるいは、「いつからか、進学率を上げることばかり考えている」「偏差値主義だった」高校教員が、ハルウララによって教育の原点に立ち返ったという「美談」もある（「拝啓　ハルウララ様　人生重ね三二九通　負けても輝ける　何があっても生きる…」『読売新聞』二〇〇四年三月一八日大阪版夕刊）。

力を入れて指導するのは成績が中位以上の生徒。それも息切れして伸び悩みだすと、関心が薄らぐ。個性ではない、偏差値で子どもたちを測っていた。

昨年、テレビの特集番組でハルウララを見て、考え込んだ。一度も勝てない馬に、なぜこうも心を動かされるのか。

ようやく気づいた。「負けても光り輝けるんだ」

いま、成績下位の生徒にも目配りする。「百点取るより大切なことがある」と生活指導にも力を注ぐ。「一人ひとりが人生の花を咲かせるための助言者になりたい」。教育観が変わった。いや、原点に立ち返ったのかもしれない。

ペーパーテストができるから優秀なんじゃない、もっと個性を尊重すべきだ——手垢まみれの受験社会批判であり、昭和の学園ドラマでも見せられているような、背筋が寒くなる「美談」である。それはともかく、こうした分かりやすい物語の型にハルウララが接合しているという点は興味深い。このことは、ブームの対象がハルウララだったことは偶然だとしても、一元的なルール・基準で勝ち負けを判定し序列化することに対し、日本社会には拒否感・嫌悪感が伏在していることを示しているといえる。

3―2　努力主義のロジック

こうした発想がさらに拡張されると、「勝負」をめぐる通常の評価軸そのものを揺るがすような言説に発展していく。実際、ハルウララをめぐる「語り」には、その手のものも少なくない。

一つは、結果の良し悪しではなく、その過程でいかに努力したかが重要なのだ、というロジックである。これはつまり、通常の評価軸の無効化である。次のような投書が、その典型例であろう（「ハルウララに人生を感じた（会社員　H．Y．　高知県安芸市四三歳）」『朝日新聞』二〇〇三年一二月二四日）

私は、全くと言っていいほど、競馬には興味がありませんでした。ところが、今春、高知競馬のハルウララという牝馬の存在を知って、興味を持ちました。先日のレースで、一〇〇戦一〇〇敗を喫した馬です。

とにかく弱い。遅い。今まで一度も一着になったことがないのです。でも、がんばって走っています。

勝つこと、一着になることだけが目標ではなく、最後まで自分の力を十分に出し切ったか。途中であきらめなかったか。自分にできることを精いっぱいしたか。負けても負けても走るハルウララに、何か教えられているような気がします。

これは、「努力主義」と呼ばれている思想そのものである。教育社会学の歴史研究では、近代以降の日本において「勤勉努力だけが立身出世の要諦である」と説く言説が流布し、それが努力主義を根づかせる要因となったことが明らかにされている（竹内洋『日本人の出世観』学文社、一九七八年など）。その意味では、さきにみた高校教師の「美談」と同様、潜在的な社会意識がハルウララを契機として発露した一つの例として捉えることもできる。[6]

3―3 「勝負」の評価軸の転換

またもう一つは、通常とは異なる評価軸を持ち出し、その基準に照らし合わせて、「実はハルウララは勝っているのだ」とするものである。これはつまり、評価軸の転換である。たとえば、病の悪化により職を辞するつもりでいた大学教授が、ハルウララに元気づけられて手術を受け職場復帰を果たしたというエピソード。これに続く、本人の談は次のようである（前掲「拝啓　ハルウララ様　人生重ね三二九

6　ただ、努力主義は能力平等観を前提としたイデオロギーであるため、受験競争を激化させる一因となったものでもあり（苅谷剛彦『大衆教育社会のゆくえ』中央公論社、一九九五年）、その社会的意味は両義的である。このあたりにも、ハルウララがポジティブ・ネガティブ両面の評価を受けたことの背景があると考えられる。

負けても走ることをやめないことで一番人気になる、勝った馬を超える。ハルウララは、勝ち組と負け組に二分されがちな現状を打ち破るシンボルではないか。人はそこに希望をみて、共感するのだろう。

ここにみられるのは、競走における勝ち負けではなく、「人気」という評価軸によってハルウララを「勝者」と位置づけるロジックである。この評価軸は、ＡＫＢ４８選抜総選挙に似ている。歌が上手いから、ダンスが上手いから、見てくれがいいから――そういった理由で一位が決まるわけではないという原理。いや、実は政治家の選挙も同じである。特に参議院選挙などでしばしばタレント候補が擁立され、実際にその多くが当選を果たしているという事実をみれば、多くの説明は要すまい。そう考えるならば、ハルウララの人気は、ある段階から「人気者として知名度があがったために、ますます人気者となる」という、一種のマタイ効果[7]としても説明できる。

この「人気」という評価軸における「勝利」については、ハルウララの勝利というより高知競馬の勝利というべきかもしれない。そうした観点から、「高知競馬存続に向けて、関係者の経営努力の象徴的存在ともいえるハルウララ」（梶原守人「高知で起きたフィーバー。不況に苦しむ地方競馬と、それを支える一〇〇連敗牝馬」『SPORTS Yeah!』二〇〇四年一月八日号）というように、ハルウララを高知競馬の頑張りの象徴としてとらえ、ブームの到来をその頑張りが報われたことの証として捉える言説がみられる。特にこれは、高知競馬の経営サイドから多く発せられていた。

たとえば、ハルウララブーム当時の高知県知事であった橋本大二郎は、『優駿』誌のインタビューで次のように語っている（第四章前掲「さろんど競馬第二回　橋本大二郎さん」）。

ＮＨＫの番組に「プロジェクトＸ」というのがありますね。私はこのハルウララブームというのは、地方版のプロジェクトＸではないかと思うのです。そもそも何もないところにハルウララの話が出てきたのではないからです。（中略）

高知競馬全体が負け続けみたいなもので、それでもめげずにやっていくという自分達の今すすんでいる道と、まさに当時百連敗近かったハルウララとがそこで重なった。「高知競馬は負けずにがんばる」ということの象徴として出てきたヒロインがハルウララだと思うのです。

より現場に近い立場からは、「ウララはただ単にポッと出てきたのではなく、みんなが必死に努力し

7　もともとは、アメリカの社会学者ロバート・Ｋ・マートン（Robert King Merton 一九一〇―二〇〇三）が、条件に恵まれた研究者は優れた業績を挙げやすく、それによってさらに条件に恵まれるようになるというメカニズムを科学社会学の文脈において指摘したものである。『新約聖書』の「マタイによる福音書」第一三章第一二節にある「持っている人は与えられて、いよいよ豊かになるが、持っていない人は、持っているものまでも取り上げられるであろう」が、その名称の由来である。

たからこそ、ここまで人気が上がってきたのだ」（菊池俊『一回ばぁ、勝とうな』日本エディターズ、二〇〇四年、二二頁）という県競馬管理者前田英博の言葉や、「信念と夢を持って、がまんしてやっていれば、いつかは陽の目を見ることも本当にあるんだなということを実感しましたね。ずっと地道にコツコツとやって、やって、やってもやっても認められないんじゃないかと思いながら、それでも、やって、やって、やりよったら、あるときふっと、こういう光が射してきて……」（同書、九四頁）という県競馬組合職員吉田昌史の発言などが記録されている。同書を執筆した菊池俊は、取材を通して得たこれらの発言をふまえ、「あきらめずに懸命に精一杯攻めていれば、光は必ず射してくる。そのことを高知競馬の人たちは私に教えてくれた」とし、「競馬場という特殊な世界ではあるが、一般企業のサラリーマンの方々にとっても、大いに参考になるに違いないと愚考した」と、より一般的な教訓につなげている。また、後年の回顧としても、二〇一三年当時高知競馬の管理者であった武市隆志が、「負けても、負けても走り続けている馬、高齢でも頑張っている馬にスポットを当てていくことに、高知競馬自身の姿が重なった。それは、今後高知競馬が生きていく道のひとつだとも考えました」と語っている（関口隆哉「〝崖っぷち〟地方競馬の覚悟（前編）ハルウララブームが残したもの」『週刊実話』二〇一三年三月二一日号）。

これらの言説においては、人気や社会的注目の高さを評価軸としたうえで、そこで「勝ち」を収めたことは単なる偶然ではなく、「頑張りへの報い」であると位置づけられている。このロジックは、勝負の評価軸こそ異なるが、「努力の甲斐あって成功を収める」という構造の部分に注目すれば、きわめてオーソドックスなものである。もっと言うならば、ハイセイコーやオグリキャップをめぐる後年の「語り」

と同様、立身出世物語の構造なのである。「勝てない馬」をウリにするということに対しては、すでにみたように「邪道だ」として批判する向きもあった。高知競馬関係者の語りは、ハルウララブームに「頑張りの象徴」という意味づけを与えることによって、そうした批判をかわすという意図もあったのではないかと考えられる。

いずれにせよ、「失敗学」の創始者で東京大学名誉教授の畑村洋太郎が、「負ける馬の馬券をわざわざ買う人がいるということは、日本人がそれぞれ自分自身の評価軸を持ち始めたということですよ」(石川雅彦「勝ちより負け、競馬三頭物語　三〇年前のブームならず」『AERA』二〇〇四年六月二一日号)というように、ハルウララをめぐる「語り」には、さまざまな評価軸のぶつかり合いという側面があった。そしてこれが、前章でみた「地方競馬は古き良き時代の象徴」という認識と関連して、ハルウララ人気を説明するもう一つの、しかし本書のテーマにとっては最も重要といえる要因につながっていくのである。

4　「地方」と「過去」の重なり

4―1　「愛情」と「土地柄」

「地方競馬は古き良き時代の象徴」という認識に関連する、ハルウララ人気を説明するもう一つのパターン。それは、「負け続けている馬の物語は、愛されつづけている馬の物語でもあったのだ」（前掲重松『走って、負けて、愛されて。』一八頁）というように、ハルウララに関わる周囲の人々の愛情深さや、そのベースとなる高知の「土地柄」を説明要因とする言説である。

この点を最も強調するのは、岡本弘『またも負けたか100連敗――負けるが勝ち！ハルウララ物語』（アスク、二〇〇四年）である。岡本は自著において、ハルウララは「高知競馬以外に貰われていれば、既にこの世にいないと断言してもいい。彼女は高知という土地だからこそ、生きながらえたのだ」と指摘したうえで、次のように述べる（同書、八四―八九頁）。

高知の人間は、大げさに言えば結果を気にしない人種だ。これはネイティブ（その土地で生まれ育った人）にしか理解できないだろう。
よく言えば、おおらか。悪く言えばいい加減。

これを土佐弁ではこう言う。

「まあ、えいじゃいか」

これは翻訳すると、「そのままでいいでしょう」。

ケセラセラ、なるようになれ精神とでも言ったらいいだろうか。

いやいや、やはり標準語だと、この言葉の持つ意味は正確には伝わらない。「まあ、えいじゃいか」。やはりこの言い方がしっくりくる。

いくら負け続けても「まあ、えいじゃいか」。

馬券が外れても、「まあ、えいじゃいか」。

このいわば「なるようになれ」精神が、ハルウララの命を救っているのだ。例えば、そろばん計算の上手な関西の競馬場であれば、こうはいかない。カイバ(馬の餌)の値段や調教料などが馬主の頭の中で、素早く計算され「そんな銭にならん馬はいてもうたれ!」となるに違いない(?)。

関西に対する偏見の強さがいささか度を越しているが、それを持ち出してでも、高知の土地柄(岡本は「人種」と表現しているが)を強調したかったのだろう。岡本は、高知市長を訪問し自著を贈呈した際にも、「頑固者と大らかさが同居」している「高知競馬以外にもらわれていれば、すでにこの世にいないと断言していい」として、「取り巻く人々の熱い思いと愛情の大きさが伝わってきた」と取材を通じた印象を語っている(「ハルウララ本、人気集める　著者岡本さん、高知市長訪問し贈呈」『読売新聞』二〇〇四年二月一八日高知版)。

この談話にもあるように、ハルウララを取り巻く人々の「愛情」に人気の理由を求める言説はほかにもみられる。この「愛情」には、当然ながら高知、もっといえば「地方」の土地柄が関連づけられている。

高知競馬場で百連敗中のハルウララがなぜ人気を集めるのか。その魅力をファンに聞いてみた。(中略)

南国市久礼田の主婦K.C.さん(69)はこう話す。「今の世の中は頑張って挑戦することが少なくなった。ハルウララは頑張ったらいつかいいことがあると思わせてくれる。周囲の愛情がなければ百戦も戦えたかどうか。ハルウララは幸せ」(「土佐発オンリーワン(一)ハルウララ一〇〇戦一〇〇敗」『読売新聞』二〇〇四年一月一日高知版)

ハルウララの人気の秘密を、佐賀県鳥栖市の佐賀競馬場職員、M.M.さん(47)は「地方競馬でずっと勝てない馬の多くは処分されているのが現状。頑張っている馬だけでなく、一勝もできないのに辛抱強く走らせ続ける馬主や関係者の愛情も、共感を呼んでいるのではないか」と見る。(「高知競馬のハルウララ　人気の秘密　馬主の愛情も共感／夢ない時代の象徴」『読売新聞』二〇〇四年三月一八日西部版夕刊)

これらの言説における「地方」の大らかさや愛情深さの肯定は、前章でみたように地方競馬が「古き良き時代の象徴」と捉えられるようになったことと、明らかに関連している。つまりここでは、古き良きものが残る土地としての高知に積極的な意味が与えられているのであり、同時代の出来事であるにもかかわらず、それは「過去化」されたような雰囲気をまとっているのである[8]。実際、作家の吉永みち子は、「仕事に成功しなくても見捨てられず、いつまでも現場にいられて、周囲に温かく見守られている状況に、サラリーマンからせん望のまなざしが注がれている。リストラが進むなか、企業が終身雇用や年功序列を採っていたころの社会が持っていた温かさを懐かしんでいるのではないか」(「ハルウララ狂想曲　スタンド埋めた一万三〇〇〇人」『読売新聞』二〇〇四年三月二三日)と語り、ハルウララを取り巻く状況を過去との類似性において位置づけていた。

8　このような「地方」に対する表象の問題点は、かつてNHKで放送されていた『新日本紀行』(一九六三―一九八二年)に関する次の指摘と重なる。「このレトリック(開発を悪とし『伝統』を守るべき美徳とするレトリック：引用者注)には一つの問題がある。このレトリックは、自然や風土、農作業や年中行事、冠婚葬祭や家族団欒などを『変わらない伝統』として描くことで、各地に昔ながらの生活や人びとが残存しているような印象を与える。ここには、同じ現在でありながら、農村や農民を『過去化』する力学が働いている。仮に『伝統』を肯定的に描いたとしても、そこでは都市を進歩の先端とした『遅れた農村』という構図が前提にされているのである」(石井清輝「消費される『故郷』の誕生」『哲學』第一一七集、慶應義塾大学三田哲学会、二〇〇七年、一二五―一五六頁)。

4―2 「地方にこそ本来の日本の良さがある」という語り

「地方」に残存するとされるこのような「美徳」が、過去の日本には存在したとする認識。これはさらに派生して、そうした美徳こそ「本来の日本らしさ」であるとする言説を招来する。すなわち、ハルウララブームは、日本人が本来備えている心の温かさの表れだ、というのである。

たとえば、「全国十数ヵ所の地方競馬場を歩いた」という作家の藤本義一（一九三三―二〇一二）は、「自然の中にある競馬場には、人間の温もりが漂っている」としたうえで、ハルウララを見に高知競馬へやってくる人々に対し、「日本人の持っている真の心情を感じたりする。もともと日本人の心の潤いというのは、こういう源泉があったと思ったりする」と述べている（藤本義一「広しこの世は…　けったいな人たち　五三八回　ハルウララ」『週刊大衆』二〇〇三年一二月二二日号）。

あるいは、『毎日新聞』記者の瀬上順敬は、「〝勝ち組〟〝負け組〟という言葉は、すっかり日本語として定着してしまったようだ。バブル崩壊後の長い不況の中で広く使われるようになったが、『弱者は退場せよ』との意味合いを感じさせる嫌な言葉だ。『判官びいき』というように、日本人は元々、弱者に優しい民族だったのではなかったか」としたうえで、「負けても負けても懸命に走るハルウララの姿は、日本人の琴線に触れたのだろう」と、負け続ける馬への人気を社会の不健全さの表れではなく、むしろ本来あるべき日本人の美徳として位置づけている（瀬上順敬「はるのうららの狂騒曲」『サンデー毎日』二〇〇四年四月一一日号）。

さらに、このような見方からは、ハルウララブームに社会批判の意味合いを込めるものまで登場してくる。経済評論家の大濱裕は、「小ねずみインチキ構造改革が始まってからは、世界は弱肉強食が原則だから、どんな冷酷な仕打ちをしても構わないとか、弱者が死ぬのもこれまた一種の自己責任だから仕方がないといわんばかりの無責任やご都合主義が、まるで永遠の真理であるかのようにまことしやかに語られてきた」と当時の世情を半ば暴走気味に批判しつつ、次のようにハルウララブームを一種の社会批判として位置づけている（大濱裕「決断・負け馬に賭けろ！　吹き荒れるハルウララの嵐　ジャパニーズドリームは死なせない！」『産業新潮』二〇〇四年五月号）。

ハルウララと宗石さん（調教師：引用者注）が身をもって示してくれた行動は、強烈なアンチテーゼとなって、国民の目を見開かせ、平成不況の進行につれ、かつて私たちが大切にしていたものが次々と壊されてきたことへの社会的疑問となり、一気に噴出したわけである。（中略）
悲しいことではあるが、現在の世の中では、なんとしてでも勝馬に乗ろう、他人を蹴落としても騙しても、自分だけは楽をして美味い汁を吸おうという輩ばかりがはびこっている。
そうした中、ハルウララを取り巻く人々のやさしいこころと、己の利害を省みずあえて勝ち馬に乗らず負け馬に乗った天才騎手（武豊：引用者注）、そして利益を求めず負け馬に賭け続けた人々の行動は、わが国を覆い尽くそうとする浅ましい風潮に風穴を開け、さらに、いかなる困難でも諦めないひたむきな努力が加わることで、不可能が可能になる奇跡が起こることを世界に示した。

米国ワシントンポスト紙が一面写真付きで伝えた前代未聞のできごととは、ハルウララを愛する圧倒的に多くの国民が存在する限り、ジャパニーズドリームが絶対に死なないことを雄弁に物語っているのである。

このような見方に対し、さすがに強引なこじつけではないかと思う向きもあろう。だがこれは、実はハルウラブームの端緒において、すでに胚胎していた見方であった。というのも、『高知新聞』で初めてハルウララを記事に取り上げた石井研記者が、次のように語っているからである（前掲菊池『一回ばぁ、勝とうな』八〇―八一頁）。

「ハイセイコーとオグリキャップは地方競馬出身です。やはり物語を作るのは地方なんです。地方から駆けあがっていくから人の心を揺さぶるんですよ。日本人の心を揺さぶるのは地方なんです、絶対に！」

「逆にハルウララは、地方の一番小さな端っこの競馬場の弱い馬です。でも舞台は地方じゃないですか。地方の端っこの物語に日本人は共感するんです」（中略）

「今ほど勝ち組志向の時代ってないですものね。けっきょく勝ち組になる連中というのは宗石さん（宗石大調教師）と対極の人間でしょ。バッサバッサ人を切って、究極でいうたらアメリカ的で、カリスマといわれる経営者はみんなそうだし、首切っていって、（自分は）生き残って、甘い汁吸って勝ち組になるという発想なんですよね」

ここには、ハルウララや調教師を含む高知競馬全体を、「勝ち組になる連中」との対比で捉える視線が、明確にあらわれている。さらに石井は上記の諸発言に続けて、「日本人て、宗石さんみたいになりたいんですよ。本質的にみんな宗石さんになりたいんやけど、ようなりきらんから、宗石さんに惹かれ、励まされたりするんです」とまで言っている（同書、八一頁）。石井の書いた『高知新聞』の記事自体には、このようなスタンスが露骨に示されているわけではない。[9] しかし、上記の発言からは、ハルウララや高知競馬を取材対象とするにあたり、少なくとも潜在意識レベルでは「勝ち組」への批判精神があったと考えても、決して間違いではないだろう。してみれば、この意図は、二〇〇三年という時期に蔓延していた社会的気分を確かにうまく捉えていたのだとも言えよう。

ここで、あることに気づかれた読者もおられるかと思う。そう、このようにアイドルホースの人気を同時代の社会状況に対する批判的視線によって説明するという図式は、実はハイセイコーやオグリキャップの同時代における「語り」と共通しているのである。ただ、ハイセイコーやオグリキャップの

9　ただし淡々とした筆致の中にも、赤字でも馬を処分したくないという宗石が「僕は調教師に向いていないんです」と自己評価していることや、ハルウララは「地方競馬という受け皿があってこそ、日本の馬産が成立する構図」の「静脈の先の先の、底辺で支えている『すそ野』の一頭」であるといった位置づけはなされている（『高知新聞』二〇〇三年六月一三日夕刊）。

「地方競馬出身」という要素は、同時代には強調されておらず、時を経て両馬の記憶が「過去化」されるにつれて前景化していったものであった。それに対し、ハルウララの場合は、その舞台が「地方競馬」の高知であるという点が、きわめて重要な要素として初めからあった。これが、ハルウララブームの決定的にユニークな点である。

そしてこのことは、ハルウララの「物語」が回顧されにくい性質のものであったことにも関連してくる。それは一体どういうことか。

5　自己完結したハルウララの「物語」

本章第1節の末尾で述べたように、二〇〇四年八月の出走以降、馬主と調教師との間に生じた軋轢によってハルウララは事実上の引退状態となり、正式に引退（競走馬登録抹消）となったのはそれから約二年後のことであった。

この間、「国民的スターになった連戦連敗の競走馬・ハルウララの人気が急降下している」（牧太郎「本物のスターが誕生する。それはインパクト」『サンデー毎日』二〇〇五年六月五日号）というように、最後のレース出走から一年も経過しないうちに、早くもハルウララは忘れられた存在になりつつあった。正式引退の直前には、次のような記事もみられる（「大フィーバーはどこへ。忘れられたハルウララ」『旬なテーマ』

二〇〇六年七月号）。

記録的連敗を続けても、ひたむきに走り続ける姿が取り上げられたハルウララ。数年前は〝負け組の象徴〟として、競馬の枠を超えた一大ブームの主役だったが、〝勝ち組の象徴〟三冠馬ディープインパクトの出現で完全にブームは消沈したようだ。

一体、ハルウララはどうしているのか。

引用中にもあるように、ハルウララが事実上の引退状態にあった二〇〇五年は、中央競馬でディープインパクトがナリタブライアン以来一一年ぶりの三冠馬となった年であった。無敗の三冠馬としてはシンボリルドルフ（一九八四年の三冠馬）以来二一年ぶりのことであり、後方から他馬をごぼう抜きする派手なレースぶりもあって大いに人気を博したことは、今でも記憶に新しいところだろう。この年はシーザリオが日米のオークス[10]制覇という快挙も成し遂げたが、それを讃える『読売新聞』の記事は次のようであった（「よみうり寸評　強い馬が勝ってこそ競馬は盛り上がる」『読売新聞』二〇〇五年七月五日夕刊）。

10　日本では、例年東京優駿の一週前に行われる三歳牝馬限定ＧⅠレース「優駿牝馬」の通称。米オークスは正式名称をAmerican Oaks Stakesといい、カリフォルニア州サンタアニタパーク競馬場で行われる三歳牝馬限定ＧⅠレース（芝一〇ハロン＝約二〇一二m）。

強い馬が強く勝ってこそ競馬は盛り上がる。それが国際競走ならなおいい。判官びいきもいいが、ハルウララ人気では頼りない。

マスコミとはそういうものかも知れないが、それにしても鮮やかな手のひら返しである。この書きぶりには、ハルウララブームはやはり「邪道」であるとの認識が払拭されずに潜在していたことも、見て取ることができよう。

このように、誰の目にも明らかな「強い馬」の登場によって、いとも簡単に忘却され邪道とされてしまうというところに、ハルウララブームの本質的な脆さがあった。実は筆者自身も、本章を書くにあたって、ハイセイコーやオグリキャップの章とは異なる難儀さを感じたことは否めない。それは、ハルウララという馬そのものについて語れるところが皆無に等しいからである。だから、ハイセイコーやオグリキャップの場合と異なり、ハルウララはほとんど回顧的に語られることがない。試みに「大宅壮一文庫雑誌記事索引」で検索をかけてみると、二〇〇七年以降に「ハルウララ」で引っかかる記事は一六件、そのうち実際に同馬に直接関わる記事は一〇件を数えるのみである（二〇二〇年一月八日検索。なお二〇〇三年以降の全期間では一六三件）。三頭の中では最も近い時代の出来事とはいえ、すでにブームから一五年以上の時が経過している。それを考えると、この件数は圧倒的に少なく、ハルウララがいかに回顧の対象にならない存在であるかが如実に示されている。

しかし、ハルウララが回顧的に語られにくいことには、その舞台が高知競馬であったという点も関連しているのではないか。本章で見てきたように、ハルウララとそのブームを肯定的に捉える言説においては、「地方」に古き良き日本の美徳のあらわれを見て取る視線が絡んでいた。つまり、**ハルウララはブームの時点ですでに「過去化」されていた**のである。ハイセイコーやオグリキャップのケースにおいては、回顧的な語りの中で「過去化」とその過去の美化が進むにともない、「地方競馬出身」という要素が前景化していった。それに対しハルウララの場合は、最初から「地方競馬」がその舞台として前面に出ており、二〇〇〇年代における地方競馬に対する好意的視線（「古き良き時代の象徴」）の登場と相まって、現役の競走馬でありながら「過去」と強く結びつけられていた。したがって、ハルウララをめぐる「語り」はいわば自己完結していたのであり、回顧的な語りを必要としなかった（あるいは、回顧的な語りが成立し得なかった）とみることができるのである。

なお、引退後のハルウララについては、「ダメ馬『ハルウララ』は『馬肉』にされてしまった⁉」（『週刊新潮』二〇〇八年五月八日号）などという衝撃的な記事も出され、しばらくは「行方不明になった」とも言われていた。その後、二〇一三年になって馬主Aが千葉県御宿町のマーサファームという牧場にハルウララを預託し、所有権を放棄したことが判明。[11] ハルウララの所有権は同牧場のものとなり、現在は

11　NPO法人引退馬協会HP（http://rha.or.jp/news/2014/07/post-79.html）より。二〇二〇年一月二九日最終確認。

同地にて「元競走馬ハルウララを見守る会　春うららの会」の支援のもと、余生を送っている。[12]

12　なお、かつて「当たらない」として交通安全のお守りも売り出されたハルウララは、二〇一八年の夏の交通安全運動において、木更津署の啓発ポスターに起用された。期間中の管内では重傷事故が前年同期より三割減ったとのことで、ハルウララには署から感謝状と六〇〇キロのニンジンが贈呈されたという（「ハルウララ『当たらぬ』効果に感謝状」『読売新聞』二〇一八年八月二三日千葉版）。

終　章　地方・努力・アイドル

三頭のアイドルホースをめぐる旅路も、そろそろ終わりへと近づいてきた。この終章では、これまでに見てきたアイドルホースをめぐる「語り」をもう一度総合的に振り返り、そこにみられた戦後日本社会の集合意識のありようを改めてまとめてみることにしたい。キーワードとなるのは、「地方」「努力」「アイドル」の三つである。

「地方」とノスタルジア

まずは、ハイセイコーとオグリキャップについて振り返っていこう。本書でみてきたように、これら二頭の人気は、普段は競馬に興味関心を抱かない層、つまり女性や子どもに注目されたことによって支えられていたものであった。ハイセイコーの場合、無敗で連戦連勝中だった時期まではその「圧倒的な強さ」が人気要因の中心であったが、ダービー以降はなかなか勝利を得ることのできない馬になり、そのことが「次こそは頑張ってほしい」という判官びいき的な応援スタイルをもたらした。そのフェイズにおいてメディアに表象されたのが、女性や子どものファンだったのである。また、オグリキャップについては、「オグリギャル」と称された女性ファンたちが「カワイイ」「カッコいい」「ドラマチック」といった意味を付与することで、それまでとは趣の異なる競馬観を提示していた。

しかし、これらはいずれも、「真っ当な競馬ファン」には理解しがたいものとして否定的に受け止められた。それゆえとも言えようが、後年になるとこうした女・子どもファンの存在はあまり強調されなくなり、「大衆の人気を博した」というザックリとした表現に集約されていく。そして、「多くの人の心をとらえた理由は何か」という観点から、人気の理由が「時代背景」に求められるようになる。[1]

この過去の「時代背景」というものは、現状否定の感覚を伴うノスタルジアの一般的性質ゆえに、往々にして美化された形で表象される。つまり「昔はよかった」という定番のイメージであるが、そうしたイメージに合致するのが、「あの頃は頑張れば夢がかなえられた」というストーリーであった。このような立身出世物語は、必然的に物語のスタート地点における「逆境」を必要とするものであり、それゆえに「地方競馬出身」という要素が後年の「語り」において前景化することとなる。そこには「地方競馬」という用語への誤解に基づいた「地方＝田舎」の図式が関係しているのだが、その誤解は地方から都会への大規模な人口移動という戦後日本社会を特徴づける社会変動と、実際にそれを経験した人々の実体験に基づくものであるがゆえに、説得力をもつ解釈として受容され、定着していった。

一方、ハルウララの人気に関しては、ハイセイコーやオグリキャップとはやや事情が異なるところもある。しかし、「めげずに頑張っているから応援したい」「勇気をもらえる」といった意味づけによって女性ファンを惹きつけたこと、そうした意味付与が勝負事である競馬にそぐわないものとして否定的に捉えられがちであった点などは、やはり共通している。違うのは、「地方から中央へ」という立身出世物語ではなく、ハルウララが地方競馬にとどまっていたという点である。それは、同時代に語られていた時点で、ハルウララがすでに「過去化」されていたことを意味していた。「古き良き日本が地方にはまだ残っている」という社会的イメージは、高度経済成長が終わった七〇年代以降にみられるようになった「ふるさとのロマン化」そのものである。ハルウララは見事にそのイメージに合致していた。そして、その「語り」の自己完結性ゆえに、ハルウララについては後年になって回顧されることがほとんどないのである。

さらに、ハルウララに関する「語り」においては、ハイセイコー・オグリキャップに関する「語り」以上に「勝ち負け」をめぐる言説が多くみられ、そこでは「勝ち負け」の基準をめぐる複数の評価軸が衝突していた。しかし、どのような立場を採るにせよ、「頑張ること」「努力すること」の価値自体が疑われることはほとんどなかった。特に、結果がともなわなくとも頑張ることが大事だという「語り」な

1　女・子どもファンの存在を否定的にみる「真っ当な競馬ファン」が成人男性であり、後年になって人気の理由を時代背景に求める「語り」を生産するのもほぼ成人男性であることに注意したい。つまり、アイドルホースの人気を「地方出身者の立身出世物語」に回収する「語り」は、一種のテクスチュアル・ハラスメントでもあると指摘できる。

どは、いわば頑張りの自己目的化であり、努力主義ないし「ガンバリズム」はむしろより純化された形で提示されていたといえる。それに、ハルウララブームを窮地にある高知競馬の頑張りの結果であると位置づける言説さえ存在していた。こうした点からいえば、ハルウララに関する「語り」も結局は努力主義の文脈から逸脱したものではなく、ハイセイコーやオグリキャップに関する「語り」と幾ばくも違わないものだったのである。

立身出世主義・努力主義の虚構性

本論でもみてきたように、三頭の人気に関する同時代的な解釈においては、すべて同様に「世知辛い現代社会への不満」にその理由を求められていた。すなわち、七〇年代以降の時代のどこを切り取ってみても、その時代を生きる人々の多くにとって「現代」は否定的にとらえられていたのである。最も早い時期にあたるハイセイコーブームの時代においても、すでにその時点で「立身出世が可能であったおおらかな時代は、すでに終わった」と捉えられていたことが、以下の引用からもはっきりとわかる。これは、日本中央競馬会が一九七四年に実施した調査でファンに「馬券を買ったときの気持ち」を尋ねた結果、四〇パーセント弱のファンが「配当が魅力」と答えたことに対する解釈の部分である（第一章前掲『競馬百科』三七二頁、傍点引用者）。

全般的に所得は向上し、しかも平準化されつつあるが、それはあくまでも相対的なものであって、巨大組織の構成員である大多数の人々にとっては昔風の一獲千金の財をなす可能性は失われつつある。また競争社会の中にあって数多い同僚を抜いて、自分だけが地位を高めるという期待にも限度があろう。立身出世が可能であったおおらかな時代は、すでに終わったのである。こうした情況の中で時には瞬間的にではあるが、いち早く現実の利益をもたらす賭けごとに魅力を感ずる必然性もあろう。

こうした現代社会に対する否定的視線からは、「巨大組織の構成員である大多数の人々」という表現にもみられるように、個人の力ではどうしようもない何か大きな力によって現代社会は歪められている、という認識を垣間見ることができる。もっというならば、「自分たちは心ならずもこのような社会を生きなければならない犠牲者」という自意識、つまりある種の被害者意識が透けて見えるのである[2]。

この自意識は、「ほとんどの人生は負け」「人生は辛いことばかり」という、演歌的というか浪花節的なナラティブをアイドルホースの「語り」に接続する。ハイセイコーが当初は「挫折する夢の象徴」と捉えられていたこと、あるいはオグリキャップが「過労死」寸前まで「酷使」されたことに対し同情を

2　同時代に、社会学者の井上俊は、日本社会におけるギャンブル隆盛を「能率主義やメリトクラシーの支配下できびしく拘束されている自由な自己実現への願望を、運命への服従という逆説的なルートを通じて充足させる」ものだとして、「能力の尊重とか、努力と報酬との適正なバランスといった近代社会のタテマエをいわばあざ笑うもの」であると指摘している（井上俊『死にがいの喪失』筑摩書房、一九七三年、一一二頁。なお、引用箇所の初出は一九七一年）。

集めていたことを思い出してもらえれば、このことはよく理解できるだろう。さらに、ハルウララに関する「語り」においては、もっと露骨にそのことが表現されている。

何をどう頑張っても、勝ちから見放されている。これまでの成績は、〇勝九九敗。そんな人生にも似た悲哀を背負う競馬馬が、いま熱い注目を集めている。（中略）勝っても負けても、多くのファンは涙を流すことだろう。おそらくは、自分自身の人生と重ね合わせて。（「『九九連敗の名馬』ハルウララ」『アサヒ芸能』二〇〇三年一二月一一日号）

私もハルウララに自分が重なる。大学入試以来、幾度も味わった挫折。その都度、前に進むしかない。でも、「出来の悪い子」と聞くとつらいものがある。（専門委員・河村常雄「競走馬ハルウララに感動」『読売新聞』二〇〇四年一月四日）

自分たちが生きている社会は、頑張りが報われない辛い社会である、という認識。そしてその反転として生じる、かつては努力によって夢がかなえられた時代であったというノスタルジア。しかし、これが一九七〇年代以降のいつの時代を切り取っても同じように語られてきたというところが、きわめて重要である。すなわち、**「昔は努力が報われた」という語りは**、事実に基づく認識ではなく、かつてはそうであったはずだという、**過去に投影された「願望」の表出**なのだ。この「願望」が常に社会意識の底に伏流してきたために、三頭のアイドルホースがもつ「地方競馬出身」という属性が、ノスタルジアを喚起する記号として利用されるのである。しかもこの「願望」は、自らの「上京物語」に接合されて、個々人のユニークな記憶であるかのように実感を伴って想起される。だがその実、それは懐古的な語りのなかで事後的に形成されていった集合的記憶なのであった（考えてみれば、「立身出世の夢を託した」という表現も、見方によっては「その夢は現実には叶わなかった」ということの裏返しでもある）。

立身出世が幻想だからこそ、競走馬は「アイドル」となった

それにしても、「現代は夢のない、報われない社会」という認識が、なぜアイドルホースを生み出すのかという疑問がまだ残るだろう。実のところ、まさにそうした現状否定の認識こそが「アイドル」を生み出す要件そのものなのである。それはいったい、どういうことか。

ここまで、本書のところどころに、アイドルホースを人間のアイドルになぞらえた部分があることに気づいた向きも多かろう。これはもちろん、単なる個人的な趣味で書いたことではない。というのも、人間にせよ馬にせよ、「アイドル」が人気を集める要素には、かなり共通したところがあるからである。

そもそも、日本社会において「アイドル」が一つのジャンルとして成立するようになるのは、まさにハイセイコーの出現と同時期の一九七〇年代のことである。アイドル第一号と言われた南沙織のデビューと、のちに数々の「アイドル」を輩出することとなる伝説のオーディション番組「スター誕生！」

（日本テレビ系、一九八三年まで放送）の放送開始は、ともに一九七一年。それ以降、それぞれの時代あるいは世代を特徴づける「アイドル」（ピンク・レディー、キャンディーズ、山口百恵、松田聖子、たのきんトリオ、おニャン子クラブ、光ＧＥＮＪＩ、ＳＭＡＰ、モーニング娘。、ＡＫＢ４８、嵐、ももいろクローバーＺ、乃木坂４６、等々）が必ずいるように、ジャンルとしての「アイドル」は日本社会の中に定着していった。

こうした「アイドル」がジャンルとして成立するために、テレビを中心としたマス・メディアの普及が第一条件となることは言うまでもない。また、消費社会論が指摘するように（ボードリヤール　一九七〇＝一九七九）、単純な「モノ」の不足が満たされたのち、消費行動においては付加価値が重要となってくることも、「アイドル」を成立させるうえでの要件である。そしてもう一つの重要な点、それこそがスターでもカリスマでもない「アイドル」という存在のユニークさを示すものであり、アイドルホースの「アイドル」性もまたそこに存するといってよい。それは何かといえば、**親近感**である。

社会学者の高橋勇悦は、一九七二年に著した『ギャンブル社会――「賭け」の都市社会学』（日本経済新聞社）のなかで、現代社会は階層移動の難しくなった「堅い社会」であるとの現状認識を示したうえで、以下のように記している。

現代社会が「堅い社会」であってみれば、誰でも地位の上昇の願いをみたすわけにはゆかず、そこで何らかの代償となる行為をもとめようとするのは当然である。そしておそらく誰にでも許され、誰にでもできるのは、ギャンブルであり、スター崇拝である。（中略）

今日のもっとも大きな特色は、一般的にいって、社会的な大スター（英雄といってもいい）がいない、ということであろう。よしあしは別として、これはやはり時代の反映というべきかも知れない。その代わり、といっては変だろうが、歌手、俳優、スポーツ選手などのスターたちが大勢いる。そして、その入れ替わりも目まぐるしい。

民衆にとってはこれらのスターたちがもっとも身近であり、それだけに重要な意味をもっている。これらのスターたちは民衆の「代理」であり、同一化の対象である。しかも、民衆は自分たちも素質やチャンスさえあれば、手はとどくと考えている、親しいスターたちである。

今日のスター登場はマス・メディア、特にテレビに負うところが大きい。しかし、それはこのさい問わなくともよい。重要なのは、このようなスター登場がギャンブルの流行と同じ社会的基盤にのっかっているということである。（高橋勇悦『ギャンブル社会』九三―九五頁、傍点原文）

ここで高橋が、民衆が求めるのは「社会的な大スター」や「英雄」ではなく「親しいスター」だと指摘していることに注目しよう。これは、実質的に「親近感」を特徴とする日本社会における「アイドル」のことを示しているといってよい。このような「親しいスター」＝「アイドル」は、社会的地位の流動性が低い状況（「堅い社会」）において、自分自身の社会上昇の「代理」として浮上すると指摘されているのである。[3] さらに、そのようなメンタリティはギャンブルへの志向性と同じ社会的基盤の上にあるものだという。

してみれば、「現代では努力が報われない」という認識があったればこそ、「アイドル」は求められるのであり、[4]高橋の指摘にしたがえば、その「アイドル」がギャンブルである競馬のなかに求められることも、ある種必然的なことだったのである。

親近感を与えつつ、地位上昇の願いをかなえるということ。この一見すると両立し難い要素をともに満たしてこそ、アイドルはアイドルとして成立する。人間の「アイドル」でいえば、初めは素人同然で冴えなかった少年・少女が、努力を重ね成長していくプロセスを提示すること（だから、オーディションや練習風景・舞台裏での様子ですらも、重要なコンテンツとなる）。馬の「アイドル」でいえば、勝てない時期に苦しみつつも努力を惜しまず、ときにその鬱憤を晴らすかのように鮮やかな勝利を決めること（この点では、厳密にいうとハルウララはアイドルになりきれていない。これも懐古されない理由かもしれない）。あまりにも飛びぬけた存在であっては、自分自身の代理にはなり得ない。「完璧でない」からこそ親近感がわくのであり、それが「アイドル」であるための条件なのである。

また、そうしたアイドル性が「馬」に求められたのは、人間側が勝手な意味付与をしても文句を言われないという、語り手にとっての都合のよさもあったと考えられよう。日本文学研究者の石川敏は、そこにおいて人生が語られるという点で競馬評論と野球評論は似ているが、後者では選手の人生が多く語られるのに対し、前者で語られるのは「私」の人生である場合が多く、「選手よりも馬のほうが自らの人生を投影しやすい」と指摘している（石上敏「競馬文学論序説」『大阪商業大学アミューズメント産業研究所紀要』一四号、二〇一二年、一―四一頁）。たしかに、本書でみてきたように、三頭のアイドルホースをめぐる「語り」は、実際は馬そのものについての語りではなく、語り手自身の経験や思いの告白であることが圧倒的に多い。ある意味で、人間のアイドル以上に馬のアイドルはファンを饒舌にさせるのかもしれない。また、だからこそ、そこに社会の集合意識がクリアに浮かび上がってくるのであろう。

「地方競馬出身のアイドルホース」は再来するか

最後に、ハルウララブーム以降の地方競馬をめぐる状況を概観しつつ、地方競馬出身のアイドルホースが再び現れる可能性の有無について検討し、本書の締めくくりとしたい。

まず地方競馬の現状についてであるが、二〇一〇年代後半の状況を端的にいうと、実は二〇〇〇年代の窮状がまるで嘘だったかのようにその業績を回復してきている。一般社団法人中央競馬振興会『日本

3 この点に関して、コンテンツ産業に詳しい経済産業省官僚の境真良は、七〇年代以降、経済政策の変化と「アイドル」の興亡の時期が連動してきたことを指摘している。そのうえで、どちらも経済状況の変化にともなう政策担当者の思想の変化、消費者心理の変化の結果であるから、これらの連動は偶然ではないと分析している（境真良『アイドル国富論』東洋経済新報社、二〇一四年）。

4 藤井淑禎は、集団就職で都会へ出てきた少年少女が悩みや望郷の念を分かち合うために、すでに昭和三〇年代からスター歌手や映画俳優の後援会活動（雑誌『平凡』『明星』『近代映画』等の読者の会なども）が重要なネットワークとして機能していたことを指摘し、それはかの有名な「若い根っこの会」の活動にも匹敵する存在感と影響力を持っていたという（第四章前掲藤井『望郷歌謡曲考』一〇六頁）。

の競馬　総合ハンドブック2016』によれば、二〇一五年における地方競馬の売り上げは前年比一一・二パーセントの高い伸びを示し、これは前年の六・一パーセント増をさらに上回る上げ幅だった（同書、一四頁）。ハルウララがいた高知競馬場も、二〇一七年度の売り上げは前年度から一〇〇億円以上増え三六〇億円超となり、過去最高を更新している（『高知新聞』二〇一八年三月二八日）[5]。ちなみに、他の公営競技でも同様に業績回復の流れがみられ、最も回復著しい競艇では二〇一五年一―一二月期の売り上げが前年比五・六パーセント増となり一一年ぶりに一兆円の大台を突破。競輪も二〇一五年の暦年売り上げ（決算は三―四月）が前年比一・五パーセント増だった（同書、一四―一五頁。ただし、オートレースは払戻率の引き下げで失敗し、前年割れしている）。

こうした地方競馬の業績回復の背景には、二〇〇〇年代後半以降、一部の業務を民間に委託することが可能となる制度上の改変や、JRAとのシステム連携によるネット投票の普及、ナイター競馬開催の拡大による他地区や中央競馬との競合回避が可能になるなどの変化があった。廃止となった競馬場のファンや関係者の中には、「もっと早くこうしたシステムの整備がされていれば……」という思いもあるかもしれないが[6]、インターネットの人口普及率が五割を超えたのは二〇〇二年のことであり（総務省『平成一五年版　情報通信白書』）、現在のようにスマートフォンでいつでもどこでもインターネットに接続できるのが当たり前になったのも、ここ一〇年ほどのことである。社会全体がこうした環境整備の途中段階だったのであり、あの時点での地方競馬関係者の対応を「努力不足」と糾弾することは不当であろう。

とはいえ、これで地方競馬の将来が全く安泰になったかといえば、必ずしもそうは言いきれない。『日本の競馬　総合ハンドブック２０１６』には、「地方側の経営状況は楽観できるものではない。利幅の大きい本場売り上げが縮小し、手数料を伴う委託発売分が多くなった結果、見た目の売り上げより、実際の収支改善効果が小さい点も指摘されて久しい」（一五頁）との指摘がみられる。また、二〇〇〇年代の廃止ラッシュ時の流れをふまえると、いずれ売り上げが下方傾向となることがあれば、すぐ廃止という話が持ち上がることも十分考えられる。

しかし、ここ数年の地方競馬の回復ぶりからわかるのは、競馬というコンテンツがもつ魅力は依然として色褪せていないということである。地方競馬の人気そのものが下火になっていたのではなく、潜在的なファン層を取り込む機会を作り出せていなかったというのが正確なところだろう。そういう意味では、二〇〇〇年代に指摘されていたように、地方競馬はもはや定着した文化の一種なのだということができよう。

では、そんな地方競馬から第四のアイドルホースが誕生する可能性はあるのかという問題だが、読者はどうお考えになるだろうか。実は、ハイセイコー・オグリキャップ・ハルウララのブーム発生時期を

5　なお、同記事によれば最も落ち込んだ二〇〇八年度の売り上げは三八・八億円であったというから、実に約一〇倍もの大幅な業績回復である。
6　実際、ネット投票の普及による近年の業績回復傾向を受けて、そのような思いを吐露する記事も散見される（「福山競馬廃止五年①早過ぎた？　市の決断」『毎日新聞』二〇一八年三月二五日広島版、「支局長からの手紙：益田競馬場、世が世なら」『毎日新聞』二〇一八年八月二七日島根版）。

みてみると、奇妙なことにほぼ一五年周期となっている。この規則性に従えば、まさにいまがブーム再来の時期にあたるはずなのだが、どうも同じような現象が起きる気配は今のところない。もちろん、この規則性と見えるものは単なる偶然の産物であろうし、そこに過剰な意味を見出そうとするのは、あまりにもオカルト的だろう。そもそも馬券の予想すらろくに当たらない筆者が、第四のアイドルホース誕生を予言することなどできるはずもない。

ただ、次のことくらいは言えそうである。もし今後、「地方競馬」というバックグラウンドをもった馬がブームを巻き起こすことがあるとすれば、おそらくそれは「古き良き平成」「殺伐とした令和」という語りを伴うものとなるだろう。逆に、もしそのようなブームの再来がないとすれば、それは現状への不満を「アイドル」に託す必要が日本社会からなくなったことを意味する。もっともその場合、過去を振り返る必要がないほど現状に豊かさを感じられる社会と、もはや何かに夢を託す元気もないくらいに疲弊した社会という、二つの可能性が考えられるのだが。

あとがき

どうも根っからの性分なのか、昔から主流的なものやオーソドックスなものに興味がわかない傾向がある。別に、「個性的な人物」を演じようとしているつもりはない。ただ、自分が心から面白い・楽しいと思わないものには、たとえ人気があるとか流行しているとか言われても、全くと言っていいほど関心が持てないのである（こういうことを書くこと自体が個性派ぶっていると言われるなら、もう何も言うまい）。

本書のテーマであるアイドルホースがまさにそうであるように、人気や流行というものには、ある一定の段階を超えると、流行しているという事実がさらなる流行を生み出すという、循環的な性質がある。そうなると、「なぜ人気があるのか」という理由探しには、もはやあまり意味はなくなる。それに、人気がある・流行しているという事実がある以上、どんな理由で説明してもそれなりに説得力を持ってしまう（そういうわけで、「〇〇が人気を集めている理由を研究したい」という卒論テーマをしばしば学生が提案してくるが、「絶対にうまくいかないからやめなさい」ということにしている）。結果として、人気のあるものとそうでないものとの間には、実際の質的な差異以上に大きな懸隔が生まれるが、私にはそれがよくわからない。いや、人気や流行とはそういうものだと頭ではわかっているが、理解や共感はあまりできない。

実際のところは、誰も「人気の理由」などよくわからないのだろう。「私のどこが好き?」ときかれてもうまく答えられないのと同様、結局は「なんとなく」としか言いようのない気分的ないし感情的なものなのだ(だから、ひとたび気分が薄れると、「なぜあれほど夢中だったのか」と過去の自分すら理解できなくなる)。

にもかかわらず、いやだからこそ、その理由をひとはあれこれと語りたがる。それはどれももっともらしいけれども、たぶんに定型的である。「動機の語彙」(ミルズ)ではないが、結局よくわからないものを説明する際に持ち出されるのは、大抵は「収まりのいい物語」に過ぎないからだ。しかし、なぜそれは「収まりがいい」のだろうか、と考えると、その社会・時代を深層で規定している「大きな物語」の存在に行き着く。私にとっては、それこそが最も興味感心を惹かれるところである。

本書のベースになっているのは、私自身のこういう(面倒くさい)性向である。しかし、誤解のないように急いで付け足すと、私は本書で取り上げた三頭の馬が大好きである。もっと正確に言うと、本書の執筆を通して大好きになった。これほど多くの人々の記憶に残り、「語り」を生み出すような存在が、魅力的でないはずがない。本人(馬)たちは競走馬という宿命を背負って誕生し、自分に課せられた目の前の任務を粛々とこなしていたに過ぎないのだろう。そこに人間はドラマ性を見いだし、あれこれと自分の願望や欲望を投影し、馬の生き様に思い思いの意味づけを与えるわけである。しかし、馬はそんなことなど意に介さず、ただ淡々と生きている。それが、私にはたまらなく魅力的なのだ。

ところでこの本は、私にとって二冊目の単著となる。私は、普段は近代日本を対象とした教育の歴史社会学を本業としており、前著は博士論文をベースとした堅いテーマの学術書であった。それと比較すると、まるでバッハの平均律クラヴィーア曲集（言い過ぎか）と歌謡曲ほど毛色が違うもののように思われるかもしれない。しかし、私の中ではそれほどかけ離れたものだとは思っていないので、そのことについて少し補足をしておきたいと思う。

とはいえ、本文を最後までお読みいただき、丁寧に注釈まで目を通された方の中には、すでにお気づきの向きもあるかもしれない。本書は、実は「教育とはギャンブルである」を隠れテーマとして設定している。将来を予測し、それに向けて計画的・意図的な働きかけを行うのが、近代社会における「教育」という営みの本質である。しかも、その予測・期待はしばしば外れる（「そんな子に育てた覚えはない！」）。その意味で、近代的な「教育」とは、推論や予測をベースとした競馬、あるいはその他のギャンブル的要素を含んだ投機的行為（株取引、保険など）と本質的には同じである。[1]特に、学歴の「後発効果」（ドー

1　さらにいうと、グレーゾーン的で必要悪と称されがちな要素を含んでいる点も共通している。教育の文脈でいえば試験（特に入試・受験）がそれにあたるし、ギャンブルに至っては言わずもがなである。

ア）ということが指摘されるように、遅れて近代化した日本社会においては、そうした教育への投資的側面はより強く表面化することとなった。それが「学歴偏重社会」「受験社会」といった負のイメージにもつながったわけであるが、その基底にあったのは「頑張って学歴さえ手に入れれば社会上昇できる」という認識、すなわち立身出世主義と努力主義のエートスである。だから、アイドルホースをめぐる「語り」に立身出世や努力の物語が持ち出されたのは、決してゆえなきことではないのだ。

そもそも、本書のきっかけ自体が、本業の研究テーマから派生したものである。私は、学歴社会や立身出世観に関する先達の研究に学ぶ中で、学歴獲得競争を勝ち抜き成功するという近代日本におけるヘゲモニックな立身出世ストーリーが、九〇年代あたりを境にして消滅したというイメージを描いていた。そうした中で二〇〇〇年のハイセイコー死去の報に接した際、「人々が立身出世の夢をハイセイコーに託した」という後世の語りを真に受け、「そうか、やっぱり高度成長期というのはそういう時代やったんやな」と思ったわけである。そこから、「ハイセイコーについての語りを集めて、当時の日本社会における立身出世観を炙り出そう」くらいの気持ちで、この研究の端緒についた（今思うと、いかにも勉強し始めの人間が思いつきそうな陳腐な問題設定である）。しかし、調べ始めてみるとどうもおかしい。同時代の資料をかなり読み漁ってみても、ハイセイコーに立身出世の夢を託すといった類の言説にほとんど出くわさないからである。そこから、ハイセイコーについての「語り」が時間的経過とともにその相貌を変えていったことに気づくのは、それほど時間がかからなかった。だが、そのことにどういう意味があるのかを見出すまでには、思いのほか時間がかかった。ハイセイコーの存在を相対化するために、オグリキャップとハルウララにも対象範囲を広げたが、むしろ余計にややこしくなった。もとより、どこかで発表するあてもなく始めた研究だったので、本業の研究や教育業務を優先しているうちに時間は矢の如く過ぎていく。ようやく本書の骨格が固まり、執筆の見通しがたったのは二〇一七年頃のことであった。こうして本書を上梓するに至った今年は、奇しくもハイセイコーの死からちょうど二〇年目にあたる。本業の合間に細々と資料を集めたり読んだりしていたわけだから、丸々二〇年を要したというわけではないが、それにしても結構な時間がかかったなという気はしてしまう。

こんないきさつで本書は出来上がったわけだが、やはりそれなりに苦心の結果であると思う。最終的に本書の筋立てには、終章で整理した三つのモチーフ（地方・努力・アイドル）が交錯するような形で織り込まれているが、それらを有機的に結びつけて上手く書ききったと言えるのかどうか、正直いうと今でも心もとないところがある。だが少なくとも、アイドルホースというおよそまともな研究の対象にはなりえないようなものを題材としても、戦後日本社会における集合意識の一端を明らかにすることが可能なのだという、問題提起だけはなし得たのではないかと思う。人によっては、研究者はもっと真面目な「社会問題」を対象とすべきだと、お叱りになられるかもわからない。しかし、一見すると「くだらない」ようなものを通じてこそ炙り出される社会の真実があると私は常々考えているし、そもそも「何が重要な社会問題であるか」でさえ、結局はメディア表象によって枠づけられ、社会的な気分や感情でいとも簡単に変転するものなのだ。本書を執筆するうえで私がモデルにしていたのは、たとえ最初「バカバカしい」「くだらない」と言われようと、その姿勢を大真面目に貫くことで「カッコいい」に価値転換していくような現代アイドルのあり方である(具体的にどういうことなのか分からないという方は、ももいろクローバーZ、私立恵比寿中学、でんぱ組.inc、BiSHなどをご覧ください)。

また、こういう題材をテーマとした本であるだけに、本書は、純然たる学術書の体裁で書かれたものとは言い難い(学術書であればまず書かないような個人的エピソードや、資料へのツッコミの類がそれである)。扱う対象が極めてポピュラーで俗っぽいものであるために、これを必要以上に堅苦しい体裁で論じることは、かえって無駄に学識をひけらかすような印象を与える気がしたからである。しかし、だからといって、競馬ファンだけを対象とした本にもしたくなかった。日常的な競馬ファンが知りたがるような情報であれば、既出のものでも十分フォローできるであろうし、何よりアイドルホースの存在が含み持つ意味は、狭い意味での競馬ファンにとってだけでなく、もっと大きな社会的広がりをもつものだと、私は考えていたからである。そういう意味では、本書で私がやろうとしたことは、随分と欲張りな試みであったかもしれない。首尾よくいけばfusion(融合)になるものも、下手をするとconfusion(混乱)になりかねない。今でも、もしやconfusionのまま終わってしまったのではないかという危惧もなくはないが、ここまで来たら読者の皆さんに判断を仰ぐしかないと割り切っている。これも一種のギャンブルである。

長いあとがきになり恐縮だが、ここでもう一点、「地方」や「高度成長期」に対するノスタルジアについて、個人的な思いを披歴しておきたい。

単刀直入にいうと、私自身は「昭和の香り」が非常に好きな人間である。時代から取り残された公営ギャンブル場の雰囲気はやはり魅力的だし（もはや一種のわびさびである）、無機質性とハイカラさが融合した高度成長期の建築物などを探訪するのはとても楽しい（不意に街中で発見したときなどは、なおさら愉快である）。そういったものが、「老朽化」の一言でその文化的価値を認められずに潰されていく姿を見ると、非常に苦々しい思いがする。あるいは、高度成長期のテレビ番組やマンガなどの「非正統文化」に漲《みなぎ》る独特のエネルギーとクオリティの高さには、本当に感動を覚える（初期ウルトラマンシリーズの完成度の高さ！）。だが一方で、高度成長期の日本は決して「みんなが夢を叶えられた幸福な時代」ではなく、その内部にいかに格差を内包した社会であったか、犯罪や差別が横行していたかも、今は知っている。

また、「地方」については、両親が東北の出身で（今も親戚縁者の大半は東北在住である）、自身も小学二年生まで東北で生まれ育ったという経緯があり、そこが自分のルーツであるという意味である種の愛着はある。しかし、関西に移り住んで三〇年以上が経過し、今や日常的には完全に関西弁（という言い方は不本意なのだが）を話す私は、その他の「地方」ではよそ者であるし、かと言って「関西人のＤＮＡ」のような表現には違和感を覚える。それに、「地方」に実際に暮らしてみると、都会と比べてさまざまな点で不便であることは事実だし、外から流入してきた者に対する不寛容も往々にしてある。

こういうわけで、自分自身も「地方」や「高度成長期」に対して、アンビバレントな思いを常に抱き続けてきた。本書のようなテーマを取り扱ったことには、ある意味、そういう自分のアンビバレントな感情を相対化してみたいという欲望もあったのかもしれない。しかし、いま思うのは、別にアンビバレントでもいいではないかということだ。一〇〇パーセント正しい、素晴らしいなんてものはこの世に存在しないわけだし、だからこそ面白味があるとも言えるからである。キッチュな趣味と言ってしまえばそれまでだが、完全無欠で近づきがたいものよりも、私はどこか抜けていて可愛げのあるものの方に惹かれてしまう。結局はこれも、アイドルホースを支持した「大衆」のセンスといくばくも違うものではないのだが。

最後に、お世話になった方々への謝意を述べたい。

まず、編集を担当していただいた青土社の足立朋也さんには、このような「何学」なのかもわからないような研究に興味を持たれ、編集会議で出版のゴーサインを取り付けていただき、刊行に至るまでさまざまにお世話になった。その仕事ぶりはとても的確で、若いのにいい意味で年齢を感じさせない。そのうえ、この本の話が立ち上がってから、初めて競馬場に足を運んでみたという話をお聞きし、大変勉強熱心な方なのだと感じ入った次第である。

その足立さんは、実は私の出身研究室の後輩にあたる。年齢が離れていて、もともとは直接の関わりはなかったのだが、その縁をとりもっていただいたのは大学院時代の師匠、小山静子さん（京都大学名誉教授）である。記して感謝をしたい。最初に、「今こんなテーマで書いてるんですが……」と言い出す時は、「もっとちゃんとした研究をしなさい」と言われるのではないかと戦々恐々であったが、そんなことは全くの杞憂であった。退職される際に言われた「我が道を行け」を、一応は弟子として守っているつもりである。

また、この本の内容の大部分は、前任校の同志社大学文化情報学部に勤務していた時代に書かれたものである。さまざまな点で良好な職場環境を与えていただいたことに、改めて感謝をしたい。特に、私が担当していた「メディア文化論」の授業ではかなり好き勝手なことをさせてもらい、この授業の準備のために日本社会における「アイドル」に関する知識を深めたことが、最終的には本書がまとまる決め手になったと言ってもいい。

そして、私の出身校であり、現在の勤務先でもある、京都大学総合人間学部および大学院人間・環境学研究科にも感謝したい。自由の学風を標榜する京都大学にあっても、なかんずくオリジナリティを尊重するこの場所でこそ、私のような人間も生きてこられたのではないかと思っている。

二〇二〇年五月

石岡　学

・『Gallop 臨時増刊　日本ダービー 70 年史』産業経済新聞社、2004 年
・『週刊 100 名馬 vol.1　オグリキャップ』産業経済新聞社、2000 年
・『週刊 100 名馬 EX 臨時増刊　さらばハイセイコー』産業経済新聞社、2000 年

【一般書】

・藤井淑禎、1997、『望郷歌謡曲考：高度成長の谷間で』NTT 出版
・堀井憲一郎、2006、『若者殺しの時代』講談社
・石川義弘編著、1979、『余暇の戦後史』東京書籍
・岸和田市女性センター・きしわだの女性史編纂委員会、1999、『きしわだの女たち：市民がつづった女性史』ドメス出版
・小林章夫、1995、『賭けとイギリス人』筑摩書房
・太田省一、2011、『アイドル進化論：南沙織から初音ミク、AKB48 まで』筑摩書房
・境真良、2014、『アイドル国富論』東洋経済新報社
・多賀敏行、2004、『「エコノミック・アニマル」は褒め言葉だった：誤解と誤訳の近現代史』新潮社
・高橋哲雄、1989、『ミステリーの社会学』中央公論社

1948 ▷ 2018』埼玉新聞社
・斎藤修監修、2009、『地方競馬の黄金時代』戎光祥出版
・櫻井忍・岩合光昭、2004、『土佐の高知はハルウララ』オーエス出版社
・重松清、2004、『走って、負けて、愛されて。:ハルウララ物語』平凡社
・白井透、2004、『ハルウララ日記:競馬の手ほどき&日本の競馬再生』馬事・競馬文化センター
・立川健治、2008、『文明開化に馬券は舞う:日本競馬の誕生』世織書房
・————、2012、『地方競馬の戦後史:始まりは闇・富山を中心に』世織書房
・武市銀治郎、1999、『富国強馬:ウマからみた近代日本』講談社
・寺山修司、1973、『競馬無宿:競馬エッセイ』新書館
・寺山修司・虫明亜呂無、1969、『対談　競馬論』番町書房→ 1993、筑摩書房
・戸川貞雄、1966、「競輪悪妻論」同『市長の椅子:作家市長奮戦記』講談社、pp.160-174
・東京都財務局、1974、『東京都競走事業廃止対策報告書:ギャンブル廃止の歩み』
・東邦出版編、2005、『いま、再びオグリキャップ:ついに明かされる怪物の真実』東方出版
・遠山彰、1993、『日本ダービー物語』丸善
・渡辺敬一郎、1999、『最強の名馬たち』講談社
・渡瀬夏彦、1992、『銀の夢:オグリキャップに賭けた人々』講談社
・余暇開発センター、1982、『公営競技に関する調査研究』
・吉川良、2004、『高知競馬のハルウララ』源草社

ドブック2016』
・一般財団法人自治体国際化協会、2010、『日本の公営競技と地方自治体』
・石川喬司、1978、『馬家物語』現代評論社
・加太こうじ、1969、「公営ギャンブルの周辺」加太こうじほか『公営ギャンブル』全国自治研修協会、pp.11-69
・狩野洋一、1991、『ターフの伝説　オグリキャップ』三心堂
・菊池俊、2004、『1回ばぁ、勝とうな：ハルウララから学ぶこと』日本エディターズ
・増川宏一、1983、『賭博Ⅲ』法政大学出版局
・――――、1989、『賭博の日本史』平凡社
・増沢末夫、1992、『鉄人ジョッキーと呼ばれて』学習研究社
・三好円、2009、『バクチと自治体』光文社
・森田敏彦、2011、『戦争に征った馬たち：軍馬碑からみた日本の戦争』清風堂書店
・中津競馬記録誌刊行会編、2002、『中津競馬物語』不知火書房
・野元賢一、2005、『競馬よ！：夢とロマンを取り戻せ』日本経済新聞社
・大江志乃夫、2005、『明治馬券始末』紀伊國屋書店
・大橋薫、1969、「現代のギャンブラーたち：その欲求と行動」加太こうじほか『公営ギャンブル』全国自治研修協会、pp.71-106
・岡本弘、2004、『またも負けたか100連敗：負けるが勝ち！ハルウララ物語』アスク
・大川慶次郎、2000、『大川慶次郎回想録（文庫版）』角川書店
・大瀧真俊、2013、『軍馬と農民』京都大学学術出版会
・大月隆寛、2004、『うまやもん：変わりゆくニッポン競馬の現場』現代書館
・埼玉県浦和競馬組合、2019、『浦和競馬場開場70周年記念誌

〜41年」『富山大学教養部紀要（人文・社会科学篇）』24-1、pp.39-71
・谷岡一郎、1997、「ギャンブルの心理」谷岡一郎・仲村祥一編『ギャンブルの社会学』世界思想社、pp.2-22
・山崎有恒、2010、「植民地空間満洲における日本人と他民族：競馬場の存在を素材として」『立命館言語文化研究』21-4、pp.135-147
・安井眞奈美、2000、「消費される『ふるさと』」成田龍一ほか『故郷の喪失と再生』青弓社、pp.91-132
・吉田司雄、1999、「競馬で大儲けする方法：菊池寛『日本競馬読本』とその周辺」『日本文学』48-11、pp.54-68
・――――、2006、「ハイセイコーが負けた日から：競馬と文学の交差」『別冊国文学』61、pp.172-178
・財政学ゼミナール、1971、「公営ギャンブルについて：その財政的意味とギャンブル是非論について」『法経論集（静岡大学）』8、pp.50-59

【競馬関連書籍】
・阿部珠樹、2003、『有馬記念物語』青春出版社
・赤木駿介、1975、『実録 ハイセイコー物語』勁文社
・青木玲、1995、『競走馬の文化史：優駿になれなかった馬たちへ』筑摩書房
・有吉正徳・栗原純一、1991、『2133日間のオグリキャップ：誕生から引退までの軌跡を追う』ミデアム出版社
・土井全二郎、2012、『軍馬の戦争：戦場を駆けた日本軍馬と兵士の物語』光人社
・市丸博司、1994、『サラブレッド怪物伝説』廣済堂
・一般社団法人中央競馬振興会、2016、『日本の競馬　総合ハン

・伊藤守、2005、「抗争するオーディエンス：公共の記憶をめぐる対抗とテレビジョン」同『記憶・暴力・システム：メディア文化の政治学』法政大学出版局、pp.75-101
・石上敏、2012、「競馬文学論序説」『大阪商業大学アミューズメント産業研究所紀要』14、pp.1-41
・石井清輝、2007、「消費される『故郷』の誕生：戦後日本のナショナリズムとノスタルジア」『哲学』117、pp.125-156
・川森博司、2001、「現代日本における観光と地域社会：ふるさと観光の担い手たち」『民族學研究』66-1、pp.68-86
・児玉喜恵子、2004、「寺山修司『さらばハイセイコー』論：群衆と賭博と詩」『二松：大学院紀要』18、pp.140-164
・見田宗介、2012、「近代日本の愛の歴史 1868/2010」『定本 見田宗介著作集IV』岩波書店、pp.312-330
・成田龍一、2000、「都市空間と『故郷』」成田龍一ほか『故郷の喪失と再生』青弓社、pp.11-36
・大庭常良・相沢恒雄、1966、「交通問題からみた競馬場施設のあり方について（開催時における競馬場周辺の交通動態調査より）」『日本建築学会論文報告集・号外・臨時増刊　学術講演要旨集』41、p.643
・大石裕、2005、「集合的記憶とマス・メディア：『ホロコースト』を事例として」同『ジャーナリズムとメディア言説』勁草書房、pp.177-219
・関耕平・平田直樹、2008、「地方競馬の変遷：益田競馬馬主・大石正の聞き書き」『山陰研究』1、pp.65-79
・清水一彦、2015、「“もはや「戦後」ではない”という社会的記憶の構成過程」『江戸川大学紀要』25、pp.195-206
・杉本竜、2003、「戦前期地方競馬に関する一考察：昭和七年大分県の事例から」『日本歴史』666、pp.81-89
・立川健治、1991、「日本の競馬観（1）：馬券黙許時代・明治 39

対立』岩波書店、pp.15-28）
・大川清丈、2016、『がんばること／がんばらないことの社会学：努力主義のゆくえ』ハーベスト社
・Orrell, David, 2007, *Apollo's Arrow: the science of prediction and the future of everything,* HarperCollins Publishers（= 2010、大田直子ほか訳『明日をどこまで計算できるか？：「予測する科学」の歴史と可能性』早川書房）
・大澤真幸、2008、『不可能性の時代』岩波書店
・Robertson, Roland, 1992, *Globalization: social theory and global culture,* Sage
・高橋勇悦、1972、『ギャンブル社会：「賭け」の都市社会学』日本経済新聞社
・――――、1974、『都市化の社会心理：日本人の故郷喪失』川島書店
・竹内洋、1978、『日本人の出世観』学文社
・Williams, Raymond, 1973, *The Country and the City,* Chatto & Windus（= 1985、山本和平・増田秀男・小川雅魚訳『田舎と都会』晶文社）

【学術論文】

・Berkowitz, Dan, 2011, "Telling the Unknown through the Familiar: Collective Memory as Journalistic Device in a Changing Media Environment" In Motti Neiger, Oren Meyers, & Eyal Zandberg (eds.), *On Media Memory,* Palgrave Macmillan
・伏木啓、2009、「集合的記憶とメディア」『名古屋学芸大学メディア造形学部研究紀要』2、pp.43-52
・萩野寛雄、2004、『「日本型収益事業」の形成過程』（早稲田大学大学院博士論文）

・Halbwachs, Maurice, 1925, *Les Cadres Sociaux de la Mémoire*, Librairie Alcan（＝ 2018、鈴木智之訳『記憶の社会的枠組み』青弓社）
・長谷川昇、1977、『博徒と自由民権』中央公論社　→ 1995、平凡社
・日高勝之、2014、『昭和ノスタルジアとは何か：記憶とラディカル・デモクラシーのメディア学』世界思想社
・井上俊、1973、『死にがいの喪失』筑摩書房
・神島二郎、1961、『近代日本の精神構造』岩波書店
・苅谷剛彦、1995、『大衆教育社会のゆくえ』中央公論社
・加瀬和俊、1997、『集団就職の時代』青木書店
・高野光平、2018、『昭和ノスタルジー解体：「懐かしさ」はどう作られたのか』晶文社
・見田宗介、1995、『現代日本の感覚と思想』講談社
・――――、2012、『近代日本の心情の歴史：流行歌の社会心理史』講談社、1967 年　→岩波書店
・Moriss-Suzuki, Tessa（田代泰子訳）、2004、『過去は死なない：メディア・記憶・歴史』岩波書店
・Nora, Pierre, 1992, “Entre Mémoire et Historie: La problématique des lieux”, sous la direction de Pierre Nora, *Les Lieux de Mémoire,* Gallimard（＝ 2002、谷川稔訳「記憶と歴史のはざまに」谷川稔監訳『記憶の場：フランス国民意識の文化＝社会史 1　対立』岩波書店、pp.29-56）
・――――, 1996, “From Lieux de mémoire to Realm of Memory”, English language edition edited and with a foreword by Lawrence D. Kritzman, translated by Arthur Goldhammer, *Conflicts and Divisions* (Realms of memory vol.1), Columbia University Press（＝ 2002、谷川稔訳「『記憶の場』から『記憶の領域』へ」谷川稔監訳『記憶の場：フランス国民意識の文化＝社会史　1

・日本競馬史編纂委員会編、1969、『日本競馬史』第4巻、日本中央競馬会
・日本競馬史編纂委員会編、1970、『日本競馬史』第5巻、日本中央競馬会
・日本競馬史編纂委員会編、1972、『日本競馬史』第6巻、日本中央競馬会
・日本競馬史編纂委員会編、1975、『日本競馬史』第7巻、日本中央競馬会
・特別区競馬組合編、2001、『大井競馬のあゆみ』

【学術書】

・Baudrillard, Jean, 1970, *La Société de Consommation: ses mythes, ses structures,* Gallimard（= 1979、今村仁司・塚原史訳『消費社会の神話と構造』紀伊國屋書店）
・Caillois, Roger, 1967, *Les Jeux et les Hommes: le masque et le vertige,* Éd. revue et augmentée. Gallimard（= 1990、多田道太郎・塚崎幹夫訳『遊びと人間』講談社）
・Davis, Fred, 1979, *Yearning for yesterday: a sociology of nostalgia,* Free Press（= 1990、間場寿一・荻野美穂・細辻恵子訳『ノスタルジアの社会学』世界思想社）
・Giddens, Anthony, 1991, *Modernity and Self-Identity,* Polity Press（= 2005、秋吉美都・安藤太郎・筒井淳也訳『モダニティと自己アイデンティティ：後期近代における自己と社会』ハーベスト社）
・Hacking, Ian, 2006, *The Emergence of Probability: a philosophical study of early ideas about probability induction and statistical inference* (Second Edition), Cambridge University Press（= 2013、広田すみれ・森元良太訳『確率の出現』慶應義塾大学出版会）

参考文献

※並び順は著者名アルファベット順。
※学術論文以外の雑誌記事（論説も含む）および新聞記事については本文の引用箇所にのみ提示し、本欄には挙げていない。

【通史・総説】
・地方競馬全国協会編、1972a、『地方競馬史』第1巻
・地方競馬全国協会編、1972b、『地方競馬史』第3巻
・地方競馬全国協会編、1974、『地方競馬史』第2巻
・地方競馬全国協会編、1993、『地方競馬史』第4巻
・地方競馬全国協会地方競馬史編集委員会編、2012、『地方競馬史』第5巻
・日本中央競馬会、1995、『日本中央競馬会40年史』
・日本中央競馬会、2005、『日本中央競馬会50年史：the golden jubilee』
・日本中央競馬会編、1976、『競馬百科』みんと
・日本中央競馬会十年史編纂委員会編、1965、『日本中央競馬会十年史：昭和29年9月—昭和39年』日本中央競馬会
・日本中央競馬会総務部編、1976、『日本中央競馬会二十年史：昭和40年9月—49年』日本中央競馬会
・日本競馬史編纂委員会編、1966、『日本競馬史』第1巻、日本中央競馬会
・日本競馬史編纂委員会編、1967、『日本競馬史』第2巻、日本中央競馬会
・日本競馬史編纂委員会編、1968、『日本競馬史』第3巻、日本中央競馬会

石岡 学（いしおか・まなぶ）

1977年福島県生まれ。兵庫県出身。京都大学総合人間学部卒業、同大学院人間・環境学研究科博士課程修了。同志社大学文化情報学部助教などを経て、現在、京都大学大学院人間・環境学研究科准教授。専門は教育の歴史社会学。近代日本を対象に、入試や就職といった教育と選抜をめぐる現象や、子ども・若者イメージの社会的構築などを研究している。『「教育」としての職業指導の成立――戦前日本の学校と移行問題』（勁草書房、2011年）で、第5回日本教育社会学会奨励賞（著書の部）を受賞。好きな馬のタイプは、気難しくて能力をもてあます馬（スイープトウショウ、オルフェーヴルなど）と、強いのにいまいち華のない馬（ダイワスカーレット、ジェンティルドンナなど）。

「地方《ちほう》」と「努力《どりょく》」の現代史《げんだいし》　アイドルホースと戦後日本《せんごにほん》

2020年6月20日　第1刷印刷
2020年6月30日　第1刷発行

著　者　石岡《いしおか》 学《まなぶ》

発行者　清水一人
発行所　青土社
〒101-0051　東京都千代田区神田神保町1-29　市瀬ビル
電話　03-3291-9831（編集部）　03-3294-7829（営業部）
振替　00190-7-192955

印　刷　双文社印刷
製　本　双文社印刷

装　幀　水戸部 功

ISBN978-4-7917-7289-6　C0036